AF291210

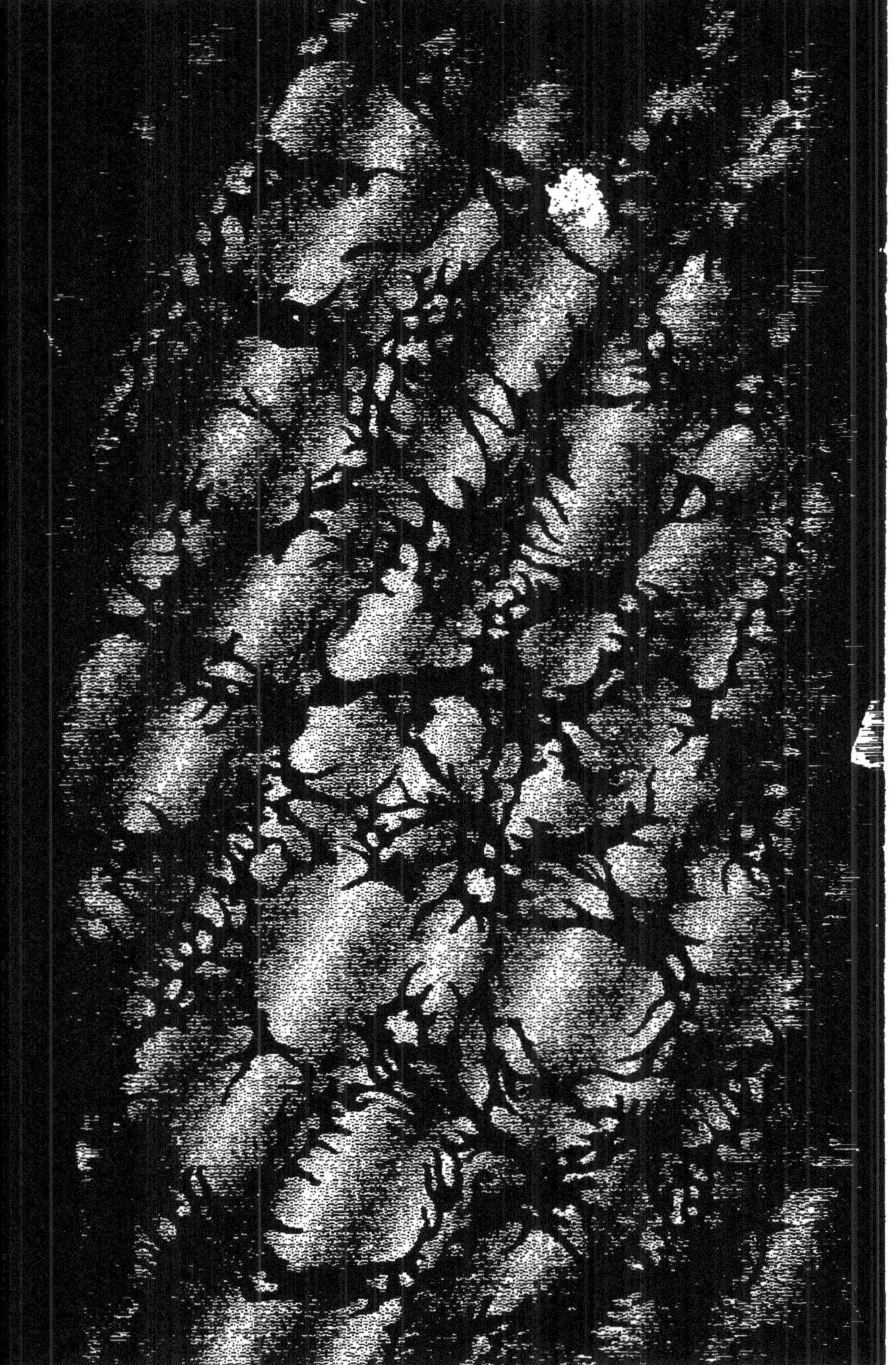

AUTOBIOGRAPHIE

D'UNE INCONNUE

PAR

Mme EMMELINE RAYMOND

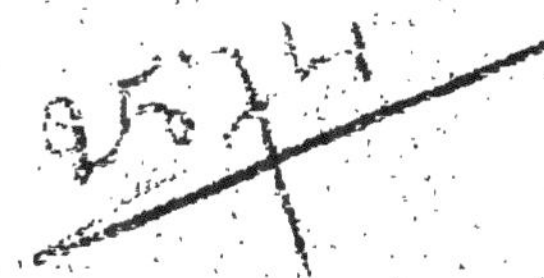

PARIS

LIBRAIRIE DE FIRMIN DIDOT FRÈRES, FILS ET Cie

IMPRIMEURS DE L'INSTITUT, RUE JACOB, 56

AUTOBIOGRAPHIE
D'UNE INCONNUE

TYPOGRAPHIE FIRMIN DIDOT. — MESNIL (EURE).

AUTOBIOGRAPHIE

D'UNE INCONNUE

PAR

Mme EMMELINE RAYMOND

PARIS

LIBRAIRIE DE FIRMIN DIDOT FRÈRES, FILS ET Cie

IMPRIMEURS DE L'INSTITUT, RUE JACOB, 56

1868

AUTOBIOGRAPHIE
D'UNE INCONNUE.

Si la célébrité, ou seulement la notoriété, signalait mon humble personne à l'attention de mes contemporains, je me garderais bien d'écrire mes mémoires. La confession publique d'un être devenu célèbre par ses talents, ou par le rôle important qu'il a rempli dans la société de son époque, n'est jamais bien accueillie : on doute de sa sincérité si la vérité lui est avantageuse, on blâme sa franchise, s'il écarte tous les voiles qui protégeaient des actes ou des sentiments répréhensibles, car on lui attribue, même dans ce dernier cas, des mobiles inspirés plutôt par la vanité que par l'humilité, supposant volontiers, et non sans raison, qu'en s'attachant au pilori, il a le secret espoir de le transformer en piédestal. La sincérité du repentir est elle-même mise en doute, parce qu'on ne saurait la séparer de la modestie qui évite d'attirer les regards, et de l'humilité qui ne recherche pas les occasions d'occuper l'attention publique, en rassemblant dans une *représentation de retraite*, à l'instar du comédien vieilli, des fragments de tous les rôles dans lesquels on a obtenu, ou cru obtenir des succès.

Mais, Dieu merci!... j'ai vécu, et je mourrai inconnue. Il m'est permis de raconter mon existence sans être taxée de vanité, d'être sincère sans éveiller aucun doute. J'entreprends de remonter le cours des années sans avoir aucun dessein préconçu de faire œuvre de moraliste. Si je ne me trompe, les vérités morales se dégagent toujours elles-mêmes des événements quels qu'ils soient, obscurs ou éclatants, et l'on prend une peine superflue, quand on essaie par avance de leur attribuer la part dont elles savent fort bien s'emparer; il est aussi inutile de les mettre en lumière, que de tenter de les rejeter dans l'ombre; et le succès ou l'insuccès, le bonheur ou le malheur sont également impuissants à les affirmer, ou bien à les infirmer; les vérités sont parce qu'elles sont, abstraction faite de nos existences éphémères.

———

Je suis née à Paris, dans une maison que je vois encore, quoique je l'aie quittée dès ma première jeunesse, et quoiqu'elle ait disparu avec toutes les maisons qui l'avoisinaient, pour faire place à la majestueuse rue de Rivoli. Mes premiers souvenirs me retracent un intérieur très-*confortable*, non-seulement élégant mais encore somptueux, — d'une somptuosité de bon goût, laquelle n'avait aucun caractère de banalité. Dès que l'on passait le seuil de notre demeure, on comprenait que l'argent seul eût été insuffisant pour créer cet ensemble harmonieux, dont tous les détails, tout l'agencement révélait le goût d'un artiste. Mon père, en effet, était peintre. Un vaste atelier, dont les proportions et la disposition me ravissaient d'aise ou me glaçaient d'effroi, suivant que la lumière y était intense ou bien combattue par les ombres du soir,

était séparé seulement par de hautes portières
en tapisserie du petit salon dans lequel ma
mère avait établi sa table à ouvrage, sa bibliothèque et son piano. Il y avait encore dans
notre appartement un vaste salon, suivi d'une
grande et belle salle à manger, puis, attenant
à la pièce favorite de ma mère, celle qui communiquait à l'atelier, trois chambres à coucher; la mienne, petite, mais charmante,
avait son unique porte toujours ouverte au
chevet du lit de ma mère. Nous avions trois
domestiques, ce qui, à Paris, et surtout à
cette époque, supposait une certaine fortune,
ou du moins une dépense très-certainement
considérable. Mais la femme de chambre
jouissait d'une sinécure : je ne me souviens
pas qu'elle ait jamais aidé ma mère dans les
soins qu'elle donnait à sa toilette. Quant à
moi, jamais des mains autres que les mains
maternelles n'ont peigné mes cheveux, préparé ma toilette de jour ou de nuit. Le valet de
chambre était, en revanche, fort occupé par
mon père. La cuisinière était un majestueux
cordon bleu, dont les exigences et les dépenses
se heurtaient parfois à la douce et raisonnable

opposition que lui faisait ma mère; opposition inutile du reste, car mon père, satisfait des talents culinaires que possédait Françoise, un peu épicurien, fort désireux d'être bien et élégamment servi, soutenait invariablement les raisonnements de Françoise, et battait en brèche, au moyen d'une plaisanterie, les arguments sérieux et sensés dont ma mère étayait ses discussions budgétaires.

Le petit salon de ma mère était pour moi un lieu de délices; l'influence exercée sur notre esprit par les objets qui nous entourent est incontestable. Les femmes et les enfants, êtres nerveux et impressionnables, la ressentent très-vivement; ces objets inanimés, ces meubles, ces ustensiles de menus travaux, ont un langage intelligible, une signification qui nous frappe, qui est évidente quoique vague, et à peu près intraduisible en paroles; chacun d'entre eux représente l'une de nos préférences; ils sont le *moule* de l'existence dont ils révèlent les goûts et les occupations; leur attitude même semble se conformer à notre pensée; rangés, immobiles, inutiles en apparence, ils accusent ou la mélancolie, ou l'incurie, ou bien encore un caractère pédant et compassé. Groupés avec intelligence, de façon à présenter chacun le degré d'utilité ou d'agrément dont ils sont susceptibles, ces objets attestent l'activité de l'esprit, les occupations diverses auxquelles on consacre les heures qui, additionnées, composent le total de la vie.

Tout, autour de moi, témoignait de l'emploi intelligent du temps; tout révélait des goûts délicats, des habitudes laborieuses, une richesse bien employée, perceptible plutôt pour l'âme que pour les sens; rien n'attirait le regard, mais tout le retenait.

A cette époque, le goût désigné aujourd'hui par le terme générique de *bric-à-brac* était peu répandu; il appartenait principalement aux artistes, lesquels n'auraient pas été en possession de ressources suffisantes pour le satisfaire, si le public riche avait partagé ce goût. Il n'en était pas ainsi, et l'on trouvait d'anciennes tapisseries, des meubles qui, selon mon père, étaient à eux seuls un poëme, pour un prix moins élevé que les étoffes mo-

dernes, et les meubles plaqués d'acajou ou
de palissandre. Ce petit salon, dans lequel
mes souvenirs me reportent si souvent, était,
il m'en souvient, entièrement tendu de vieux
damas de soie un peu rapiécé, mais offrant
sur un fond pourpre les fleurs et les feuilles
les plus insensées et les plus charmantes, dont
les teintes dorées çà et là, mélangées d'un vert
robuste, m'ont bien souvent fait rêver au
pays des chimères. Une armoire en marque-
terie Louis XIII contenait des livres de piété appartenant à ma mère, d'autres livres que mon
père aimait à feuilleter, et enfin des récits de
voyage, dont mon père s'inspirait, quand il
lui plaisait de me faire des récits fantastiques.
Comme j'aimais mon père ! combien je le
trouvais charmant !... Je n'étais pas seule, du
reste, à penser ainsi, car il exerçait une incontestable séduction sur tous ceux qui l'aper-
cevaient. Hélas ! je m'en accuse aujourd'hui,
et je le dis la rougeur au front : j'étais plus
heureuse et plus fière, quand après avoir roulé
mes cheveux bruns autour de ses doigts, il
m'embrassait en disant : C'est une belle petite
fille..., que lorsque ma mère me prodiguait

les soins les plus tendres, les plus éclairés.

Par le fait même des habitudes de notre existence, mon père m'apparaissait comme un être appartenant à une essence supérieure; ma mère, tout en hasardant parfois de timides objections, était attentive à satisfaire, à deviner le moindre de ses désirs, pour lui éviter la peine de les énoncer; elle s'effaçait en toute circonstance devant l'autorité absolue, qu'elle lui reconnaissait, sans s'attribuer le moindre partage dans l'exercice de cette autorité; dans la maison tout se faisait en vue de *Monsieur!* Ce mot était imposant, majestueux, et je doute que Louis XIV, dans son palais de Versailles, ait été entouré de courtisans plus soumis, plus empressés, plus flattés des marques d'attention qui leur étaient accordées, que nous tous, famille et domestiques, devant l'idole de notre cœur.

Je subissais cet empire sans l'analyser, bien entendu, et c'est plus tard, bien plus tard, que, rapprochant les effets, des causes, usant de l'expérience due aux événements, j'ai pu comprendre le secret de cette séduction. Mon père plaisait à tous, parce qu'il ne faisait jamais d'opposition à un défaut quelconque; il appliquait indistinctement une indulgence si facile et si charmante, qu'elle avait sans nul doute sa source dans une indifférence générale pour le bien et le mal, pour les choses et pour les êtres. Pourvu qu'il fût ponctuellement servi à sa guise, et avec toutes les recherches savantes que lui inspirait le génie du bien-être largement développé, peu lui importait d'être dupé par ses domestiques, et s'il lui arrivait d'être forcé de le constater, il les excusait volontiers. « Il est bien naturel, » disait-il, « de penser un peu à soi... Faut-il donc diriger les foudres de mon indignation contre Françoise, parce qu'elle a *gagné* 3 francs sur le poisson ou sur le rôti?

— Gagné... gagné... » reprenait doucement ma mère, « ce n'est pas là le mot qui convient à cette opération; en général, c'est en s'accoutumant à intervertir la signification des mots, que l'on s'habitue à dénaturer le sens des choses.

— Je connais, ma chère Margot, » répondait mon père en baisant tendrement la main de ma mère, « je connais votre raison, et la logique de vos discours... mais permettez-moi de vous le dire, vous ne pouvez porter cette logique à ses conséquences extrêmes, et vous rencontrez par-ci par-là des circonstances qui vous obligent à la suspendre provisoirement de ses fonctions. Voyons !... un exemple pris entre mille : il vous déplaît que j'emploie à propos des petites opérations financières de Françoise, le mot de *gain* ?... vous trouvez que celui de *vol* serait plus exact ?... »

Ma mère inclinait la tête en signe d'acquiescement.

« ... Eh bien, ma chère amie, quelle désignation donnerai-je aux procédés par lesquels s'est enrichi, — entre autres, — le banquier X..., dont je vais serrer la main ce soir, et auquel nous avons été trop heureux d'offrir à dîner il y a huit jours à peine? Je m'abstiens de qualifier ces procédés, parce que M. X... est riche, généreux, qu'il pourra me *pousser*, m'acheter un tableau... Et vous qui êtes sage, vous reconnaissez avec moi que nous ne sommes pas les gardiens de la morale publique, chargés de sévir contre les malversations ; c'est donc notre intérêt qui nous com-

mande l'indulgence? Souffrez qu'un intérêt
de même nature me conseille de ménager
Françoise ; elle fait admirablement tout ce que
comporte son emploi ; grâce à elle notre table
n'est pas bourgeoisement servie, car elle est
aussi habile au *dressage* qu'à la préparation
des mets qu'elle nous sert... Enfin son activité
est infatigable ; vous pouvez lui annoncer à
trois heures que vous avez quinze convives à
dîner... nous dînons à sept heures, et nous
dînons admirablement, sans que l'on se doute
qu'il se soit fait quelques préparatifs.

— Mais à quel prix?

— Bah ! il faut tout payer ici-bas ; le tout
est de ne pas le payer au-dessus de sa valeur,
de savoir balancer les inconvénients par les
avantages, et de donner galamment quit-
tance.

—Eh bien ! non, » disait ma mère en essayant de faire appel à sa raison ébranlée
par ces arguments spécieux... « Non, je crois
qu'il y a mieux à faire ici-bas, que de tolérer
les vices d'autrui pour les faire concourir à
notre agrément personnel. Il vaudrait mieux
supporter d'*autres* inconvénients que ceux

dont vous parlez, en vue d'obtenir *d'autres*
avantages. Je préférerais employer une servante moins habile et plus scrupuleuse, me
rattacher à des amis moins riches, mais plus
honnêtes. Non, mon ami; je reste persuadée
que le travail sérieux nous dispense de certaines humiliations, et que l'on arrive plus
sûrement au but en s'appuyant sur lui, au
lieu de se faire transporter par l'équipage
d'un riche voleur.

— Vous devez penser ainsi, et je ne vous en
aime que mieux... mais, ma chère Margot, en
votre qualité de femme, vous n'avez pas,
vous ne pouvez avoir l'esprit *pratique*. La
question se résout en ces termes : un but étant
donné, l'atteindre en se traînant péniblement sur une grande route poudreuse, sous
les rayons brûlants du soleil, ou le rejoindre
par de jolis chemins de traverse, tapissés de
verdure, couverts d'ombre, supprimant toutes
les longueurs inutiles du voyage. Ma chère
Margot, » ajoutait mon père en posant sur le
bras de ma mère sa belle main blanche, aux
ongles roses, comme s'ils avaient été teints de
henné, « laissez-moi le soin d'arranger notre

vie... Croyez-vous que je me corrompe au contact des pourritures sociales, dont j'utilise les forces en qualité d'engrais et de fumier?

— Henri!... pouvez-vous supposer de telles appréhensions en moi?

— Non, n'est-ce pas?... J'ai une bonne armure... qui a nom *le mépris*... Je méprise trop mes semblables pour jamais faire naufrage sur aucun des écueils où ils ont vu sombrer leur conscience... leur image me préservera toujours du péril de la ressemblance. Les dominer... oui...; les utiliser au profit de mes inclinations... bien...; mais les imiter!... jamais!

— Cela n'est pas bon pourtant, cela n'est pas juste non plus de mépriser ses semblables, tous ses semblables, » reprenait timidement ma mère; « les uns ont été malheureux...

— Par leur faute.

— Pas toujours... Et quand cela serait d'ailleurs, cette cause nous dispense-t-elle de la pitié?... Les autres ont été faibles...

— Tant pis pour eux... C'est du sang de Gaulois qui coule dans mes veines, et je ne puis m'empêcher de dire comme nos ancêtres :

Malheur aux vaincus!.. D'ailleurs, ma bien-aimée, si j'ai bonne mémoire, nous plaidons tous deux dans un sens absolument opposé à nos actions. Je suis impitoyable en théorie... très-accommodant au contraire dans la pratique, tandis que vous... il m'en souvient.... vous êtes beaucoup plus sévère que moi lorsqu'il s'agit de ce pauvre prochain, que vous défendez maintenant contre moi. Inconséquence! tu es le *sous-titre* de l'humanité!

— Pardon, pardon, » répondait ma mère en souriant malgré elle, « je serai toujours pitoyable pour le malheur... C'est le vice triomphant, la malhonnêteté arrogante s'affirmant effrontément, qui excitent en moi l'indignation que vous avez parfois constatée.

— Eh bien! » disait mon père en chassant soigneusement de sa vareuse en velours noir quelques miettes de pain (ces conversations avaient généralement lieu pendant le déjeuner, quand les domestiques se retiraient après nous avoir servis), « eh bien! c'est encore de l'inconséquence. A quoi nous sert la malhonnêteté d'autrui quand elle s'est laissé désarçonner, et qu'elle gît piteusement à terre?

C'est le cas ou jamais de rappeler les éternels principes de morale, la juste rémunération de nos fautes, et tous les *clichés* de même variété. Quand, au contraire, cette même malhonnêteté est triomphante et arrogante, comme vous dites... peste! c'est une autre affaire. On peut beaucoup attendre d'elle, parce qu'elle a beaucoup à se faire pardonner. Il est inutile de lui jeter la première pierre, cette pierre qui, soit dit en passant, ne l'atteindrait pas, puisque la dite malhonnêteté roule dans une belle et bonne voiture; usons alors de cette douce indulgence, de cette divine mansuétude, qui représente à la fois le bon goût et les bons calculs. Quelle supériorité ne revêt-on pas lorsqu'on se constitue le défenseur de tous ceux que l'on accuse! Fi! l'indignation contre les actions répréhensibles au point de vue d'une morale rigoureuse, et par cela même trop étroite pour la vie sociale, est la marque d'une éducation incomplète et d'une extraction vulgaire... Il est si facile, » ajoutait mon père en souriant avec une singulière ironie, « de se faire à peu de frais une réputation de bonté qui n'exige aucune mise de fonds! Cette bonté ne se com-

pose ni de dévouement, ni de sacrifices, ni
même de ménagements pour les faiblesses ou
les ridicules de certains amis, j'entends ceux
qui ne flattent pas l'amour-propre. Non; clair-
voyant sur le compte de ceux-ci, il s'agit seulement d'être obstinément aveugle en tout ce
qui concerne les individus utiles à la fortune,
ou agréables à la vanité... Voilà tout! Ont-ils
mal agi? On s'obstine à ne pas le croire, et à
les tenir pour gens irréprochables. On rompt
des lances en leur faveur, on trouve mille in-
terprétations ingénieuses pour les conserver
sur le piédestal érigé par l'intérêt... Vous,
Margot, vous n'avez pu vous plier à cette règle,
si commode pourtant et si avantageuse, qui
rapporte tant et coûte si peu... ; vous vivez relativement solitaire, tandis que je cours ce
monde bouffon, dont je ris pour ne pas pleurer... C'est que vous n'avez pas une imagination tendre, unie à un cœur sec et dur... Vous
êtes bonne, non de parti pris, pour remplir
un rôle, mais parce que la nature vous a faite
bonne... Combien de fois, dans ces brillantes
cohues officielles ou privées que l'on appelle
le monde, combien de fois ma pensée ne fuit-

elle pas à tire-d'aile loin de ces marionnettes
stupides ou ignobles, pour venir se rafraîchir
dans le calme tableau qu'évoque mon souvenir! Je vous vois alors, Margot, tirant patiemment votre aiguille sous la clarté de votre
lampe, et jetant souvent un coup d'œil sur
cette porte entr'ouverte, derrière laquelle
notre petite Aline dort paisiblement... et alors
mon cœur se gonfle de joie, car je sais que
j'ai un port qui me réserve fidèlement un abri
toujours certain...; je sais que je puis m'éloigner sans péril pour sonder la profondeur et
la fourberie de l'âme humaine... N'ai-je pas
ici à moi, pour jamais, le meilleur cœur que
la nature ait formé? Ne me blâmez pas, je
vous en conjure, n'entreprenez pas de rogner
mes ailes; je ne suis pas un être semblable à
tous les êtres; j'ai des aspirations non-seulement diverses, mais encore opposées...; je
veux jouir tour à tour du silence et du bruit,
du calme et de la tempête, de l'exquise bonté
et de la perversité que j'étudie en anatomiste;
laissez-moi vivre de toutes les vies... Un artiste ne saurait s'astreindre à ne connaître que
l'un des aspects de l'humanité...; il doit sonder

tous les abîmes et gravir tous les sommets,
s'étendre voluptueusement au soleil, et marcher courageusement sur les glaciers... Que
vous importe ce que je pense puisque je vous
aime?... A quoi bon vous attrister du mépris
dans lequel je tiens l'humanité, puisque vous
êtes assurée de mon inébranlable estime? »

Cette conversation est pour ainsi dire le
thème sur lequel se produisaient une foule
de variations. Ce qui me semble extrêmement
bizarre en rassemblant mes souvenirs, c'est
que non-seulement je revois ces scènes fami-
lières avec mes impressions enfantines, et mon
expérience actuelle à la fois, mais encore
que je retrouve dans ma mémoire jusqu'aux
gestes, aux intonations de mon père, jusqu'aux
phrases même qu'il construisait. Il y a chez les
enfants un sens dont on ne se méfie guère, et
qui leur permet de mettre en réserve dans un
coin ignoré, inexploré de leur mémoire, tout ce
qui dépasse leur compréhension. La provision
s'accumule insensiblement jusqu'au moment
où tout ce qui leur semblait incompréhen-
sible revêt peu à peu sa véritable signification.
Alors le passé, ou du moins ses côtés obscurs,

s'éclairent d'une lueur inattendue, et de même que la synthèse succède à l'analyse, la raison vient juger le sentiment.

C'est ainsi que j'ai compris peu à peu le caractère de mon père, et que j'ai connu une à une les particularités de l'existence de mes parents. Mon père sortait seul presque chaque soir; il dînait souvent hors de chez nous; mais aussi quelle fête lorsqu'il nous donnait une soirée toute entière! Comme nous le *gâtions*, comme nous lui faisions une douce atmosphère! Il aimait l'élégance... ma mère lui préparait elle-même dans un élégant service en argent le thé qu'il prenait dans la porcelaine de Chine, affirmant qu'il ne fallait pas *dépayser* cette excellente boisson, sous peine de lui faire perdre son arome. On éclairait le petit salon comme si l'on avait attendu des hôtes nombreux, et la lumière se jouait sur les marqueteries des meubles, sur les cuivres finement ciselés du foyer, chatoyait dans les plis des draperies de soie, et éclairait la belle et intelligente tête de mon père, appuyée au grand dossier d'un fauteuil en tapisserie.

J'avais environ cinq ans lors de l'une de ces

soirées dont j'évoque l'image, et mon père était âgé de trente-six ans par conséquent, puisqu'il s'était marié à trente ans. Je le vois encore vêtu d'une large vareuse de velours noir, qui était son costume d'intérieur et d'atelier; le front haut, un peu découvert, surmontait deux yeux bruns, lumineux, admirablement coupés; une barbe brune, soyeuse, un peu frisée, s'étendait au-dessous de la bouche la plus gracieuse; les lèvres avaient une mobilité extraordinaire... elles pouvaient à volonté flatter ou terrifier, exprimer l'ironie, le doute, la confiance, la mansuétude.

La solitude dans laquelle ma mère se complaisait, ne pouvant, et ne voulant pas suivre son mari partout où l'appelaient ses intérêts ou ses besoins de distraction, avait pour moi un contre-coup inévitable : ma mère, se trouvant heureuse chez elle, sortait le moins possible, pour ne point troubler les paisibles jouissances de sa vie intérieure. On recevait rarement chez nous, mais autant que je puis m'en souvenir, on recevait noblement; ma mère payait ses dettes à la société, mais elle ne multipliait pas les occasions où la nécessité de s'occuper d'autrui l'aurait enlevée à ses calmes occupations; peut-être avait-elle tort jusqu'à un certain point. L'isolement volontaire est presque toujours suivi d'une expiation que l'on doit considérer comme étant équitable, car la société a le droit de se venger du dédain par l'indifférence. Ma mère avait quelques relations, mais point d'intimité, et ma vie se modelait nécessairement sur ses habitudes. Elle vivait seule, je grandissais seule, sans compagnes de mon âge, sans les distractions bruyantes et turbulentes nécessaires à l'enfance pour développer toute son activité, pour lui éviter une maturité précoce et préjudiciable. Pourvu que ma mère me gardât près d'elle, elle était satisfaite; elle craignait pour moi des dangers physiques, ou des périls moraux dans la compagnie des enfants de mon âge, et trouvait toujours une foule de motifs excellents pour m'en écarter.

J'ignore si mon organisation se trouvait d'accord avec ces habitudes, ou bien si ces habitudes, au contraire, avaient agi sur moi au point de me faire une seconde nature; toujours est-il que l'on ne pouvait voir une enfant plus tranquille, plus silencieuse que moi. Mais depuis que j'ai réfléchi sur les années composant mon existence, je vois bien que cette tranquillité était seulement à la surface. Le monde réel des enfants m'étant fermé, j'avais découvert le monde imaginaire, et celui-ci étant sans bornes, sans limites, j'y errais avec délices; je m'acquittais de mes petits devoirs avec une ponctualité d'autant plus empressée, que j'acquérais ainsi plus de temps pour mes rêveries. Quand j'avais étudié mes petites leçons, sous la direction de ma mère, j'inspectais l'état de mes jouets; je n'aurais pas supporté sans une peine très-vive que l'une de mes poupées eût le droit de m'accuser de négligence, ce qui n'aurait pu manquer d'arriver, à ce qu'il me semblait, si je l'avais abandonnée toute une journée le nez contre terre, ou bien avec une toilette ayant quelques-uns des caractères du désordre; je m'occupais fort sérieusement de satisfaire ce petit monde; je passais en revue les vêtements de mes poupées, je les asseyais bien commodément, en mettant à leur portée tous les menus objets qui pouvaient, à ce qu'il me semblait, contribuer à leur agrément... mais je ne jouais pas avec elles comme le font les petites filles;

je me considérais comme étant responsable de
leur bien-être, de leur bonheur; mais elles ne
pouvaient rien pour le mien... Je ne savais pas
alors que l'on est destiné à rencontrer bien des
poupées ici-bas. Cette conviction était loin cependant de produire l'indifférence, et je n'ai
jamais oublié l'impression déchirante que me
causa un jour un incident puéril en apparence.
Mon père qui, entre autres systèmes, avait celui de ne point limiter les joies des enfants aux
jours fériés, qui se refusait à reconnaître la
sagesse de cette limitation, gardienne de l'intensité des joies qui s'affaiblissent en se répétant trop souvent, mon père venait de rentrer
un jour en m'apportant une poupée magnifique dont il se plut à me faire admirer la
beauté; puis il prit sur ses genoux une ancienne poupée, et lui tint ce discours mélancolique :

« Te voilà détrônée, » lui dit-il; « désormais, tu seras la servante de celle-ci, de la
nouvelle venue; plus de belles robes !... Tu
porteras les vieilles hardes dont celle-ci ne
voudra plus; tu lui céderas ton beau fauteuil,
la table sur laquelle on place ton déjeuner.

Tu es vieille, tu es laide, les roses de tes joues ont pâli, l'émail de l'un de tes yeux est fendu, ta chevelure est clair-semée ; ton bras est décousu..... Hélas ! tu n'es plus bonne à rien ! »

Mon cœur s'était gonflé au commencement de cette harangue, puis les larmes me gagnèrent, j'éclatai en sanglots, et, me précipitant sur l'*ancienne*, je l'enlevai à mon père, je la serrai dans mes bras en m'écriant :

« Non ! non ! ne crois pas tout cela ! Ce sont de méchantes menteries !... Je te soignerai comme toujours.... mieux encore qu'autrefois ; je ne veux pas de cette belle poupée nouvelle ! Elle a l'air impertinent..... on dirait qu'elle se moque de toi... et je ne le lui permettrai pas. »

Mon père riait aux larmes, tandis que ma mère m'examinait pensivement.

« Et comment feras-tu pour l'empêcher d'être impertinente, cette belle dame ? » dit-il en faisant *bouffer* la robe de moire de la nouvelle venue.

« Comment je ferai ? » dis-je en sentant mes larmes séchées par le feu de l'indignation, par l'énergie que communique la conscience de l'accomplissement d'un devoir. «Je la traiterai comme on a traité la belle dame et les belles demoiselles qui étaient si mauvaises pour la pauvre Cendrillon..... Tu sais? c'est toi qui m'as conté cette histoire l'autre jour. Oui, si l'ancienne le veut, c'est celle-ci qui sera la servante, qui portera les vieilles robes, qui restera loin de la table du déjeuner.

— Elle a du cœur, » dit ma mère à voix basse.

« Tant pis pour elle, » répondit mon père d'un ton léger..... « Mais, dis-moi, Aline, cela ne me semble pas très-juste, cet arrangement-là; comment, tu veux punir cette belle personne uniquement parce qu'elle a une robe élégante et fraîche !

—Pourquoi est-elle impertinente?..... Pourquoi méprise-t-elle l'autre, celle que je connais et que j'aime?

— Remarque bien que, si tu punis celle-ci, elle sera aussi malheureuse que le serait l'ancienne, si, ainsi que je le croyais, tu l'avais délaissée, mal vêtue et peu nourrie..... Alors tu seras obligée de t'apitoyer sur la nouvelle venue.

— C'est vrai, » dis-je fort perplexe.....
« Mais si celle que vous apportez voulait s'engager à être bien douce pour l'autre, à ne
point lui *faire des misères* parce que sa robe
est plus belle, ou parce qu'elle a de plus beaux
yeux et des joues plus roses, eh bien!..... je
ne lui en voudrais pas, et je la soignerais bien.

— Tu as raison, mon enfant, » dit ma
mère; « c'est ainsi qu'il faut agir; il ne faut
être ni indifférent pour les malheureux, ni
injuste pour les heureux..... Quand la nouvelle poupée verra que tu ne délaisses pas
tes vieilles amies pour t'occuper d'une amie
nouvelle, plus richement vêtue, elle te res-
pectera davantage, et apprendra aussi à respecter celles qui l'ont précédée dans tes
affections. »

Je tins parole; je fis respecter avec un soin
jaloux le droit de possession de la vieille poupée, et je ne m'occupai de sa nouvelle compagne qu'à la dérobée, et principalement
pour ne point faillir aux devoirs de l'hospitalité.

Mes *jeux* étaient toujours les mêmes. J'ob-
tenais de ma mère un grand tapis de table,

qui, étendu sur quatre ou cinq chaises, représentait à mes yeux, suivant les besoins
de la rêverie du moment, soit ma *maison*,
soit une tente dressée dans le désert. Quand
cet asile devait remplir le rôle d'une maison,
je le meublais de coussins et de tabourets,
et mon bonheur était complet lorsqu'on me
permettait d'allumer une petite bougie *chez
moi*. Je mentionne à dessein ces détails enfan-
tins; ils contenaient en germe les inclinations
dominantes de ma vie, et je devais ressentir
plus tard les conséquences des habitudes de
rêverie que je contractais dans mon isolement.
Je le rendais plus complet encore, en me bar-
ricadant par instinct contre l'action extérieure
des objets qui auraient pu me ramener au sentiment de la réalité. Je n'entreprendrai pas
de décrire ici les fantômes insaisissables qui
peuplaient mes rêves : je conversais avec des
enfants de mon âge, vêtus de robes blanches,
couronnés de roses, beaux et bons, gais et
spirituels, parfaits en un mot. La perfection
était une condition d'absolue nécessité pour
leur admission dans ma familiarité.

Tandis que j'étais retirée sous ma tente, que

j'y demeurais fort silencieuse, mes parents causaient..... Ce fut ainsi que j'appris bien des détails, et je ne les sus pourtant que bien plus tard, tout en les soupçonnant vaguement.

Ma mère, restée orpheline avec une assez belle fortune, — deux cent mille francs à cette époque avaient une valeur égale à celle d'une somme double aujourd'hui, — ma mère habitait chez son frère, qui avait repris la maison de commerce paternelle; il n'était pas marié, et sa sœur conduisait sa maison. Elle avait vingt ans lorsqu'elle connut mon père..... Ils s'aimèrent. M. Henri Darvon demanda à M. Antoine Marrest la main de sa sœur Marguerite. M. Henri Darvon était peintre, et ne possédait rien. Il fut refusé, éconduit, et le frère de Marguerite s'égaya beaucoup aux dépens de ce prétendant, assez bien avisé, disait-il, et doué d'un aplomb suffisant pour prétendre s'allier à une famille riche, quand il ne possédait rien, pas même une profession. Une certaine portion de la bourgeoisie n'accorde en effet aucune considération aux arts, jusqu'au moment où les artistes ont converti le produit de leurs travaux en propriétés au soleil, ou bien en obligations de chemins de fer.

Marguerite Marrest essaya de fléchir la volonté de son frère; ses efforts furent inutiles; elle se renferma dès lors dans la calme attitude que donne une résolution irrévocablement prise, et refusa obstinément à son tour tous les prétendants que son frère lui présenta; le nombre en fut grand cependant, et il y eut parmi eux des *partis* inespérés. Antoine commença alors à craindre que sa sœur n'usât de sa prochaine indépendance pour agir à sa guise. La vie commune devint difficile..... Antoine, pour calomnier ce *maudit peintre* dans l'esprit de la jeune fille, dirigea contre lui un système de railleries si lourdes qu'elles ne purent atteindre leur but. Il retraça, sous les plus sombres couleurs, la vie qui attendait la femme d'un artiste, tous les artistes étant, suivant lui, des gens grossiers, vêtus d'une façon ridicule et baroque, passant leur vie dans les estaminets de bas étage. Marguerite comparait ce portrait à l'image gracieuse et élégante qu'Henri Darvon avait laissée dans son cœur.... et elle souriait. Les périls que l'on invoquait devant elle étaient si invraisem-

blables, qu'ils lui déguisèrent d'autres dangers plus réels. Plus on essaya d'éveiller ses
inquiétudes, plus elle se sentit rassurée, car
la maladresse des attaques semblait à ses yeux
prévenus l'évidente preuve de l'impossibilité
absolue d'alléguer de bonnes raisons contre le
choix que son cœur avait fait. Les craintes
d'Antoine prirent bientôt le caractère d'une
mauvaise humeur permanente, et celle-ci se
traduisit souvent en accès de colère.

Le jour où sa majorité ayant sonné on lui
rendit ses comptes de tutelle, Marguérite ad-
jura son frère de consentir au mariage qu'elle
avait irrévocablement arrêté, en le remettant
à la date de sa majorité. Antoine s'emporta ; il
déclara à sa sœur qu'il ne la reverrait jamais,
si elle commettait l'insigne folie d'épouser ce
va-nu-pieds, lui prédit qu'elle serait ruinée par
lui, et la prévint que lui, Antoine Marrest, ne
lui donnerait jamais aucun secours, ne se sou-
ciant pas, disait-il, de travailler obscurément,
et de s'imposer des privations pour subvenir
aux déportements d'un fainéant. La discussion
fut si orageuse, et prit un tel caractère d'ai-
greur et de véhémence, que Marguerite quitta

le même jour la maison de son frère. Elle se retira à Sceaux, chez une ancienne femme de chambre de sa mère, car elle n'avait aucun parent.

Un mois plus tard elle épousait Henri Darvon, mon père.

Quoique ce mariage comblât tous ses vœux, quoiqu'elle eût la plus aveugle confiance en celui auquel elle remettait la direction de sa vie, Marguerite éprouva de sinistres appréhensions en ce jour solennel. Son frère représentait tout ce qui restait de sa famille..... et il n'était pas là.....; un étranger dut lui donner le bras pour la conduire à l'autel. Le caractère et les habitudes d'Antoine Marrest avaient voué la vie de sa sœur à l'isolement qu'elle ressentit si vivement et si péniblement lorsqu'elle se trouva sans parents et sans amis en venant recevoir la bénédiction nuptiale. Antoine avait toujours travaillé à élever de solides barrières entre lui et ses semblables; il ne voulait pas établir de relations avec ceux qui étaient moins riches que lui. A quoi bon? Ces relations ne pouvaient, selon lui, avoir d'autre résultat que celui de s'exposer à des sollici-

tations, et, par conséquent, de l'obliger à des
refus, outre qu'il faut toujours éviter de se
déclasser et de se commettre avec de petites
gens. Il n'avait point d'amis parmi ses égaux
— en fortune, — parce qu'il était persuadé
que toute intimité peut, à un moment donné,
imposer quelque sacrifice, ou faire naître quelque responsabilité; il pensait que la vie privée
doit être murée, et, pour assurer encore le
succès des précautions prises dans le but d'é-
viter une solidarité quelconque, il avait aussi
muré son cœur; à part un petit nombre de
repas reçus et rendus à de notables commer-
çants, en de fort rares circonstances, Antoine
s'était prudemment interdit toute relation.
Selon lui, la dignité et la sécurité de l'existence
exigeaient cet excès de réserve; il était du
nombre de ces hommes timorés, qui, témoins
d'une injustice, ou même d'un crime, se dé-
robent à l'obligation de porter témoignage,
afin d'éviter de se compromettre; qui assimi-
lent l'indifférence à la *respectabilité*, et décorent
du nom de sagesse la constante, l'unique préoccupation de leurs intérêts personnels. Il y a
ici-bas d'innombrables variétés d'égoïstes, et

l'observateur peut trouver parmi eux des sujets d'études toujours nouveaux et toujours vrais : il en est qui sont intelligents, d'autres qui élèvent l'égoïsme à la hauteur d'un art, et savent lui communiquer un caractère poétiquement séduisant; il en est aussi qui sont naïvement, sottement, vulgairement égoïstes..... d'autres, enfin, qui limitent les profits de leur défaut, et sont égoïstes à l'écart, et tristement..... Tel était Antoine Marrest.

Bref, sa sœur, en se mariant, ne put même requérir près d'elle la compagnie de quelque amie. Elle avait été élevée dans la maison paternelle, pour éviter les relations de pension ou de couvent, qui auraient pu, se disait son frère, encombrer plus tard sa vie d'intimités gênantes. Elle avait grandi, elle avait vécu dans cette triste maison, d'où l'on avait soigneusement retranché tout ce qui anime la vie, tout ce qui lui communique un peu de chaleur et d'intérêt; sans s'en rendre compte elle y dépérissait comme une plante placée à l'ombre, privée d'air et de soleil. Ma mère avait le cœur tendre, sans avoir l'imagination enthousiaste ni le caractère romanesque. Bien souvent mon

père l'appelait en riant *ma petite bourgeoise*.....
Il est hors de doute pour moi que, si elle avait
trouvé près de son frère une existence moins
compassée, moins inutilement vouée à l'exagération de certains sentiments étroits, si elle
avait vécu dans une atmosphère plus généreuse,
Antoine Marrest se serait évité le cruel déplai-
sir, la douloureuse humiliation de devenir le
beau-frère d'un artiste, de voir un peintre s'allier à sa vieille famille bourgeoise; mais elle
aspirait instinctivement à entendre résonner
d'autres paroles que celles consacrées à la glo-
rification de l'égoïsme le plus impitoyable;
elle voulait entrevoir des horizons plus éten-
dus, sentir battre son cœur à des discours
généreux, élever son âme en éclairant son intelligence, et non pas rester éternellement
enchaînée derrière les barrières qu'Antoine
avait dressées entre lui et le monde, sans s'a-
percevoir qu'en s'appliquant à se préserver, il
réussissait surtout à s'isoler.

Il se reprocha toujours d'avoir conduit sa
sœur à un dîner donné par un de ses confrères pour célébrer sa promotion dans la
Légion d'honneur. Le fils du nouveau cheva-

lier avait amené à ce dîner Henri Darvon,
l'un de ses camarades de collége..... Ce fut
là l'origine de cette funeste connaissance !
Marguerite et Henri se revirent plusieurs fois
dans des circonstances à peu près analogues,
car Henri réussit bientôt à se faire présenter
dans le petit nombre de maisons où Marguerite faisait quelques rares apparitions.....
Puis il la demanda en mariage, et l'on sait
le reste. Malgré l'excès de précautions dont il
avait entouré son existence, Antoine fit donc
naufrage sur l'un des écueils les plus redou-
tables à ses yeux; tant il est vrai que l'on annule tous les efforts en les exagérant, que les
doctrines même les plus sensées aboutissént
au but qui leur est antipathique, lorsqu'elles
veulent appliquer leur principe d'une façon
trop absolue, et, qu'en un mot, toute autorité,
pour être durable, doit apprendre à tempérer
son action, à tenir compte non pas seulement
en apparence, mais en réalité, des sentiments
même opposés aux siens propres, quand ils
n'ont d'autre tort que celui de limiter son action et d'établir l'indépendance réciproque,
qui est l'incontestable droit de chacun. Mais

Antoine n'admit jamais que sa sœur dût avoir sur un point quelconque une opinion, une préférence qui fût en opposition avec ses propres opinions et ses préférences personnelles. Il croyait fermement qu'il était en possession de la vérité, de la sagesse, et que Marguerite devait s'estimer trop heureuse de demeurer au port, en se laissant guider par son expérience, au lieu de courir les périls d'une traversée quelconque. Malheureusement, le port était trop triste, ses perspectives trop arides, et les avantages de cette sagesse si vantée trop négatifs..... Si c'est là le bonheur, put se dire un jour Marguerite en envisageant la monotonie des heures qui composaient son existence, mieux vaut la tempête !..... Je la préfère à ce calme, qui est celui du néant.

Je ne saurais trop insister sur le caractère de ma mère, absolument étranger à l'exaltation, parce qu'il représente à la fois son excuse et la condamnation du système qui présidait à l'existence de mon oncle Antoine. S'il avait été moins *inutilement* prudent, si ce qu'il appelait sa sagesse eût pu se tempérer d'un peu de générosité, ma mère eût docilement suivi ses conseils, et serait devenue, comme il le souhaitait, la femme d'un négociant. Malheureusement il était graduellement arrivé à donner à la prudence un caractère de méfiance universelle, aussi contraire à la charité qu'à l'équité, et sa sagesse se montrait si revêche, si hargneuse et si égoïste, que Marguerite ne put se décider à conformer toute sa vie aux doctrines qui communiquaient si peu de bonheur à son frère.

Quoiqu'elle eût, à ses yeux, toute raison et tout droit de disposer de son avenir à sa guise, ma mère, ainsi que je l'ai dit, éprouva une pénible impression lorsqu'elle se trouva seule, et privée, le jour de son mariage, du cortége de parents, ou tout au moins d'amis qui entourent toujours une jeune fille dans cette circonstance. Elle se répétait que son frère avait tort..... mais elle n'était pas tout à fait certaine d'avoir raison, par cela seul, par cela même qu'elle était seule en ce jour. La réprobation de la famille n'est en effet, ne peut jamais être tout à fait injuste. En voulant décider de l'avenir de l'un de ses membres contre le gré de celui-ci, la famille peut parfois commettre une erreur, ou même une faute..... mais cette faute n'est pas moins réelle, cette erreur n'est pas moins possible, quand une jeune fille entreprend de récuser l'expérience de sa famille, et prétend décider seule la grande question sur laquelle sa vie se joue. L'unique solution que puissent recevoir ces tristes dissentiments, heureusement peu fréquents, consiste à vaincre l'opposition, de quelque côté qu'elle se produise, par la force de la raison, et en appelant à son aide cet allié tout-puissant, et cependant toujours dédaigné, qui s'appelle le temps. Seulement il faut avoir raison; il ne faut pas donner au caprice les proportions d'un sentiment sérieux, ni, d'un autre côté, attribuer à des motifs peu avouables, tels que l'ambition ou la cupidité, une importance qui appartient seulement aux motifs honorables, à la solidité, à la moralité du caractère, à l'élévation de l'intelligence, à la bonté du cœur.

Antoine ne sut qu'exprimer son indignation,

et l'exprimer en termes offensants; comme tous les esprits étroits, il se croyait en possession de la vérité absolue, et par conséquent se montra intolérant. Mais ce n'est pas au moment où se commettent certaines fautes qu'il faut placer leur date véritable; ce n'est pas seulement parce que son frère s'emporta et qu'il injuria injustement Henri Darvon que ma mère se décida à l'épouser; cette décision avait son origine, ainsi que je viens de l'indiquer, dans le système d'égoïsme exagéré que mon oncle Antoine avait appliqué à sa vie, et voulait imposer à ma mère.

D'après l'expresse demande de la fiancée, le mariage eut lieu seulement avec les témoins indispensables. Henri Darvon était orphelin comme ma mère, et la cérémonie nuptiale fut dépouillée du caractère attendrissant que lui communique la présence des parents. Les nouveaux mariés partirent immédiatement pour l'Italie; après avoir voyagé pendant quelques mois, ils revinrent à Paris.

Ma mère avait prévenu son mari qu'elle entendait remplir dans la vie commune le rôle de l'humble prose gardienne du foyer domestique ; elle l'engagea à ne rompre aucune des relations qui pouvaient l'aider dans sa carrière, ou lui offrir quelque agrément, mais lui demanda en même temps de la dispenser, autant que possible, de se mêler à sa vie extérieure. Quel que fût son bonheur, ma mère n'avait pu se dépouiller de quelques appréhensions secrètes puisées à la source de la réprobation que les familles bourgeoises de cette époque faisaient peser sur les artistes en général. Elle se disait qu'en résistant obstinément à tout entraînement, en maintenant au logis l'ordre et l'abondance, elle pourrait préserver l'existence de son mari et la sienne propre des périls qui lui avaient été signalés comme inévitables. Elle était forte contre toutes les tentations du luxe et de la dépense en ce qui la concernait ; mais, hélas ! elle n'était pas, et ne pouvait être forte contre la tendresse qu'elle portait à son mari, d'autant plus que cette tendresse était réciproque.

Elle apportait à son mari, tous comptes faits, douze mille livres de rente, qui, en ce temps-là, représentaient une large aisance. Le nécessaire, et même un raisonnable su-

perflu étant ainsi assurés, mon père pouvait
travailler à sa guise sans forcer son talent,
et arriver un jour à la fortune, par cela même
qu'il lui était donné de travailler pour l'art,
et non pour le pain quotidien. Mais les résultats trompent toujours les calculs de ce genre,
quelle que soit leur apparente vraisemblance.
Telle organisation est énervée par l'obligation
du travail... telle autre au contraire éparpille
ses forces quand aucun motif impérieux ne
l'oblige à les concentrer, et ne lui impose le
travail assidu comme unique chance de salut.... Peut-être aussi n'est-on jamais d'accord
avec la vérité quand on invoque l'une ou
l'autre de ces raisons pour excuser l'insuccès.
Je crois qu'il n'y a pas de meilleur motif pour
expliquer celui-ci que l'absence des qualités
qui font les véritables artistes : là où la pensée
existe, elle sait se manifester, elle ne peut se
dispenser de se manifester. Pour elle, tout est
moyen, même l'obstacle; tout la sert, même
ce qui la décourage. En un mot, je suis
persuadée que l'artiste a toujours de bonnes
raisons pour ne pas produire..... mais ces
raisons ne sont pas celles qu'il se donne à lui-

même et aux autres quand il veut expliquer son inactivité.

Il est encore parmi ceux qui se consacrent à l'art quelques êtres malheureusement privilégiés; je veux parler de ceux chez lesquels le sens critique est plus développé que le, sens créateur. Ceux-ci analysent avec une rare facilité les diverses imperfections des œuvres de leurs confrères, et concluent d'abord de cette clairvoyance à la possibilité de faire plus et mieux que leurs devanciers et leurs contemporains; ils proportionnent leur ambition à la capacité qu'ils reconnaissent en eux, et jouissent par avance de la supériorité qui ne peut manquer d'être leur partage, puisqu'ils peuvent discerner, et surtout éviter les défaillances de leurs confrères. Malheureusement, chacun de ces défauts, si justement remarqués, correspond à quelque qualité essentielle, et quand celui-là est écarté, celle-ci, du même coup, se trouve annulée. En outre, ces esprits critiques ont plus de délicatesse dans leurs jugements que de puissance dans leurs créations; ils ne peuvent faire abstraction de leur clairvoyance, même en ce qui concerne leurs œuvres, et lorsqu'ils essaient d'entrer à leur tour dans la lice, ils constatent avec amertume que le résultat de leur travail est bien loin de répondre à la hauteur de leur ambition : l'esprit critique occupe la place qui aurait dû être remplie par l'inspiration..... Celle-ci ne vient pas vivifier leurs œuvres, et, plus difficiles peut-être pour eux-mêmes que ne le serait la foule, ils ne tardent pas à se retirer de la scène sur laquelle ils espéraient remplir le premier rôle, et dont ils dédaignent les emplois subalternes; en un mot, ils ont plus d'ambition que d'inspiration, et, ne pouvant planer au-dessus de tous, ils se réfugient dans l'inaction.

Lorsque ma mère se maria, son éducation artistique était à peu près nulle; comme toutes les jeunes filles, elle avait eu un maître de dessin, et avait pris des leçons de piano; mais elle n'avait jamais assisté à l'une de ces conversations qui éclairent soudainement les esprits, et les préparent à juger les questions d'art. Elle avait entendu Henri Darvon causer avec une remarquable supériorité, juger et critiquer les peintres contemporains, et son inclination aidant, elle avait bien vite acquis la persuasion qu'il serait un jour l'un des premiers parmi les premiers. Aussi était-elle disposée à lui *faire crédit* pour le succès et la gloire qui, selon elle, ne pouvaient lui faire défaut tôt ou tard, et quand ils revinrent à Paris, elle le laissa docilement disposer leur installation à son gré.

Un autre motif encore, et celui-ci des plus puissants, je le reconnais, expliquait la facilité avec laquelle ma mère laissa son mari s'engager sur la pente du luxe : il ne possédait rien..... Pouvait-elle, sans manquer à la délicatesse, hasarder quelques observations sur l'emploi de la fortune qu'elle apportait? Les goûts élégants de son mari complétaient si bien cette atmosphère dans laquelle elle était à la fois heureuse... et effrayée de vivre ! Tout ce qu'elle entendait, tout ce qu'elle voyait était si différent, si agréablement différent du triste logis de la rue des Jeûneurs, dans lequel s'étaient écoulées son enfance et sa jeunesse!...... ce logis sans lumière, sans soleil, parcimonieusement meublé des objets reconnus comme indispensables à la vie des êtres civilisés, mais n'offrant nulle part à l'œil un aspect gracieux ou récréatif... Elle revoyait cette antichambre dallée, garnie d'un coffre à bois et de quelques porte-manteaux; la salle à manger qui lui faisait suite, avec ses douze chaises recouvertes de paille, le tapis usé qui cachait la table, les rideaux en toile de Jouy jaune à bandes rouges imprimées de blanc..... Le salon, dont le mobilier anguleux était recouvert en velours d'Utrecht fané, jadis vert..... le guéridon à dessus de marbre, avec galerie de cuivre, les rideaux blancs, soigneusement croisés devant les fenêtres..... Oh! comme tout cela était laid en comparaison du luxe intelligent qui l'entourait maintenant!

En effet, mon père était toujours en quête d'un bahut, d'une tapisserie, d'un objet rare ou curieux, destiné à l'embellissement de sa demeure. Si cette inclination avait eu pour mobile unique le désir de s'entourer d'un cadre qui fût en harmonie avec ses goûts délicats, elle aurait été contenue en des limites qui l'auraient préservée de tout péril. Malheureusement, la vanité surgit un beau jour, et mon père aspira à exciter l'envie et l'admiration;

l'objet qui avait éveillé ses plus vives convoitises, qu'il avait acquis au prix de sacrifices condamnés par la raison, lui devenait indifférent dès qu'il le possédait, insupportable dès qu'il découvrait un autre objet plus beau ou rare. Ma mère n'éprouva d'abord aucune inquiétude, en voyant naître cette passion trois ou quatre ans après son mariage. Plus tard, en assistant aux progrès de ce goût dominant, elle hasarda quelques timides objections..... mais elle fut bientôt rassurée : tout cela ne coûtait rien, ou si peu de chose, que cela ne valait pas la peine de s'en occuper..... D'ailleurs, la peinture n'était-elle pas là pour combler quelques déficits, s'il s'en produisait?

« Des déficits!..... » s'écriait ma mère, effrayée par ce mot.....

« Ah! ah! J'étais bien sûr d'éveiller votre sollicitude, » disait mon père en riant..... « Fille et sœur de commerçant, vous ne pouviez entendre sans tressaillir ce mot gros de menaces.

— Henri, je vous en prie, ne plaisantons pas sur ce sujet..... Tant que nous étions seuls, peu importait à mes yeux l'emploi de vos ressources..... mais nous avons un enfant.....

— Eh bien!..... faut-il nous priver de tout ce qui peut nous causer une satisfaction quelconque, pour augmenter la fortune de cette petite fille? Voyons, Margot, voulez-vous l'élever dans une demeure semblable à celle de votre frère? Dois-je me défaire de tout ce qui nous entoure, de tout ce qui est une fête pour nos yeux, de tout ce qui constitue un luxe intelligent et de bon goût, pour faire une dot à Aline? L'héritage est d'ailleurs une chose immorale, on commence à nous le démontrer, et je ne suis pas éloigné d'adopter ces doctrines. Il vaut mieux que chacun ici-bas n'ait d'autre valeur que sa valeur personnelle, et quand les jeunes filles n'auront pas de dot, on verra un plus grand nombre de mariages d'inclination, par conséquent beaucoup de ménages heureux comme le nôtre. »

Mon père riait sans doute en émettant ces opinions, mais ma mère, tout en reconnaissant qu'il fallait en mettre une bonne part au compte d'une habitude de plaisanterie, ne laissait pas que d'être un peu émue de ces discours moitié plaisants, moitié sérieux. Sans doute il se moquait des doctrines émises par quelques-uns de ses contemporains, lesquels affirmaient que, jusqu'ici, les parents s'étaient sottement sacrifiés pour leurs enfants, en s'imposant des privations pour assurer le bien-être ou augmenter la fortune de leurs héritiers; mais dans la pratique il n'était pas toujours disposé en effet à s'interdire une dépense qui satisfaisait ses goûts pour le faste, lors même que cette dépense n'était pas en parfait accord avec les ressources dont il pouvait disposer.

Peu à peu, d'ailleurs une dépense entraînait une autre dépense..... au nom des lois de l'harmonie. Après avoir trouvé des tentures en vieux cuir de Cordoue pour la salle à manger, après y avoir placé des dressoirs couverts de plats en faïence de Nevers et de Rouen, mon père estima qu'il était ridicule d'être servi dans cette belle pièce par la cuisinière..... On prit une femme de chambre, et, plus tard, mon père découvrit qu'un valet de chambre était indispensable..... Et lorsque ma mère, combattue

entre l'ardent désir de complaire à son mari et
la crainte de voir justifier quelques-unes des
prédictions de son frère, exprimait quelque
inquiétude sur l'augmentation des dépenses de
la maison, mon père raillait affectueusement les
habitudes mesquines de sa femme, et lui annonçait un accroissement de ressources dues
à un tableau qu'il était certain de vendre avan-
tageusement.

Il n'était pas d'ailleurs absolument oisif.....
mais le désaccord qui s'était manifesté entre
ses aspirations et ses facultés, — car mon père
était justement l'un de ces artistes dont je viens
d'indiquer la secrète misère, — l'avait un peu
éloigné de *l'art pour l'art*. Quand il avait connu
ma mère, il était encore plein de confiance
en lui; sans forfanterie, sans sotte vanité, il
se croyait destiné au premier rang; mais lorsqu'il avait voulu réaliser une partie des rêves
brillants qu'il formait, il était demeuré écrasé
par la médiocrité relative de ses compositions:
il avait traversé alors une phase de découragement qui se manifesta par une paresse obstinée..... L'activité de son esprit se réveilla,
pour se ralentir bientôt, et il passa plusieurs

années ballotté entre le besoin de produire une œuvre capitale et l'impossibilité de mettre son talent à la hauteur de ses aspirations.

Oserai-je le dire?...... Pourquoi non? Je raconte, et n'accuse pas; je raconte les effets, et me trouve inévitablement entraînée à étudier leurs causes. Je crois que, pour être vraiment grand par l'art, il faut avoir une foi, un amour quelconque..... fût-ce l'amour de l'humanité. Que l'on ne m'allègue pas ces grands désespérés, ces sceptiques désolés qui furent d'illustres poëtes : il y avait plus de foi dans leur désespoir que dans l'indifférence élégante, spirituelle et radicale des artistes qui ressemblent à mon père. Il ne suffit pas de professer cet amour; pour l'exprimer, il faut le ressentir; il doit être dans le cœur, non dans l'imagination, et son apparence ne saurait tenir lieu de la réalité. La vanité qui dessèche l'âme et rapetisse l'esprit est le plus sérieux antagoniste de ce sentiment généreux. Quand on est plus soucieux de l'élégance et de la notoriété de ses amis que de leur valeur intellectuelle et morale, on donne malheureusement sa propre mesure, et l'on confesse que, ne pouvant puiser

son éclat en soi-même, on essaie de briller en
empruntant quelques reflets autour de soi.

En constatant le désaccord qui régnait entre
la délicatesse de son goût et la faiblesse relative
de ses compositions, en assistant à certains
succès peu mérités, dus à l'influence d'une ca-
maraderie intéressée, ou de certaines protections acquises au prix de quelques flatteries,
mon père s'habitua à compter moins sur l'art
que sur la remarquable puissance de séduction
dont la nature l'avait doué ; il se prit de mépris
pour la race humaine, et se persuada que la
sagesse suprême consistait à chercher et trouver en elle des instruments dont la docilité
était garantie par les ridicules, les faiblesses,
ou même les vices que l'on tolérait chez eux.
De même que l'on a connu des hommes qui de-
meuraient austères en ce qui concernait leur
vie privée, tout en encourageant une corrup-
tion qui servait leurs vues d'hommes d'État,
mon père se dit qu'il pouvait impunément toucher aux faiblesses et aux vices de l'humanité,
et les employer pour se rapprocher du but vers
lequel l'art était impuissant à le guider. Ce
but, hélas !... s'était considérablement amoin-

dri : il ne s'agissait plus d'être illustre parmi les plus illustres, de servir l'humanité en lui faisant faire un pas de plus dans la voie du Beau, mais seulement de jouir des avantages immédiats et matériels qui sont inhérents au succès. Dans cet ordre d'idées, peu importe que le succès soit de bon aloi !..... ou plutôt n'ayant pas la patience ou la force de le demander à l'étude et au travail, on transige avec son ambition primitive, et l'on accepte l'apparence pour n'avoir pas à attendre et à conquérir la réalité. Et pourtant il y avait en mon père des facultés assez remarquables pour qu'il eût une ambition plus haute, et même pour qu'il réussît à la satisfaire; mais l'on a vu plus d'une fois des individus, — et même des nations, — vendre leur droit d'aînesse pour un plat de lentilles, à l'imitation d'Ésaü.

Le goût du luxe, quand il acquiert assez d'intensité pour primer en nous les sentiments élevés et les principes rigoureux, représente l'une des passions les plus dissolvantes dont l'âme humaine puisse être affligée. Je crois que mon père eût évité cet écueil si l'aisance qu'il devait à son mariage ne l'eût dispensé du sou-

ci de gagner le pain quotidien. La possibilité
de satisfaire quelques fantaisies multiplia les
caprices; la vanité s'éveilla à son tour, et le
besoin des jouissances matérielles vint se joindre à toutes ces causes, concourant pour sa
part à l'élévation des dépenses. Grâce à la résolution prise par sa femme, il se trouva libre
d'employer et d'exploiter son temps à sa guise;
il rechercha et multiplia les relations qui, pen-
sait-il, pouvaient lui épargner quelques-unes
des longueurs de la route, et l'accoutumer,
ainsi qu'il le confessait lui-même en riant, à
adopter de préférence les chemins de traverse.
En attendant la récolte, il fallait largement
dépenser pour exploiter ce terrain..... et souvent dépenser inutilement. Mais entre autres
convictions, mon père professait celle-ci : « Ici-
bas, on ne donne rien à ceux qui n'ont rien ;
on donne peu à ceux qui ont peu... on accorde
beaucoup à ceux qui possèdent, ou qui semblent posséder des ressources considérables,
et cela est bien naturel, car ils ont incontesta-
blement plus de besoins que les autres. »

En vertu de cet axiome, mon père offrait
en lui et autour de lui l'aspect de la richesse

élégante, qui dépense sans compter, et place la satisfaction d'un caprice bien au-dessus d'une mesquine préoccupation d'argent; il se montrait en toute circonstance plus généreux que les plus riches, et jouissait du respect que tous les subalternes professent pour les prodigues. Si parmi ses égaux une voix s'élevait parfois et hasardait quelques réflexions sur le luxe dont il s'entourait, on répondait bien vite, pour se dispenser de toute appréhension, pour écarter le fantôme de la raison, lequel figure désagréablement à l'arrière-plan d'un joyeux souper : « Mais Darvon a épousé une femme qui est riche..... » Cela suffisait pour rassurer les compagnons qui prenaient leur part de jouissances dans la large part de ce genre que mon père s'était attribuée ici-bas.

Ainsi que je l'ai déjà dit, je crois, je n'ai pu comprendre que tardivement les détails dont je viens d'esquisser l'importance; j'étais une enfant, et en cette qualité je ne cherchais pas à dépasser la surface des choses; j'étais heureuse entre une mère que j'aimais et un père que j'adorais; car, frivole comme le sont tous les enfants, éprise comme eux des appa-

rences, j'étais, il faut bien le confesser, plus
fière de mon père que de ma mère. Il était
beau et spirituel, élégant, magnifique et
amusant; non-seulement il était toujours prêt
à satisfaire toutes mes fantaisies, mais il m'en
suggérait, pour se donner le plaisir d'assister
à l'explosion de ma joie. Tandis que ma mère
me prêchait l'économie en paroles et en exemples, lui plaidait la cause opposée, laquelle,
malgré le tendre respect que j'avais pour ma
mère, obtenait mes secrètes sympathies. Combien de fois n'ai-je pas assisté à d'affectueux
débats, dans lesquels la raison, la froide raison, représentée par ma mère, était honteu-
sement mise en déroute par les charges à fond
de train que mon père dirigeait contre elle!
Un soir, il m'en souvient, on discutait devant
moi le projet d'une toilette d'hiver qui m'était
destinée; je devais être conduite par mon père
à un déjeuner d'enfants donné dans la maison d'un riche personnage.

« Aline a sa robe de popeline à carreaux
bleus et blancs, qui est toute neuve, » disait
ma mère.

« Chère Margot, je vous en supplie !..... ne

nous condamnez pas, elle et moi, à la robe de popeline! Rien n'est plus commun.....

— Pardon! vous voulez dire plus universel.....

— Les deux mots sont synonymes à mes yeux; il n'y a pas de pauvre *baby* qui ne possède pour les grands jours une robe de popeline soigneusement empaquetée dans une infinité de feuilles de papier de soie, exhibée de son carton, seulement quand il se présente une occasion suffisamment solennelle. Cela est si connu, si rebattu, que cela devient ridicule. Non, je ne puis conduire Aline ainsi vêtue dans cette réunion élégante. Voulez-vous que notre enfant soit remarquée pour la mesquinerie de sa toilette..... qu'elle soit dédaigneusement classée dans un rang inférieur par toutes ces petites filles, qui ont déjà autant de sotte vanité qu'en peuvent posséder leur mère?

— Henri! quelles singulières contradictions se révèlent toujours entre vos opinions et vos actions! Vous pensez sainement, et vous voulez agir à l'imitation de ceux-là même que vous blâmez!

« — Eh! oui. Mes opinions sont à moi; mes actions doivent se conformer à la règle adoptée par ceux avec lesquels je vis; je ne puis ni ne veux entreprendre de régénérer la société, et devant vivre avec elle et par elle, je trouve raisonnable de ne heurter aucun de ses préjugés, même les plus sots, même ceux que je blâme, même ceux dont je ris.

« — Je ne voudrais pas en effet vous voir engager une semblable lutte, » répondit ma mère avec quelque tristesse; « mais pourquoi ne pas limiter vos concessions au strict nécessaire..... pourquoi les étendre jusqu'à nous? Si votre avenir, si votre profession exigent, comme je le crois, que vous ne demeuriez pas isolé, cette obligation n'existe pas pour nous.....

« — Ce n'est qu'un incident, ma chère Margot... Et d'ailleurs vous n'aurez pas la cruauté de priver toujours votre enfant de tout plaisir?

« — Les plaisirs de cette nature sont environnés de tant d'aventures et de tant de périls, que j'aurais en effet, non pas la cruauté, mais la tendresse nécessaire pour les écarter d'elle.

— Voyons, voyons, Margot, tâchons de ne rien exagérer. Aline ne prendra pas le goût des plaisirs mondains par cela seul qu'elle se mêlera à une vingtaine d'enfants de son âge.....

—Si fait, cela peut suffire pour lui communiquer ce goût.

— ..... Elle ne prendra pas l'habitude d'un luxe immodéré et déraisonnable parce que vous aurez consenti, à ma requête, à lui faire faire un joli costume de velours bleu..... Après tout, cette dépense n'est pas en désaccord avec nos ressources, et j'avoue qu'il m'est impossible de me rendre à une sagesse qui se manifeste principalement par le retranchement des plus innocentes et des plus légitimes satisfactions que la vie nous accorde. Eh bien ! oui..... je le confesse, je jouis par avance du joli tableau qu'offrira Aline vêtue comme je le désire ; il n'y aura pas dans toute la réunion une petite fille plus charmante..... »

Ici ma mère fit un mouvement, et me désigna avec une expression de reproche.

« ..... Il faut bien nous pardonner à nous autres peintres, » ajouta mon père, « d'être sensibles au côté plastique des choses ; si je trouve Aline belle, c'est, elle le sait bien, parce qu'elle ressemble à sa mère.....

— Oh ! non..... » répondit ma mère en souriant malgré elle, et déjà à moitié désarmée ; « cette petite fille ressemble trait pour trait à son père.

— Je vous assure qu'elle a toutes vos façons, et qu'elle vous imite à certains moments d'une façon frappante. »

Et tout en causant, mon père maniait un crayon ; il fit, en quelques traits, deux esquisses sur une feuille de vélin, et présenta à ma mère ces images avec une expression suppliante. L'une représentait une petite fille mal accoutrée, portant une robe à carreaux, une vieille toque, dont la plume éplorée s'inclinait tristement..... La légende inscrite sous cette figure était celle-ci : *Aline selon sa mère.*

L'autre figure me montrait sous un aspect bien différent : un habillement somptueux, garni de fourrure, me communiquait, il faut en convenir, une parfaite élégance ; aussi ce dessin portait-il en légende ces mots : *Aline selon son père.*

Il était difficile d'hésiter entre les deux images, et cela était plus difficile encore pour ma mère que pour toute autre femme. Elle devait faire sur elle-même un effort surhumain pour engager une discussion d'argent. Ces questions lui étaient antipathiques, et elle les abordait en des conditions qui, selon elle, impliquaient inévitablement la défaite. Blâmer la dépense, conseiller l'économie, n'était-ce pas rappeler trop clairement à mon père qu'il ne possédait rien? Ainsi posé, le débat ne paraissait-il pas entaché d'une origine égoïste, d'un sentiment indélicat? Il eût fallu à ma mère, pour lutter contre les goûts de son mari, une fermeté inconciliable, je le crois, avec l'exagération de délicatesse qui formait la base de son caractère. C'était un défaut, je le veux bien, mais un défaut adorable, exquis, et les indifférents seuls pourraient lui en adresser un reproche.

J'avais huit ans environ lors de cette petite discussion, et je l'ai racontée afin d'indiquer d'un seul trait combien le rôle que mon père jouait dans mon existence lui communiquait de prestige à mes yeux. Il intervenait toujours

au nom du plaisir ou de la vanité, représentée
par l'élégance, pour me faire accorder tout ce
que la sagesse de ma mère voulait m'interdire. Il développa en moi les instincts que je
tenais de lui, et habitua ma jeune imagination à assimiler l'économie à la mesquinerie,
l'élégance à la dignité. Cette pente est trop
naturelle, et semble trop séduisante aux enfants pour que je songeasse un seul moment
à comprendre et à apprécier les mobiles de
ma mère, qui adoptait, ou plutôt essayait
d'adopter pour mon éducation des principes
tout à fait opposés. Quand un si grand nombre
de *grandes personnes* sont *enfants* sur ce point,
on ne saurait s'étonner qu'une enfant n'ait
pas eu des idées morales assez nettes et assez
justes, un jugement assez droit, un esprit
assez bien équilibré pour comprendre que
l'estime d'autrui s'acquiert, non par les beaux
vêtements, ni par les apparences, ni même
par les réalités du luxe, mais seulement par
l'élévation du caractère, de l'intelligence, en
un mot, par la valeur personnelle que l'on
possède.

Mon éducation elle-même se ressentit du

conflit qui se produisait à tout propos entre deux influences opposées, deux pouvoirs, dont l'un combattait au nom de la raison, tandis que l'autre, marchant sous la bannière franchement déployée du caprice, appelait à son aide un auxiliaire tout-puissant, représenté par l'inépuisable tendresse que ma mère portait à son mari. Tout d'abord mon père déclara avec fermeté que je ne quitterais jamais mes parents, et que je serais élevée sous leurs yeux. Il n'y eut pas de lutte sur ce point, car ma mère était tout aussi opposée que mon père au système de l'éducation faite loin de la maison paternelle. Mais l'éducation publique offre d'incontestables avantages dont il faut pouvoir donner l'équivalent aux enfants que l'on garde près de soi. Quand on ne veut pas mettre son enfant en pension, on doit faire de sa maison un pensionnat, c'est-à-dire la gouverner avec une régularité inflexible, et disposer l'emploi des heures d'une façon irrévocable; il faut renoncer aux relations mondaines, aux plaisirs, aux distractions, qui pourraient troubler la régularité des heures d'études et de récréation; il faut s'astreindre à une chère simple, invariablement servie aux mêmes heures. Certes ces devoirs obscurs, minutieux, incessants, dont l'énoncé épouvante maintes personnes plus soucieuses de leurs plaisirs que de l'éducation de leurs enfants, eussent été remplis avec joie par ma mère; elle savait d'ailleurs que cette besogne s'impose graduellement, et que chaque jour, fortifiée par le poids qu'elle à porté la veille, une mère peut porter sans faiblir un poids plus lourd; ses goûts casaniers étaient ceux d'une véritable mère de famille, et d'une épouse pénétrée de l'esprit de ses devoirs. Mais le projet de m'élever soigneusement sans m'éloigner de mes parents, si facile et si doux en théorie, rencontra bien des difficultés dans la pratique. Ma mère voulait me donner, en prévision de toutes les éventualités, une instruction solide, et un talent assez développé pour devenir une ressource, le cas échéant. Pour atteindre ce but, il ne s'agit pas seulement de faire prendre régulièrement de bonnes leçons, il faut surtout tenir l'enfant en garde contre les distractions, qui, en donnant à son esprit une trop grosse somme d'amusements, le déshabituent de l'application et le dégoûtent de l'étude; il est impossible de prendre une leçon profitable en quittant un plaisir enivrant, ou bien en l'apercevant en perspective. Or, mon père me considérait comme une jolie poupée qu'il se complaisait à voir somptueusement vêtue, dont la compagnie l'amusait, dont la beauté flattait sa vanité; il supportait avec autant d'impatience que moi les leçons qui me retenaient au logis, et bien souvent il ne put se résoudre à leur sacrifier une promenade ou une partie de plaisir quelconque. Quand ma mère s'opposait à ce que l'ordre qu'elle s'efforçait de maintenir fût trop radicalement bouleversé, mon père s'écriait avec dépit : « que l'on était toujours persécuté pour les bons sentiments..... » Il affirmait que s'il avait été un père indifférent, on lui ferait une opposition moins tracassière..... qu'au surplus on me soumettait à un système d'interdictions puériles et exagérées qu'il devait combattre, parce que ma santé même pourrait souffrir de la réclusion que l'on jugeait nécessaire au succès de mes études.

Dieu sait pourtant que ce grand mot de *réclusion* n'était guère équitable ! Seulement, ma mère aurait voulu que mes promenades eussent pour but principal, et même unique, l'exercice indispensable aux enfants, tandis que mon père tenait surtout à trouver dans ces promenades une satisfaction de vanité pour lui et pour moi. On peut juger si mes leçons se gravaient faiblement dans mon esprit journellement occupé d'un projet de toilette, d'une excursion à la campagne, d'une partie de plaisir. Comme j'étais docile, désireuse après tout de satisfaire ma mère, j'essayais d'appliquer mon attention aux études que l'on me faisait faire..... mais la dynastie des rois d'Égypte était régulièrement mise en fuite par les visions plus séduisantes que m'offraient mes souvenirs ou mes espérances, et mon cerveau, hanté par les déjeuners, les goûters, les bals d'enfants, par les visites et les promenades que je faisais en compagnie de mon père ; par les robes de velours bleu ou de soie rose qui m'étaient destinées, suivant les saisons, mon cerveau, dis-je, se prêtait avec répugnance à l'application que mes études réclamaient; les gammes m'excédaient, les *exercices* de piano me semblaient fastidieux, et si je m'y prêtais, pour ne point affliger ma mère et ne point mériter ses reproches, je laissais vagabonder mon esprit dans le pays des chimères, pendant que mes yeux seuls suivaient les notes ou les détails historiques concernant Sésostris et Aménophis.

Dès lors je menai une double existence; mon caractère, ainsi que j'ai pu le reconnaître plus tard, participait de deux ressemblances opposées, et tenait en même temps de mon père et de ma mère; ces deux tendances si différentes m'enlevaient l'originalité qui appartient à un caractère déterminé. Tandis que j'essayais de tromper l'ennui que me causait les études, en égarant ma pensée à la suite des plaisirs que mon père me prodiguait, je me sentais tout à coup saisie par un étrange sentiment mélangé de tristesse, de regret et de remords, lorsque, partie avec le projet et l'espoir de m'amuser, je pensais à ma mère, restée

seule au logis en compagnie d'un travail
utile. J'étais ainsi toujours mécontente de ma
situation, et regrettais alternativement ou les
plaisirs, ou la paix du foyer domestique. J'avais
essayé maintes fois de me délivrer de ces regrets en sollicitant de ma mère l'abandon de
ses habitudes casanières; mais elle, qui était
si disposée à céder aux volontés, ou plutôt
aux moindres désirs de mon père, car elle ne
lui laissa jamais prendre la peine d'exprimer
une volonté, se montra inflexible sur ce point,
quoique mon père se fût bien souvent joint à
moi pour la fléchir. Elle alléguait d'excellentes
raisons, des motifs très-valables, que mon
père battait successivement en brèche..... Un
jour, enfin, qu'il apportait encore plus de té-
nacité que de coutume dans les arguments
qu'il lui opposait, il s'écria :

« Vous avez un autre motif encore que
vous ne me dites pas; convenez-en, Margot?

— Eh! certainement, » répondit ma mère
en souriant.

« Vous voyez bien !

— Pourquoi n'en conviendrais-je pas? il n'a
rien d'inavouable.

— Et ce motif, c'est?.....

— C'est que j'espère, en restant ici, vous y ramener tous deux ; j'espère que vous me regrettez un peu quand vous êtes l'un et l'autre loin de moi, et que vous vous apercevrez, tôt ou tard, que rien ne vaut le bonheur dont nous jouirions ensemble.

— Mais, chère Margot, ce bonheur, pour être apprécié doit être comparé..... C'est par sybaritisme que je m'éloigne de vous; c'est pour mieux jouir de la paix et de l'affection, que je me mêle au tumulte et à l'indifférence que l'on trouve dans le monde.

— Je suis persuadée que ce genre de stimulant est nécessaire pour les plaisirs du monde seulement, pour ceux dont on se lasse ; il est absolument inutile, il est même préjudiciable aux paisibles joies de l'intérieur, car leur intensité augmente en raison même de leur régularité ; il est de l'essence de cette monotonie de se transfigurer, de s'embellir en se prolongeant.

— Paradoxe vertueux !..... mais paradoxe ! Nous n'apprécions que ce dont nous sommes privés, au moins momentanément.

— Raison de plus, s'il en est ainsi, pour que je garde fidèlement notre demeure solitaire; soit que j'envisage la question à votre point de vue ou bien au mien, je trouve également qu'il est bon pour vous et pour moi de rester ici à vous attendre, au lieu de vous suivre dans le tourbillon qui vous emporte si souvent loin de moi..... Votre insistance même, les prières d'Aline, que vous venez d'appuyer, donnent raison à mes motifs; je vous manque un peu, puisque vous voudriez m'entraîner à votre suite..... Eh bien! sachez-le tous deux, c'est ici, et seulement ici, que vous me trouverez.

— Il ne faut jamais prendre une résolution absolue, car il surgit toujours des motifs qui sont de nature à modifier ces résolutions rigoureuses. Sachez donc, ma chère, qu'il m'est réellement pénible de me montrer toujours sans vous; les malveillants pourront supposer... ou supposent déjà que ma chère femme est vulgaire, que je ne puis la présenter dans les maisons qui m'accueillent..... Dieu sait pourtant que personne n'occuperait mieux que vous l'une des premières places dans le monde élégant !

— Mais, mon ami, que m'importe le monde élégant ?

— Il m'importe à moi.....

—Soit; je reconnais que ce monde peut vous être utile..... Mais à quoi bon déserter ma maison pour lui donner ma vie en pâture? Si mon abstention froisse en vous un amour-propre trop susceptible, je vous l'affirme, supportez, je vous en conjure, cette petite contrariété, en songeant que je ne puis vous l'éviter, sinon au prix de grands sacrifices. Je ne parle pas, bien entendu, de mes goûts personnels, de la préférence que j'accorde à mon cabinet de travail sur tous les salons les plus brillants ; ces goûts et cette préférence ne doivent pas peser sur mes résolutions si celles-ci étaient en désaccord manifeste avec l'intérêt du ménage, ou seulement avec vos propres goûts; songez seulement que, pour vous suivre partout où vous allez, il faudrait transformer toutes nos habitudes, doubler notre dépense.....

— Ah! la dépense! J'étais bien certain que

vous seriez tôt ou tard forcée d'aboutir à cet argument.

— N'est-il pas, en effet, le plus sérieux de tous? Vous avez l'administration de notre fortune, cela est légitime, et il ne saurait en être autrement; mais je connais le chiffre de nos revenus, celui de nos dépenses, et vous ne me taxerez pas d'inexactitude ni d'exagération lorsque je vous aurai rappelé que nous ne saurions augmenter ces dépenses sans compromettre son équilibre, lequel est déjà une énigme pour moi.

— Parce qu'en votre qualité de femme, vous n'entendez rien aux affaires. Songez donc que deux ou trois tableaux, vendus dans le courant de l'année, doublent nos ressources.....

— Sans doute, mais cet heureux résultat est prévu, escompté dans le budget des dépenses..... Or, pardonnez-moi, mon ami, d'envisager ces questions avec les préjugés qui appartiennent peut-être à d'étroites habitudes d'esprit, mais je ne puis m'accoutumer à baser une dépense certaine sur une recette incertaine.....

— Incertaine à un moment donné,

mais pouvant dépasser même les chiffres pré-
vus.....

— Ou bien aussi rester en deçà, comme cela
nous est déjà arrivé.....

— La peinture n'a pas beaucoup donné, il
est vrai, dans ces six derniers mois, » répondit
mon père d'un ton insouciant; « mais je vous
en prie, ma chère Marguerite, laissons dans
notre vie une petite place à l'imprévu, à l'inconnu, au dieu Hasard, patron des artistes. Il
m'est impossible de m'astreindre à une régu-
lière tenue de livres..... Ce soin, s'il devenait
principal, cette préoccupation, si elle devait
tout primer dans mon esprit, me rendrait
absolument incapable de songer à mon art; je
trouverais autant de ressources dans mon esprit que l'on en découvre chez un commis aux
finances; j'aurais autant d'imagination qu'un
caissier uniquement occupé à balancer la recette et la dépense, et employant plusieurs
journées à relever une erreur de quelques
centimes.... Hé! ma chère amie!.... une seule
des nombreuses heures que vous voudriez voir
consacrées à ces fastidieuses et inutiles préoccupations, peut faire surgir en moi une idée,

un sentiment dont la manifestation artistique aura, même à ce vulgaire point de vue de la recette, — de l'argent, pour l'appeler par son nom, — une importance qui ne saurait se comparer à celle du soin que vous me reprochez de négliger....

— Moi, Henri!..... moi, je pourrais vous adresser un reproche quelconque?

— Par le fait, oui, quoique vous n'ayez pas cette intention. Vous me reprochez indirectement de n'être pas un comptable assez habile..... C'est que nous différons essentiellement dans nos appréciations sur ce point. Ce que vous considérez comme des prodigalités inutiles, ou peut-être même dangereuses, n'est autre chose que la semence nécessaire au terrain que j'exploite; je ne puis être à la fois artiste et commerçant, aimer ce qui est beau, et m'entourer de tout ce qui est laid; je ne puis, pour demeurer fidèle à l'observance de certaines règles d'économie inutile, renoncer à la compagnie de mes semblables, me tenir à l'écart du courant d'idées qui émane d'eux. En un mot, il faut que je dépense pour recueillir, soit qu'il s'agisse seulement d'argent, ou d'idées qui seront peut-être transformées en argent. Mais voilà une analyse bien répugnante..... J'aime autant ne pas trop m'appesantir sur ce sujet.... Laissons les moyens, les vilains rouages de la vie, et occupons-nous seulement des résultats. Notre demeure est - elle commode et agréablement ornée?..... Notre existence est-elle douce? Ne sacrifions-nous aucune satisfaction légitime à je ne sais quelles considérations d'augmentation de capital? Là est la question ; et quand nous lui aurons fait une réponse affirmative, il ne restera plus qu'à reconnaître la sagesse de mon administration et la bonne exécution de mon plan. »

Mais ma mère, tout en se taisant, ne semblait pas convaincue, et je me souviens fort bien que chaque année ces débats devinrent plus fréquents, sinon plus violents. Il n'y eut jamais en effet aucune amertume, aucun emportement dans les discussions affectueuses qui s'élevaient entre mes parents; s'ils différaient en ce qui concernait l'appréciation de certains détails fort importants, ils usaient de cette divergence d'opinion, non pour se convaincre mutuellement d'erreur, non pour triompher aux dépens l'un de l'autre, mais uniquement pour essayer d'arriver à une entente complète. Je n'ai jamais assisté, dans la maison paternelle, à ces ardentes récriminations, à ces mortifiants reproches, à ces dialogues pleins de fiel dont j'ai parfois été témoin dans certains ménages. Quel que fût le dissentiment qui les divisait en bien des sujets essentiels, l'affection mutuelle la plus sincère, les habitudes de politesse les plus scrupuleuses, la modération du ton et du langage s'unissaient pour émousser tous les traits, adoucir toutes les discussions.

J'avais douze ans, et venais de faire ma première communion. Le mois d'avril, ce mois capricieux et charmant, qui flotte indécis entre l'hiver et l'été, et nous tient en réserve les gais rayons de soleil et les sombres nuages de neige ; ce mois si cher aux Parisiens, dont il prépare les plaisirs champêtres, nous avait donné une journée radieuse : le soleil emplissait de lumière un beau jardin sur lequel plongeaient les fenêtres de notre appartement ; les bourgeons se révélaient subitement, et semblaient un léger nuage vert entourant chaque arbre. Penchée à la fenêtre, je suivais des yeux et du cœur cette renaissance de la nature, et je fredonnais une chanson que mon père m'avait apprise la veille :

> Le temps a quitté son manteau
> De vent, de froidure et de pluie...

Je songeais à nos parties de campagne; je me disais que nous obligerions ma mère à nous accompagner plus souvent; j'éprouvais dans sa plus vive intensité ce délicieux sentiment de bien-être physique et moral dont il nous est si rarement accordé de goûter la plénitude. Tout à coup il me sembla que j'étais précipitée d'une hauteur incommensurable, et que je gisais à terre, meurtrie, mais, hélas!.... non brisée par ma chute. La cause de ce brusque changement survenu dans mes sensations était cependant insignifiante entre toutes : on avait mis en mouvement la sonnette placée à la porte du pavillon que nous occupions seuls. Cette cause apparente

n'avait certes rien qui pût justifier l'étrange
commotion qui me fit tressaillir ; mais il y a en
nous un sens ignoré, inconnu, qui obéit à des
pressions dont nous ne pouvons apprécier ni
l'origine ni la nature, et que l'on désigne
par le vague mot de pressentiment. L'appel
de la sonnette retentit subitement dans notre
demeure silencieuse ; il est vrai que cet appel était singulièrement pressé, entrecoupé,
qu'il n'avait pour ainsi dire pas conscience
de lui-même, puisqu'il se répéta avant, bien
avant qu'on eût eu le temps matériellement
nécessaire pour accourir à sa voix. Je ne fus
pas seule à subir l'influence de l'inquiétude
qu'il semblait communiquer de proche en
proche ; ma mère, si calme d'ordinaire, laissa
tomber le livre qu'elle tenait, et dressa la tête.
La femme de chambre entr'ouvrit la porte
de la salle à manger qui communiquait avec
l'antichambre, et nous entendîmes le pas
précipité du valet de chambre qui se hâtait
d'aller reconnaître ce visiteur impérieux.....
Quelques mots furent échangés..... Nous tâ-
chions inutilement d'en percevoir le sens.....
Puis le domestique entra en disant :

« On demande à parler à Madame... »

Et il s'effaça pour faire entrer un jeune homme dont la physionomie agitée accentua un peu plus les vagues terreurs dont j'étais assaillie.

Il jeta un coup d'œil sur moi, s'inclina devant ma mère en murmurant quelques mots..... Je la vis pâlir, se lever soudain, et conduire ce visiteur au salon. Je ne puis oublier la subite transformation qui s'était faite en ma mère; sa démarche gracieuse, harmonieusement cadencée, cette démarche *ailée,* comme disait mon père, avait la roideur et l'inconscience que l'on remarque chez les somnambules..... Les portières retombèrent derrière elle..... et j'entendis un cri étouffé, douloureux, un cri d'agonie..... Je ne pus maîtriser mon angoisse, je me précipitai dans le salon..... Là, ma mère gisait évanouie dans un fauteuil; tandis que le messager de malheur demeurait éperdu devant elle. On accourut à mes cris, on donna quelques secours à ma mère..... Alors seulement, quand je la vis reprendre connaissance, je m'adressai à l'inconnu.

« Qu'avez-vous dit à ma mère, Monsieur?..... » m'écriai-je d'un ton de reproche..... « Que se passe-t-il?

—Mademoiselle, » répondit ce jeune homme en me regardant avec commisération, « il faut que vous ayez du courage..... beaucoup de courage, et pour vous, et pour madame votre mère.

— Dites..... dites..... quoi?

— M. Darvon, votre père, a eu une querelle; il a reçu une blessure.....

— Dangereuse?....

— Nous espérons le contraire..... Mais, vous le savez, nous sommes entre les mains de Dieu, et c'est de lui seul qu'il faut implorer le secours.... ou la résignation....

— Où est-il?..... où est mon père?

— Il me suit..... on l'amène.....

— On *l'amène!* » répétai-je..... et l'image provoquée par ce mot funèbre me causa un sanglot déchirant.

« La voiture marche au pas..... Ayez du courage, Mademoiselle, je vous en supplie.

— Je ne veux pas, je ne peux pas avoir de courage..... Vous pouvez dire cela, Monsieur, ce n'est pas votre père... Mais, moi !..... mon père ! mon père !

— Aline..... » murmura faiblement ma mère qui revenait à elle..... « Aline...

— Vous l'entendez, » dit à voix basse, mais avec énergie le jeune homme qui, par humanité, avait accepté la cruelle mission de nous préparer au malheur..... « Pensez à votre mère..... Il est des êtres plus mal-heureux que vous ici-bas..... Vous..... vous avez encore votre mère !

— Et lui.... c'est donc fini ?

— Non ; je vous en donne ma parole d'honneur, il vit encore..... Il faut espérer qu'il vivra, que l'on pourra le sauver... Mais songez que votre mission est grave, qu'elle exige un courage au-dessus de votre âge ; songez qu'il faut éviter d'augmenter, par votre propre douleur, la douleur qui pourrait écraser Mme Darvon. Tout à l'heure vous n'a-vez pensé qu'à vous..... Cela n'est pas bien..... Et voyez comme l'on se nuit à soi-même en ne pensant qu'à soi ! Vous oubliez que vous avez besoin de vos forces pour soigner deux malades, et que si votre dévouement venait à vous faire défaut, vous auriez peut-être un double malheur à supporter. »

Muette, bouleversée, plongée tout à coup dans une nuit obscure, percevant seulement un sentiment de désolation irrémédiable, je me rapprochai machinalement de ma mère. Elle était revenue à la vie, et se redressait sous le coup qui l'avait d'abord écrasée.

« Où est-il?..... » dit-elle comme moi.

« Il arrive, Madame, » répondit le jeune homme en écoutant une sorte de bruit *silencieux* qui se faisait entendre dans le vestibule du rez-de-chaussée..... « Je vais à sa rencontre..... Faites préparer son lit. »

On l'*amenait* en effet..... Un groupe d'hommes, que j'entrevis vaguement comme les personnages d'une vision, montait l'escalier en prenant les plus minutieuses précautions pour éviter toute secousse au malade..... Quand je l'aperçus, quand j'aperçus mon père bien-aimé immobile, livide, les yeux fermés, entre les bras de ces hommes, je me sentis éperdue de douleur..... Un sévère coup d'œil de cet inconnu qui avait apporté la lugubre nouvelle me rappela à moi-même : il me montrait ma mère.

Quant à elle, les lèvres serrées, sans prononcer une parole, sans répandre une larme, elle glissait autour de ce cortége : ce fut elle qui prépara la couche sur laquelle on plaça le blessé..... elle qui pensa à tout, qui improvisa tous les menus objets réclamés par le chirurgien..... elle qui s'installa au chevet du lit, pour exécuter ponctuellement toutes les prescriptions..... elle qui assista au second pansement, en soutenant le malade avec un courage, une tendresse, une habileté qui frappèrent d'admiration les assistants. Moi, créature inutile, incomplète, parce que *je pensais trop à moi*, comme l'avait dit avec justesse ce jeune homme, moi, j'étais tombée écrasée sur la petite chaise basse que j'occupais près de lui... autrefois !..... *autrefois !*..... c'est-à-dire hier encore..... Mais le malheur tranche d'un inexorable coup d'épée la minute qui tient au moment présent, et l'ajoute à cette somme de temps à jamais perdue qui s'appelle le passé : c'était hier..... c'était encore il y a une heure à peine..... et cela ne sera plus jamais!

Tandis que tout le monde autour de moi s'efforçait de diminuer les souffrances causées par cette horrible blessure, je m'abandonnais toute entière à mon désespoir. Lui si gai..... si tendre..... lui qui était notre vie, il était là immobile, entouré de linges tachés de sang; sa tête s'inclinait sur les oreillers..... Mon Dieu! était-ce possible? Et le cri de tous les malheureux s'élevait dans mon cœur : « Qu'ai-je fait pour mériter ce malheur? » Puis venait ce puéril travail d'esprit, qui consiste en retours sur le passé.... Comment cela a-t-il pu arriver? Il semblait préoccupé hier au soir... il savait qu'il se battrait... A la pensée qu'il existait un homme dont l'épée avait été plongée dans la poitrine de mon père, que cet homme avait tranché d'un seul coup et cette vie et notre bonheur, je me sentais saisie de transports de rage..... Je le répète, ces sentiments naturels étaient entachés d'égoïsme, et, par cela seul, répréhensibles. Il n'y a de respectable que les douleurs capables de s'oublier elles-mêmes, tant qu'il reste un dévouement à exercer.

Quand le pansement fut fait, ma mère leva ses yeux suppliants vers le vieux chirurgien qui rajustait son habit.....

« Je ne puis répondre de rien, » dit le chirurgien à voix basse, si basse, que l'on eût cru entendre converser des ombres, et qu'il fallait toute l'acuité de perceptions développée en moi par un ébranlement nerveux pour percevoir ces tristes paroles..... « Mais rien n'est encore désespéré..... S'il peut être sauvé, il le devra à vos soins, car je vois bien vite de quoi l'on est capable... Vous feriez une fameuse sœur de charité !.... Du repos, du silence.... Je reviendrai dans deux heures. »

Je me glissai derrière l'une des portières du salon, au moment où le chirurgien se dirigea vers cette pièce pour emmener l'inconnu qui nous avait été dépêché, et l'attendait impatiemment ; il s'approcha de lui avec empressement.

« Eh bien?... » fit-il à demi-voix.

« Il est perdu, » répondit le chirurgien.... Puis ils s'éloignèrent tous deux, et j'entendis encore quelques mots : « le poumon perforé... cela peut finir cette nuit... » Et enfin je n'entendis plus rien, sinon la porte du vestibule retombant lourdement sur ces deux inconnus qui avaient *rapporté* mon père.

C'était donc vrai ! Tout ce que je pouvais imaginer de plus horrible allait s'accomplir sous mes yeux..... Nous allions le perdre..... Je ne le reverrai plus jamais !..... Au moment où toutes les révoltes du désespoir s'amoncelaient dans mon cœur, je pensai à ma mère, et ma douleur changea subitement de caractère ; de farouche, elle devint résignée, sans rien perdre de son intensité.... J'appréhendais de rentrer dans cette triste chambre..... mais je fis un effort sur moi-même ; j'y pénétrai en retenant mon souffle, je vins m'asseoir aux pieds de ma mère, en me serrant contre elle, en appuyant ma tête sur ses genoux, comprenant instinctivement que pour une mère il n'est qu'une consolation efficace, toute puissante : celle de sentir son enfant près d'elle, tout près d'elle, lui disant dans un muet langage :

« Je vis, je t'aime, et j'ai besoin que tu vives pour m'aimer. »

La prédiction du chirurgien se réalisa plus

tôt encore qu'il ne croyait : mon père ne reprit pas connaissance. Il expira deux heures après le pansement qui avait été fait.

Tout ce qui se rattache à ces moments d'horreur est incomplet dans ma mémoire, qui me retrace avec une singulière fidélité certains détails puérils, et laisse au contraire dans l'ombre tous les incidents importants. Je vis arriver au milieu de la nuit une vieille femme, que ma mère appela *Manette*, et que je sus depuis être cette ancienne servante de sa famille chez laquelle elle s'était retirée quand elle avait déclaré à mon oncle qu'elle était décidée à épouser mon père. Manette, prévenue par l'un des domestiques, était accourue près de celle qu'elle appelait toujours sa jeune maîtresse. Je me souviens qu'elle essaya, mais inutilement, d'entraîner ma mère hors de cette chambre..... qu'elle m'emmena, et voulut m'obliger à me coucher, que je revins, malgré ses recommandations, me placer tout près de ma mère. Durant une grande partie de la nuit, je m'occupai fort sérieusement à compter les rosaces du tapis... Vers le matin, je m'endormis; quand je me réveillai, j'étais

dans mon lit, et ma mère était assise près
de moi.

Le sommeil nécessaire pour retrouver les
forces que nous devons employer à supporter
nos douleurs est chèrement expié par le réveil
qui le suit..... Pendant quelques heures j'avais
oublié..... mais quand l'affreuse pensée me
revint, je dus renoncer à dominer mon désespoir.... j'éclatai en larmes... Ma mère se pencha sur moi, et pour la première fois, depuis
douze heures, elle put enfin pleurer.

Je ne sais plus rien, sinon que j'assistai à
une foule d'incidents se rattachant tous à notre
malheur, et produisant sur mon cœur l'effet
de lames aiguës le traversant. Des gens inconnus entraient et sortaient à toute heure..... ils
étaient tous silencieux et affairés. J'entrevis
la femme de chambre et une ouvrière occupées à tailler des vêtements dans une étoffe de
laine noire..... Ma mère, adjurée par Manette,
essaya vainement de prendre quelque nourriture..... Tout était brusquement suspendu
autour de nous, tout semblait avoir été tranché par ce coup d'épée.

Vers le soir, j'entendis ma mère dire à

Manette, qui avait fait une courte absence :

« Viendra-t-il? »

Manette secoua négativement la tête, et ajouta dans ce bref langage que nous apprend le malheur :

« Il est absent; on m'a dit qu'il était parti pour se marier.

— Ainsi, il n'aura assisté ni à mon mariage ni à..... »

Et ma mère s'interrompit en frissonnant.

Je compris qu'il s'agissait de cet oncle Antoine, que je n'avais jamais vu, mais dont on s'était parfois entretenu devant moi en ces termes vagues et ambigus qui excitent la curiosité des enfants.

« ..... Je n'espérais guère d'ailleurs qu'il consentît à venir. Il n'a même jamais voulu voir cette enfant..... »

Manette haussa les épaules avec commisération, et dit à voix basse :

« Vous savez qu'il est bien obstiné.

— Hélas! oui; mais ce qui se passe est tellement épouvantable!.... » Et ma mère retomba dans un morne silence.

Le lendemain était le jour affreux marqué

pour la suprême séparation. J'avais versé tant
de larmes depuis trente-six heures, que je me
trouvais plongée dans un engourdissement
étrange. Je vis faire les funèbres préparatifs....
tendre au-dessus de la porte de notre logis une
immense draperie noire, surmontée d'un écus-
son sur lequel la lettre initiale du nom de mon.
père se détachait en galon d'argent..... Je me
souviens même que je contemplais avidement les ouvriers des pompes funèbres, et
que je me répétais à moi-même avec une pué-
rilité qui confinait à l'idiotisme : « Un D.....
un D...... oui..... Darvon..... » Je pense que
je cherchais instinctivement dans cette contemplation un aiguillon nouveau pour réveil-
ler la douleur que la fatigue avait engourdie
en moi, et que je m'indignais de sentir à l'é-
tat latent..... Depuis ce moment, du reste,
un brouillard noir s'interposa entre moi et les
objets extérieurs; il me sembla que mon être
se scindait en deux parties bien distinctes,
que l'une était bien malheureuse, tandis que
l'autre l'étudiait avec curiosité. J'entrevis des
hommes inconnus, tous de noir vêtus....
Cette couleur me semblait du reste être de-

venue l'uniforme de l'humanité et la livrée de la nature..... Ils furent introduits au salon, puis suivirent silencieusement un char qui emportait l'être que nous avions si ardemment, si tendrement aimé... Puis, rien... une demeure frappée de silence.... Ma mère gisant au lit, Manette ayant pris la direction de tous les soins exigés par la malade et la maison.

Cela dura deux mois. Ma mère eut une maladie nerveuse qui faillit l'emporter..... Elle lutta vaillamment contre la mort qu'appelait secrètement son désir, et se cramponna à la vie, pour ne point me laisser ici-bas complétement orpheline. Enfin, elle triompha des crises qui faillirent l'enlever à trois reprises; elle put quitter ce lit sur lequel elle avait supporté à la fois toutes les douleurs physiques et morales, et je la revis près de la fenêtre, étendue dans son fauteuil, vieillie de dix ans, il est vrai, les tempes encadrées de mèches de cheveux blanchis, mais vivante, Dieu merci !

On donna encore quelque temps au repos qu'exigeait la faiblesse, puis il fallut enfin

aborder un sujet devenu bien important.
Pendant toute la durée de cette maladie, Manette avait reçu un grand nombre de papiers
qu'elle avait soigneusement rangés dans des
tiroirs spéciaux : bien des individus étaient
venus frapper à notre porte..... elle les avait
invariablement renvoyés, en leur répondant
qu'avant de traiter aucune affaire avec Mme Darvon, il fallait essayer de sauver sa vie. Manette
avait trouvé, paraît-il, peu d'argent comptant
chez nous ; elle avait pris sur elle de régler les
comptes de trois domestiques, et de les renvoyer, en les remplaçant par une seule servante ; puis, allant au plus pressé, n'ayant
pas le loisir de s'enquérir de la nature des
ressources qui alimentaient notre dépense,
elle avait puisé dans sa petite fortune les sommes nécessaires pour payer notre entretien.

Enfin, ma mère était sauvée ; elle reprenait
ses forces, elle voulait avant tout rembourser
les avances faites par notre digne Manette, et se
décida à examiner sans retard l'état de sa fortune. Depuis qu'elle était mariée, elle vivait à
cet égard dans l'ignorance la plus complète.
Sa dot consistait en un capital parfaitement

net, représenté par des obligations de chemin de fer; elle ne pouvait songer à prendre une précaution injurieuse contre celui qu'elle aimait assez pour l'épouser, malgré l'opposition de son frère, qui représentait toute la famille; mon père eut donc l'administration et la disposition pleine et entière de la fortune de sa femme.

Quand Manette vit que ma mère était fermement décidée à s'occuper de tous les détails qui jusque-là lui étaient demeurés étrangers, elle lui apporta tous les papiers survenus pendant sa maladie. En en prenant connaissance, l'attitude de ma mère exprima une douloureuse surprise; loin de l'abattre cependant, cette lecture sembla lui communiquer une certaine activité. D'après ce que je pus comprendre en entendant quelques exclamations et saisissant quelques paroles échangées entre ma mère et sa fidèle Manette, ces papiers représentaient tous, ou presque tous, des réclamations d'argent..... mon père avait laissé des dettes considérables.

Il me serait difficile de noter ici des faits confusément perçus, et sur lesquels, d'un

commun accord établi entre ma mère et moi,
je ne reçus ni ne demandai jamais aucune explication ; mais si je ne puis détailler les
causes, je connais du moins les résultats. Entraîné par ses goûts de luxe et d'élégance,
par les chimères qu'il se créait peut-être pour
donner une sorte d'absolution aux dépenses
que ses relations lui imposaient ; espérant toujours recueillir en *commandes* et protections
plus que l'équivalent des sommes sacrifiées
pour se faire remarquer ; justifiant cette funeste vanité en lui donnant à ses yeux l'apparence d'un calcul habile et profond, mon
pauvre père avait dépensé la plus grande
partie de la fortune de ma mère, et laissait
des dettes dont le chiffre était au moins égal
à celui du capital encore existant.

Nous demeurions donc sans aucune ressource. Ma mère avait reçu l'éducation que
l'on donne aux jeunes filles riches dans la
bourgeoisie ; elle avait été élevée de façon à
figurer convenablement dans un salon ; son
caractère la rendait éminemment propre à
assurer le bonheur domestique d'un sage
mari, à faire régner à son foyer l'ordre et l'a-

bondance, la douceur, la dignité, et toutes les vertus les plus délicates et les plus charmantes; mais elle n'avait jamais été destinée à exercer aucune profession, et n'avait pas cette énergie un peu mercantile, cette activité que je ne saurais blâmer quand elle est nécessaire pour assurer la subsistance de la famille, mais qui consiste à se faire place dans le monde à coups de coude, à marcher à son but sans tenir compte des rebuffades des uns, de l'indifférence des autres, à poursuivre, en un mot, son intérêt, sans jamais s'en laisser détourner par aucun obstacle. Quand cette activité, cette âpreté, s'appliquent à conquérir le nécessaire, on ne peut guère les blâmer, ainsi que je viens de le dire; mais l'une et l'autre font partie intrinsèque de l'organisation; on ne peut pas plus les appeler à son aide quand il s'agit de conquérir le pain quotidien, que les rejeter loin de soi lorsqu'on poursuit seulement le superflu. Bref, ma mère avait une organisation trop exquise et trop délicate pour se plier aux sollicitations; elle eût travaillé douze heures par jour sans se plaindre, pour gagner ma vie et la

sienne, mais n'aurait pu se décider à impor-
tuner quelqu'un pour obtenir qu'on l'aidât à
porter son fardeau.

C'était dans ces mauvaises conditions qu'il
s'agissait d'entreprendre la bataille de la vie.
A trente-trois ans, après avoir toujours vécu
dans une large aisance, sans avoir jamais entrevu la possibilité d'avoir à se préoccuper du
pain quotidien, ma mère se voyait obligée de
gagner notre vie. Que faire? Quelle profession embrasser? Y en avait-il une qui lui
permît de me garder près d'elle? J'entendis
débattre ces questions à toute heure entre ma
mère et l'humble amie, l'unique amie qu'elle
possédât.

« Il n'est pas possible, » disait Manette,
« qu'*il* ne vienne pas à votre secours! »

Ma mère secouait douloureusement la tête.

« Il est riche, il n'a aucune charge, et si
même il se marie, comme on me l'a dit chez
lui, il peut bien vous réserver quelque chose.

— Aller m'adresser à sa pitié.... être forcée
d'entendre tous les reproches qu'il adressera
à celui dont je porterai le deuil pendant toute

ma vie.... Oh! mon Dieu!.... cela sera au-dessus de mes forces!

— Non, non, car vous penserez à votre enfant, vous saurez que c'est pour elle que vous souffrez tout cela. »

Au moment où me reportent les souvenirs que je transcris, je sus seulement que cette tentative, qui coûtait si cher à ma mère, demeura inutile..... J'ai appris depuis que Manette porta elle-même à mon oncle Antoine une lettre écrite par ma mère, et qu'il s'excusa sur son prochain mariage, sur le contrat déjà dressé, de l'impossibilité de faire aucun sacrifice de nature à diminuer l'*apport* annoncé à la famille de sa future.

Dans cette extrémité, ma mère eut une inspiration..... elle se souvint que le général R....., devenu tout-puissant, avait été protégé, dans les débuts de sa carrière, par son grand-père maternel, mort colonel; elle était par conséquent petite-fille d'un militaire, et pour peu que le général R..... n'eût pas oublié dans sa fortune le nom de celui qui lui avait épargné les premières difficultés de sa

carrière, peut-être pourrait-elle obtenir un
bureau de tabac, ou bien un bureau de poste.
Cet espoir était bien faible; chacun sait en
effet que si les hommes ont quelque bonté et
quelque valeur quand ils sont obscurs, inconnus, ou bien quand ils luttent avec l'ad-
versité, ces qualités sont presque immanqua-
blement mises en fuite dès que la prospérité
se lève à leur horizon. Leur obligeance s'ef-
face pour faire place à l'indifférence, ou
même à l'impatience que leur inspirent tous
ceux qui ont besoin de l'aide que chacun doit
à chacun, et dont ils ont usé eux-mêmes
avant d'atteindre le succès; leur politesse dis-
paraît dès qu'ils ne sont plus des protégés, et
qu'un concours d'heureuses circonstances les
a transformés en protecteurs. Eux qui ont eu
besoin de tout le monde, qui ont attendu avec
anxiété, sollicité avec ardeur le concours qui
devait améliorer leur situation, ils ne com-
prennent pas qu'il y ait encore ici-bas des
êtres malheureux, et envisagent les appels
qui leur sont faits comme autant d'impardon-
nables indiscrétions qui projettent sur leurs
plaisirs l'ombre d'une image pénible, en

6

évoquant la vision des souffrances qu'ils ne connaissent plus.

Mais, Dieu merci ! si peu nombreuses qu'elles soient, il y a encore des exceptions à cette triste règle ! Ma mère écrivit au général R..... Elle lui rappela brièvement les rapports qui avaient existé entre lui et mon arrière-grand-père ; elle lui fit simplement le tableau de la situation absolument désespérée dans laquelle elle se trouvait. Manette porta encore cette lettre, et revint dire presque joyeusement :

« Il n'est pas absent ; j'ai remis moi-même votre lettre à son secrétaire, qui est bien doux et bien poli. »

Le lendemain matin une voiture s'arrêta devant notre porte ; le général R..... fit demander à ma mère si elle voulait bien lui faire l'honneur de le recevoir..... Peu après il entra. Je vois encore cette belle figure pâle, encadrée de cheveux blancs ; il était âgé, mais sa taille encore droite lui communiquait une apparence robuste ; sa présence était à elle seule une consolation..... Les malheureux ont tant de raisons pour se croire abandonnés !

Il fut parfait pour ma pauvre mère, car il

ne fut pas seulement bon et secourable, mais encore respectueux pour son malheur. Il rappela, il exagéra probablement les obligations qu'il avait envers mon arrière-grand-père. Il dit, que tout jeune il avait été protégé par lui, et qu'il avait contracté envers ses descendants une dette dont il serait heureux d'acquitter au moins une faible partie... « Mais il n'y a pas de temps à perdre, » ajouta-t-il en souriant doucement..... « à mon âge, on ne doit pas remettre à vingt-quatre heures le payement d'une dette. »

Puis il fit quelques délicates questions à ma mère..... Il lui conseilla de demander un bureau de poste plutôt qu'un bureau de tabac, puisqu'elle devait, par des motifs d'impérieuse nécessité, gérer elle-même le bureau qu'elle obtiendrait..... si elle avait le bonheur d'en obtenir un.

« Si je ne puis malheureusement garantir le succès immédiat des démarches que je vais tenter, » ajouta-t-il en se levant pour se retirer, « je puis tout au moins vous affirmer qu'il n'y aura pas de repos pour moi tant que je n'aurai pas réussi; permettez-moi de venir vous rendre compte de mes efforts; dès demain mon secrétaire vous apportera une pétition que vous voudrez bien transcrire, signer, et que je remettrai moi-même en bonnes mains. Au revoir, Madame..... Laissez-moi espérer que vous comptez sur moi, et que vous allez conclure une trêve tout au moins avec cette lourde partie de vos soucis, que j'espère dissiper. »

Dès le lendemain, en effet, ma mère reçut le modèle d'une pétition qu'elle copia séance tenante, et qui fut emportée par le secrétaire du général. Six jours plus tard, celui-ci vint dire à ma mère qu'il avait, non pas seulement de bonnes espérances, mais une quasi-certitude de succès.

« Mais il ne faut pas vous faire d'illusion, » ajouta-t-il, « sur l'existence que vous mènerez : savez-vous tout ce qu'elle comporte de fatigues..... et combien est médiocre la rétribution attachée aux fonctions que vous remplirez?

— Je sais tout cela, » répondit ma mère, « et ma pensée ne s'y arrête pas un moment : la rétribution est modique, sans doute.....

mais ne dois-je pas la considérer comme inespérée, si elle me sauve des horreurs de la misère qui m'épouvante bien plus pour ma fille
encore que pour moi-même? Les fatigues!....
peu importe, je vous assure, quand à ce prix
on achète l'unique joie que l'on puisse encore
espérer ici-bas : celle de ne point se séparer
de son enfant. Oui, Monsieur, voilà ce que je
vous devrai... Je vous devrai, non pas seulement son pain et le mien, que j'eusse peut-être
réussi à gagner, mais l'inestimable consolation de garder mon enfant près de moi. Qu'au-
rais-je fait, dites..... si j'avais dû rester éloignée d'elle pour subvenir à notre existence?
Je n'aurais pu la placer dans un pensionnat,
ni même dans une école, car je ne suis ni
très-forte ni très-habile, et n'aurais gagné,
par un travail manuel, qu'une somme bien
médiocre..... Il aurait donc fallu la laisser peut-
être seule dans notre logis, qui se serait composé d'une triste mansarde; la confier à la
protection de quelque voisine, qui eût pu
sans doute être douée de bonté, mais aussi se
trouver indigne de cette tâche..... Tandis que
si vous réussissez, nous irons nous établir

6.

dans quelque petite ville..... mon enfant restera près de moi ; elle aura peut-être un jardin, car, loin de Paris, ce luxe, si nécessaire
à la santé des enfants, est dévolu même aux
pauvres..... Nous ne souffrirons ni de la faim
ni du froid..... Voilà ce que nous vous de-
vrons, Monsieur ! »

Le général ne reprit pas immédiatement
la parole..... Il était ému, et voulut sans doute
dominer ce mouvement d'attendrissement;
enfin, il se remit.

« Permettez-moi, Madame, de vous demander si vous êtes bien certaine de ne conserver aucune ressource après avoir liquidé
les affaires de monsieur votre mari.....

— Tout à fait certaine, Monsieur. Peut-être,
si la vente donne les résultats qu'on en espère, pourrai-je garder le mobilier de cette
pièce..... Il serait plus sage sans doute de le
joindre à la vente générale, et de le remplacer
par les modestes objets qui seront désormais
d'accord avec notre situation...... mais.....
pardonnez-moi cette faiblesse.... je désire ardemment conserver ces témoins muets de notre
bonheur à jamais perdu. Je serai moins exilée,

moins isolée, moins malheureuse, en un mot,
si j'emporte avec moi ces débris de notre existence passée, si je reconstitue autour de nous
cet intérieur qui nous est cher et familier. Ce
sentiment vous paraîtra puéril peut-être.....
je le condamne comme vous, et cependant
je n'ai pas la force de m'y soustraire.

— Je suis bien éloigné de blâmer ces désirs, ma chère dame, et, en me permettant
les questions que je viens de vous adresser, je
n'avais d'autre but que celui de vous proposer mes services pour le cas où vos affaires
n'eussent pas été aussi avancées..... Il y a parfois moyen de transiger honorablement avec
certaines créances peut-être exagérées.....
Enfin, laissons cela..... Je m'occuperai d'envoyer un certain nombre de riches amateurs
à cette vente, afin que vous ne soyez pas victime d'une coalition de marchands. »

Il fallut en effet subir toutes les petites tortures qui sont la conséquence du désastre qui
s'était abattu sur nous : il fallut procéder à
une vente, voir emporter tous les menus objets qui jusqu'ici avaient fait partie de notre
existence ; voir enlever les meubles, les cu-

riosités, les tentures, qui nous rappelaient les goûts de mon père... Il nous sembla que nous le perdions une seconde fois; et après l'affreux jour où l'on nous le rapporta mourant, après celui où nous nous trouvâmes seules, vêtues de noir, dans ce logis qu'il animait de sa présence deux jours auparavant, nous n'eûmes jamais un jour plus triste que celui où l'on enleva tout ce qui nous appartenait, pour nous laisser dans cette demeure vide et désolée.

J'ai évité jusqu'ici de m'arrêter sur les causes de cette mort... Aujourd'hui encore, après tant d'années écoulées sur ce jour néfaste, je ne puis songer sans horreur à l'homme, au spadassin qui se prit de querelle avec lui au spectacle, qui le provoqua pour la cause la plus futile, — une place qu'il prétendait occuper, et qui appartenait à mon père, et qui le tua enfin, non-seulement sans exciter l'indignation et sans armer la loi, mais encore en obtenant les applaudissements de tous les individus qui confondent l'honneur avec le point d'honneur. Est-il une épouse, une mère, qui puisse être certaine de revoir son époux ou son fils, tant que l'odieux duel fera partie de nos mœurs, si barbares sous leur apparence de civilisation? Hé quoi! l'homme le plus abject, le plus méprisable sera maître de la vie de ses semblables; il pourra, pour peu qu'il se soit appliqué à l'escrime, et qu'il ait fréquenté assidûment le tir, il pourra les obliger à venir se faire tuer par lui? Il pourra se permettre d'imposer grossièrement la plus inique de ses volontés, sans que l'on puisse maintenir le droit que l'on possède, vis-à-vis des exigences qu'il manifeste? Grâce au duel, un homme pourra braver le plus juste mépris, et dire à ses semblables : « Le respect, ou la mort! » Et quand aura tué quelques adversaires, il se trouvera en possession de l'impunité pour tous ses méfaits, pour ceux-là surtout qui relèvent de l'opinion plus que de la loi? A quel titre nous permettons-nous de civiliser les sauvages?..... Ce n'est pas en tout cas l'étalage des chevelures de leurs adversaires que nous pouvons blâmer chez eux; les duellistes, lors même qu'ils s'interdisent de scalper leurs victimes, valent les Peaux-Rouges.

Pour moi, mon père est mort assassiné, et je ne saurais entendre le mot de duel sans éprouver l'horreur et l'indignation méritées par un usage qui est la ressource principale de tous ceux qui se sont mis en dehors des lois de l'honneur. Ce sont eux qui ont inventé le point d'honneur, une vertu faite de vices, la seule à laquelle ils puissent prétendre ; ce sont eux qui ont inventé l'épithète de *lâche*, à laquelle on a le tort d'attribuer une valeur quelconque, lorsqu'elle émane d'individus désignés par l'opinion publique au mépris général..... Moyennant cette épithète lancée à tout être qui leur est supérieur, on vient se ranger docilement sous leur épée, ou en face de leur pistolet, et l'on se fait tuer dans un combat rendu inégal par l'habileté spéciale que les spadassins ont la précaution d'acquérir.

Grâce à l'intervention discrètement voilée, mais évidente pour nous, de l'excellent général R....., la vente atteignit une somme supérieure à celle que l'on espérait ; ma mère put conserver le mobilier de notre petit salon, et même une petite somme qui lui permettrait de payer nos frais de voyage et d'installation, si elle obtenait le bureau de poste que l'on sollicitait en son nom.

Quinze jours se passèrent dans cette attente...... Enfin, le général R..... arriva un jour, muni de la précieuse signature qui assurait notre existence.

« C'est chose faite, » dit le général en s'asseyant près de ma mère..... « Malheureusement vous serez fort éloignée de Paris...... Votre bureau est celui de la petite ville de B***, assez triste en hiver, je ne vous le cacherai pas, mais qui s'anime un peu en été, grâce aux sources thermales qu'elle possède. En un mot, c'est une ville d'eaux; beaucoup de monde pendant la belle saison... calme plat depuis le mois de septembre jusqu'en juin.

— Peu importe, » répondit ma mère en serrant avec reconnaissance la main de notre vieux protecteur... « Je vous l'ai déjà dit, je m'estime heureuse..... heureuse, » répéta ma mère, surprise d'avoir prononcé ce mot étrange désormais chez nous..... « si je suis assurée d'un abri, d'une nourriture à peu près suffisante, et de la compagnie de ma fille. »

Peu après nous quittâmes Paris; nos adieux à Manette furent bien douloureux..... Après avoir été prier toutes deux sur la tombe de mon père, nous nous mîmes en route; le chemin de fer ne nous conduisait pas à destination, et il fallut recourir à la diligence pour atteindre la petite ville de B***.

Le pays dans lequel nous nous installions était insignifiant ; la ville était laide, trop grande pour sa population. Quand la *saison* était terminée, c'est-à-dire dans la dernière quinzaine du mois d'août, époque de notre arrivée, la plupart des persiennes se fermaient hermétiquement, et chacun vivait renfermé chez soi, se nourrissant des souvenirs ou des profits dus au séjour des étrangers.

Je n'oublierai jamais le serrement de cœur que j'éprouvai quand nous prîmes possession de notre logement. Il se composait de trois grandes pièces situées au rez-de-chaussée ; l'une était le bureau de poste, la suivante notre chambre, puis venaient une salle à manger, et enfin la cuisine et une petite chambre de domestique; seulement la pièce qui nous était destinée avait vue sur un jardin mal soigné, mais assez grand, dépendant de notre logement.

Il fallut attendre à l'auberge l'arrivée des caisses contenant notre mobilier; ce fut presque à la dérobée que ma mère rangea notre chambre, en essayant de lui donner à peu près l'aspect qu'elle avait à Paris. Bientôt nous vîmes que ces précautions n'avaient point désarmé la critique qui s'exerçait contre nous; on avait rapporté en effet à Mmes A, B, C, D, etc., que la chambre de la buraliste de poste était scandaleusement élégante, qu'il y avait des rideaux non-seulement aux fenêtres, mais encore aux portes; en un mot, que cette chambre était infiniment mieux ornée que les salons les plus *huppés* de la ville. Ma mère se promit de remplir ses fonctions avec tant de zèle, de douceur et de probité, qu'on lui pardonnerait d'avoir voulu garder ces débris de son existence passée. Elle se disait d'ailleurs que le public avait le droit de contrôler celles de ses actions qui se rattachaient aux fonctions qu'elle avait acceptées, mais que ce droit devait s'arrêter au seuil de sa vie privée. Quoique cela paraisse juste, ce n'en était pas moins une erreur : du moment où l'on dépend du public, on ne peut plus se permettre d'avoir un goût qu'il ne possède pas, qu'il blâme, ou qui lui semble impliquer un désaccord entre la situation qui vous est faite et les habitudes que vous avez conservées. Rien ne peut se comparer à l'implacable sévérité qu'il déploie vis-à-vis des pauvres..... rien, sinon l'inépuisable indulgence qu'il met aux pieds des riches.

. Il fut avéré en quelques jours que Mme Darvon *se donnait des airs*, qu'elle voulait *faire la grande dame*, et qu'elle était *fière;* suprême. et accablante imputation. Tant de personnes en effet confondent la dignité, ou seulement la réserve avec la vanité, qu'elles désignent improprement par le mot *fierté!* En réalité, *être fière* signifie seulement que l'on ne saurait se prêter à aucune flatterie, se soumettre à aucune bassesse...... D'où vient que ce qui devrait être considéré comme une qualité, représente au contraire aux yeux de certaines gens plus qu'un défaut... quelque chose de pire qu'un vice? C'est que la médiocrité, triomphante lorsque le sort précipite en dessous d'elle ceux qui étaient naguère au-dessus d'elle, ne peut leur pardonner de conserver des goûts ou des talents qui maintiennent une ligne de démarcation qu'elle se hâte d'effacer. Des *gens* qui n'ont rien, et se permettent de conserver quelques goûts élégants, ont pour ennemis naturels et immédiats tous ceux qui ont la richesse sans avoir le goût de l'élégance, tous ceux aussi qui, n'ayant pas la richesse, envient quelques-uns de ses signes extérieurs..... tels, entre autres, que ce mobilier conservé par ma mère.

Notre piano causa beaucoup d'émotion : c'était un excellent instrument de Pleyel, et l'on trouva qu'il était inconvenant d'entendre chez une simple buraliste un piano infiniment meilleur que ceux appartenant aux premiers personnages de la ville. Ceux-ci étaient pourtant libres d'en posséder autant... mais, quoique riches, cette dépense leur aurait semblé excessive et extravagante, et ils étaient mécontents de cette pauvre supériorité.

Ces épines étaient inévitables, et tout en souffrant des *rapportages*, commérages, colportages dont notre servante nous transmettait l'écho, quoiqu'on l'eût priée de ne jamais parler de nous à personne et de ne nous parler de personne, ma mère se résigna à supporter ce qu'elle ne pouvait empêcher. Lors même qu'elle n'aurait pas obéi au sentiment qui lui avait fait désirer de rester entourée de quelques souvenirs, ma mère n'aurait pas réussi à éviter la critique dont elle fut l'objet. La critique de parti pris trouve presque toujours un sujet pour s'exercer, et quand elle n'en trouve pas, elle sait en créer. A moins de se transformer, de perdre la grâce de son visage et de sa tournure, l'aisance et la distinction de ses manières, ma mère était condamnée à être critiquée par tous ceux qui relèveraient en elle un don qu'ils ne posséderaient pas. De plus son deuil, sa tristesse, sa ferme résolution de demeurer à l'écart, furent autant de circonstances aggravantes dans ce jugement

que l'on portait sur elle. On ne l'aurait probablement pas reçue sur un pied d'égalité dans
les familles riches..... mais on aurait voulu
qu'elle sollicitât humblement cet honneur,
qu'elle reconnût, par une attitude soumise,
la distance qui la séparait des individus
riches et indépendants; et l'on éprouva une
déception sensible, en s'apercevant qu'irréprochablement polie avec les petits et les
grands, elle ne faisait aucune avance, et se
tenait *fièrement* à son humble place. Ma mère
avait sans doute sur la dignité l'opinion qui
dicta la célèbre réponse faite au duc d'Or-
léans : « Passez devant, sans façon, » avait-il
dit à l'un de ses compagnons de souper.....
« Merci, Monseigneur, » répondit celui-ci,
« j'aime mieux passer derrière à ma place,
que devant *sans façon.* »

. Dès que nous fûmes installées, ma mère régla
méthodiquement l'emploi de nos journées : elle
me donna régulièrement des leçons de gram-
maire, d'histoire, de géographie, d'arithmétique, et me fit étudier la musique. Mes journées s'écoulaient ainsi, non pas gaies sans
doute, mais du moins préservées, par le tra-

vail, d'une tristesse trop intense. Pendant quelque temps nous fûmes l'objet d'une curiosité avide, et lorsque nous nous rendions à l'église, on ne perdait pas de vue un seul de nos mouvements; mais cette curiosité, privée d'aliments, s'émoussa. Après avoir imaginé plusieurs romans sur notre compte, après avoir supposé que ma mère avait été actrice, — artiste musicienne, — après avoir dit que mon père l'avait épousée contre le gré d'une famille irritée de cette alliance avec une actrice ou une musicienne, on ne savait pas au juste, on finit par ne plus rien dire. Il n'y avait pas en effet d'existence plus simple, plus unie que la nôtre, plus désespérante par conséquent pour tous ceux qui se consacraient à la spécialité d'analyser les faits et gestes du prochain.

Nous ne vécûmes pas pourtant tout à fait solitaires; la réserve de ma mère avait été vaincue par Mlle Cornélie Marchand, sœur d'un major en retraite. Mlle Cornélie méritait de triompher de la répugnance que ma mère éprouvait pour toute relation mondaine, car elle n'était pas uniquement guidée par la cu-

riosité et l'oisiveté, dans les tentatives qu'elle
fit pour se rapprocher de nous. Elle avait un
cœur excellent, et, grâce à ce guide, le seul
qui soit toujours infaillible, elle avait plus vite
et plus juste qu'aucun de ses concitoyens, et
surtout qu'aucune de ses concitoyennes, vu
clair dans la situation de ma mère. On n'imagine pas, en effet, combien il est plus facile
d'approcher de la vérité par la bienveillance
que par la malveillance. Là où chacun s'é-
vertuait à découvrir un mystère, à flairer un
scandale, à supposer un passé inavouable,
Mlle Marchand vit tout simplement une veuve
désolée, une mère dévouée, une femme irréprochable ; elle se dit qu'il fallait à tout prix
l'arracher à l'isolement qui la maintenait toujours dans le même ordre de pensées dou-
loureuses, et elle sut détruire une à une les
barrières que lui opposait successivement la
réserve naturelle de ma mère, cette timidité qui
appartient aux gens malheureux, qui se lit dans
leurs regards, qui se décèle dans leurs mouvements, et enfin sa ferme résolution d'éviter
toute distraction. Un beau soir, je vis Mlle Marchand installée en compagnie de son tricot près

de notre table, éclairée par une lampe; et depuis ce soir-là il ne se passa guère de jour sans qu'elle vînt nous faire une visite plus ou moins longue. Plus tard, elle réussit même à introduire chez nous son frère, M. Hippolyte Marchand, qui lui ressemblait trait pour trait; il avait, comme elle, une haute stature, une figure massive, une *bonne* laideur. Bientôt ils devinrent des amis pour nous, et je me souviens de leur avoir dû les seuls plaisirs de ma première jeunesse, bien déshéritée sous ce rapport.

Notre existence était en effet bien monotone. Outre l'incurable tristesse que la mort de mon père faisait peser sur nos cœurs, nous avions encore le malheur plus grand qu'on ne pense de nous trouver, par nos habitudes et nos goûts, au-dessus de la situation qui était devenue la nôtre, de ne pouvoir trouver une compagnie satisfaisante parmi nos égaux en fortune, ou plutôt en pauvreté. Ce n'était certes pas une puérile vanité qui nous retenait dans l'isolement; nous n'étions pas humiliées d'avoir perdu ces apparences de la richesse qui nous entouraient naguère, nous n'aspirions pas à les retrouver dans la fréquentation de personnes occupant une position supérieure à la nôtre ; mais nous étions, malgré notre résignation, malgré nos efforts, péniblement impressionnées par l'inégalité d'éducation existant entre nous et ceux qui, seuls peut-être, eussent consenti à établir quelques rapports avec nous. Ce n'est pas parce que l'on est privé de toilettes somptueuses et de repas succulents que l'on déplore la pauvreté : c'est surtout parce qu'elle fait de nos égaux en éducation nos supérieurs, et qu'elle nous donne pour égaux ceux qui naguère étaient nos inférieurs en instruction et en éducation ; c'est parce qu'elle nous impose l'isolement, à moins que nous ne nous décidions à accepter une compagnie dont la vulgarité pourra froisser nos habitudes. Cet inconvénient est plus facilement évité à Paris qu'en province ; à Paris, en effet, on peut aisément trouver ses égaux en éducation et ses supérieurs en intelligence, même parmi ses égaux en pauvreté ; les accidents, les catastrophes, les ruines qui précipitent les familles, de l'opulence dans le dénûment se reproduisent assez fréquemment. Il n'en est

7.

pas de même en province, car un sage esprit de conservation y règle l'emploi des ressources, et supprime pour ainsi dire les hasards malheureux; seulement, cette disposition, louable en elle-même, a pour conséquence une classification trop rigoureuse : les personnes atteintes par les revers de fortune sont mises au ban de l'opinion; leur honorabilité, quelque réelle qu'elle puisse être, est généralement considérée comme douteuse, et l'on semble redouter de compromettre sa moralité ou sa fortune en donnant quelques marques d'intérêt et de sympathie à ceux qui ont perdu leur fortune, surtout quand ils sont étrangers à la localité. Le principal souci étant, en effet, la conservation du patrimoine, et son augmentation, si faire se peut, on comprend que la ruine soit assimilée à un crime, et que l'on évite d'encourager les mauvais exemples, en témoignant quelque estime à ceux qui n'ont pas su conserver leur fortune.

Je grandissais donc seule, sans une compagne de mon âge, sans qu'une distraction vînt jamais rompre le cercle monotone de mes occupations; j'étudiais docilement; mais

je n'avais pas pour le travail l'ardeur que ma
mère eût souhaité trouver en moi. Ce n'est pas
à treize ou quatorze ans que l'on peut envisager le travail comme la plus puissante des
consolations, comme l'ami qui ne fait jamais
défaut, panse toutes les blessures, et nous
donne la paix du cœur et de l'esprit.

Quoi qu'en disent les misanthropes, on ne
peut toujours se suffire à soi-même; nous
avons besoin de recevoir et de donner quelques marques de sympathie, d'échanger avec
nos semblables nos sentiments et nos idées.
Quand M. et Mlle Marchand eurent réussi à
entr'ouvrir la porte de la prison dans laquelle
nous étions volontairement enfermées, leur
présence me sauva d'une langueur qui inspirait à ma mère des inquiétudes poignantes.
Mlle Cornélie me fit faire quelques promenades,
m'attira dans la jolie petite maison qui lui
appartenait, et que son frère était venu habi-
ter avec elle. M. Marchand était un horticul-
teur passionné, mais assez sensé pour ne point
transporter dans ce goût élevé le sentiment
étroit d'une spécialité quelconque. Il aimait
les fleurs et non pas *une* fleur, et il essayait

de me faire partager les joies qu'il devait à la culture de son jardin. Je me prêtai aisément à suivre ses conseils, à orner de fleurs une plate-bande qui s'étendait devant nos fenêtres; mais mon vieil ami s'aperçut bientôt que je ne trouverais pas dans l'horticulture toutes les ressources qu'il y puisait pour lui-même; elle lui tenait lieu de tout, mais ne pouvait remplir le même rôle près de moi. La faculté de se réfugier dans une occupation préférée est un privilége précieux de l'âge mûr et une équitable compensation des approches de la vieillesse; ce privilége est refusé à la jeunesse, car elle ne veut pas oublier qu'elle vit, elle veut vivre, et la souffrance même lui semble préférable à l'engourdissement.

Pendant quelques mois, chaque année, la ville que nous habitions se transformait; les étrangers affluaient, et, outre les hôtels destinés à leur offrir l'hospitalité, chaque maison avait un appartement à louer. Mlle Marchand imitait l'exemple général, et plaçait, aux approches de la belle saison, un écriteau, à la fenêtre de son premier étage; elle s'était même

décidée à faire quelques frais, et avait placé
des meubles neufs dans l'appartement destiné
à la location. Grâce à quelques conseils de-
mandés à ma mère, cet appartement était devenu l'un des plus confortables de la ville;
mais ces dispositions avaient occasionné un
peu de dépense, et Mlle Cornélie nous confiait
quotidiennement les anxiétés qu'elle éprouvait.

« Si mon appartement reste inoccupé, ce
sera un bien grand malheur pour moi!

— Pourquoi ne le loueriez-vous pas? Il est
actuellement propre, joli, élégant, et conviendra à quelque riche étranger, » répondit ma
mère.

« Vous croyez?

— J'en suis certaine.

— Ne pensez-vous pas qu'il aurait mieux
valu employer autrement mon billet de mille
francs?..... Car il y a passé tout entier, »
ajoutait-elle en soupirant.

« Autrement? Que voulez-vous dire?

— Eh! oui..... Moi, ça me semble mesquin,
ce salon meublé en perse, avec du papier pareil..... Ça ne frappe pas, ce n'est pas assez

cossu peut-être pour les gens riches. Ainsi,
Mme Milleret a acheté, pour l'appartement
qu'elle veut louer cette année, un beau grand
guéridon en acajou, avec des pieds qui se ter-
minent par des têtes de lion; elle a mis dans
le salon une belle commode, ornée d'un globe
en verre sous lequel se trouve un vase avec un
bouquet de fleurs artificielles; la commode est
couverte avec une nappe faite au crochet.....
Enfin, cela me paraît gentil tout à fait; cela a
l'air d'une petite chapelle.

— C'est justement pour cela que le salon
préparé par Mme Milleret paraîtra fort laid à
tous ceux qui ont quelque fortune et un pe
de bon goût. On ne voit plus de guéridons,
fussent-ils à tête de lion..... On ne place pas
une commode dans un salon, on n'y met pas
de nappe; et enfin, on laisse aux chapelles
les vases ornés de fleurs artificielles et recouverts d'un globe de verre. Votre salon tapissé
de papier à dessins *grisailles* sur fond rouge,
avec des rideaux et portières en perse pareille
au papier, vos siéges Louis XVI, en bois blanc
garnis de perse, offrent un aspect simple et
gai, préférable, je vous l'affirme, à la col-

lection d'objets laids et hétérogènes qui ont
été choisis par Mme Milleret. Un salon ne peut
être décoré comme une chapelle de village ;
quand on veut meubler une pièce, il ne suffit pas d'y mettre pêle-mêle des objets à des-
tinations opposées, mais de se rendre compte
de l'usage de cette pièce, et d'y conformer le
mobilier qu'on y place. Vous voulez louer
pendant l'été votre appartement à des personnes présumées riches, offrez-leur donc un
ameublement d'été, qui sera d'accord avec
leurs habitudes et leurs goûts. »

Mlle Cornélie était ébranlée, mais non convaincue par ce raisonnement ; elle devait
suivre l'exemple général, et se former une
opinion d'après le cours des événements. Un
jour, — j'avais quinze ans, — elle accourut
chez nous, et ne put tout d'abord prendre la
parole, car l'émotion et le ravissement se
combinaient avec la rapidité de sa course
pour lui enlever la respiration. Enfin elle
saisit avec empressement la main de ma
mère :

« Mon appartement est loué ! » s'écria-
t-elle...... « Ouf ! J'ai marché si vite, que je

ne peux plus respirer..... Oui, ma chère madame Darvon..... il est loué..... admirablement loué..... pour quatre mois..... à une
grande dame étrangère..... très-riche.....
Russe, je crois, qui le paye 500 francs par
mois. En sorte que je suis remboursée en une
saison de tous mes frais, et qu'il me restera
mille francs net..... C'est à vous que je dois
cette bonne aubaine.....

— Mais non!..... Pourquoi donc?

— Oh! c'est à vous..... Elle l'a dit.

— Mais je ne la connais pas.

— Ce n'est pas cela..... Elle a dit que l'appartement était si gentiment rangé, qu'elle
se décidait à y rester quatre mois. « A la
bonne heure! » disait-elle en examinant le salon, la chambre à coucher, la salle à manger... « Je n'aurai pas sous les yeux ces meubles horribles qu'on trouve dans les appartements garnis..... Je serai très-bien ici, et j'y
resterai avec plaisir; c'est vraiment un petit
appartement tout parisien. Cela m'étonne!
Et c'est vous, Mademoiselle, qui avez fait ranger ces chambres? — Mais oui, » ai-je répondu; « seulement, une dame de mes amies,

qui a toujours habité Paris, m'a donné de
bons conseils. — Vous voyez bien ! J'en étais
sûre, » a-t-elle fait en remuant la tête de haut
en bas.... « Et elle est bien, votre amie? — C'est
une personne fort distinguée. — Ah! alors,
amenez-la-moi. — Pardon, » ai-je répondu,
« elle ne sort jamais. — Pourquoi donc? —
Elle est occupée; elle gère le bureau de poste,
et puis elle ne veut voir personne. — C'est
singulier!.... Il faudra bien qu'elle me voie,
pourtant; nous arrangerons cela plus tard,
si elle a bonne façon comme vous le dites. »
Et voilà, ma chère dame, tout l'historique
de cette bonne affaire. Cette dame qui s'ins-
talle en ce moment, — c'est-à-dire qu'elle
s'est mise sur la chaise longue, tandis que ses
domestiques défont les malles et placent les
effets, — est fort riche, si l'on en juge par
les apparences; elle s'appelle la comtesse
Aritschikof; elle paraît connaître Paris.....
Vous ne l'avez jamais rencontrée?

— Jamais, » répondit ma mère; « Paris
est trop grand pour que l'on y rencontre tous
ceux qui l'habitent.

— Je sais, je sais, » reprit Mlle Cornélie;

« mais enfin, le hasard !..... Bref, me voilà hors d'inquiétude, charmée d'avoir suivi vos conseils ; j'étais venue vous remercier, et emmener Aline pour a promener un peu.

— Vous êtes excellente comme toujours..... Mais ne pensez-vous pas qu'il vaudrait mieux qu'Aline se rendît moins souvent chez vous pendant la durée du séjour qu'y fera cette dame étrangère?

— Pourquoi donc?

— Elle pourrait peut-être gêner votre voyageuse.... ou, ce qui me paraîtrait tout aussi désagréable, être attirée par elle.

— D'abord, Aline vient chez moi et non chez cette dame ; ensuite, si même elle était *attirée*, comme vous le dites, par la comtesse Aristchikof, que vous importe?

— Beaucoup, je vous assure. Quand on n'a pas de fortune, il faut éviter les gens riches, par dignité ou par prudence : car, si d'une part ils sont facilement disposés à traiter leurs commensaux pauvres légèrement, à les considérer comme des jouets que l'on prend et que l'on rejette à son gré ; d'une autre, n'est-il pas à craindre que les plaisirs dont ils sont entourés, les agréments du luxe, rendent plus amères la pénurie, la vie étroite, calculée centime par centime que l'on retrouve dans son propre logis?

— Ma chère dame, vous pouvez avoir raison jusqu'à un certain point; mais permettez-moi de vous dire que l'on s'interdirait toute relation si l'on voulait prévoir tous les inconvénients qui peuvent en résulter, et agir comme si ces inconvénients étaient inévitables. Il sera toujours temps de garder Aline près de vous, si jamais vous vous apercevez qu'elle prend trop de plaisir à se trouver avec la dame étrangère; mais, d'un côté, il n'est pas du tout certain que les rapports dont vous prenez d'avance ombrage s'établissent jamais, et, d'un autre côté, ne pensez-vous pas que cette enfant a besoin, grandement besoin d'un peu de distraction?

— Hélas! oui. J'y pense, je le comprends, et je ne puis, à mon amer regret, lui donner la compagnie que je voudrais avoir pour elle.

— La sagesse consiste quelquefois à se laisser emporter par les événements, au lieu de prétendre les diriger tous, quitte à se gouverner en toute circonstance par des principes fixes de prudence ; il faut toujours aller au plus pressé..... Or, le plus pressé maintenant, c'est de me laisser emmener Aline, qui désire faire une promenade. Si, au retour, nous nous arrêtons chez moi pour voir mon frère, qui réclame toujours sa petite amie ; si cette dame (ce qui est peu probable) aperçoit Aline, et même lui adresse la parole, ne vous tourmentez pas, mon Dieu !... elle ne la mangera pas. »

Je sortis donc avec Mlle Cornélie, et après une promenade d'une heure environ, elle me ramena chez elle pour goûter en compagnie de M. Marchand.

Les craintes exprimées par ma mère avaient encore augmenté le vif désir que j'éprouvais d'entrevoir cette grande dame étrangère. Les événements ont une importance non pas absolue, mais relative ; ils ne sont pas ce qu'ils sont, — ils sont ce que nous les faisons, — et le plus infime d'entre eux peut acquérir des proportions considérables quand il se produit dans une existence aussi monotone que la nôtre. Je ne pensais qu'à cette comtesse, et je me la dépeignais à l'avance, lui attribuant une taille élevée, un port majestueux...... et tandis que j'étais assise près de M. Marchand, qui assaisonnait une assiette de fraises destinées à mon goûter, j'errais en pensée à l'étage supérieur occupé par l'étrangère.

Je dus croire que ce jour-là mon attente serait déçue; en effet, Mlle Cornélie se préparait à me reconduire; j'étais déjà debout, lorsqu'une voix un peu lente prononça ces mots près de la porte entr'ouverte :

« Puis-je entrer chez vous? »

Et sans attendre de réponse, on poussa légèrement cette porte, et je vis apparaître une petite femme assez jolie et assez jeune encore..... Elle devait avoir à peu près l'âge de ma mère.

« Ma chère demoiselle, » dit la nouvelle venue dont je trouvai la familiarité un peu impertinente, « je m'ennuyais là-haut, et, vous entendant causer, je suis descendue..... Je ne vous gêne pas? »

En parlant ainsi, la comtesse Aristchikof s'assit d'un air dolent dans le fauteuil de

Mlle Cornélie..... Elle regarda fixement M. Marchand.....

« C'est votre parent? » dit-elle.

« Mon frère, Madame, que je vous présente.

— Oh! cela se voit tout de suite..... Mais, voilà une charmante enfant..... C'est qu'elle est charmante! » fit Mme Aristchikof en me toisant avec bienveillance, je dois le dire..... Ce n'est pas votre parente?

— Non, Madame; c'est la fille d'une dame de mes amies.

— J'aurais parié qu'elle n'était pas votre parente..... C'est un autre type tout à fait... Eh bien! Mademoiselle...

— Mademoiselle Darvon, » souffla Mlle Cornélie.

« Bien; mais son nom, son autre nom?

— Aline.

— Mademoiselle Aline, il faudra venir me voir; vous savez : les amis de nos hôtes sont nos amis, et je compte bien que vous vous tromperez quelquefois de porte quand vous visiterez Mlle Marchand. Cela me fera plaisir. Je déteste être seule, et il n'y a encore personne ici..... J'espère que cela va s'animer un peu.

— L'année dernière nous avons eu beaucoup de monde, » dit M. Marchand, « et l'on en espère davantage cette année.

— Ah! oui. Vous tenez à ce qu'il vienne beaucoup de monde.... naturellement, pour louer des appartements. »

Je trouvais que Mme Aristchikof ne répondait nullement à l'image que je m'en étais tracée, et je dois dire qu'en ce moment elle me parut souverainement déplaisante; aussi, fus-je charmée d'entendre M. Marchand répondre tranquillement :

« Je suis fort désintéressé dans la question, car je ne tiens pas à louer un appartement plus ou moins cher. Ma sœur s'est décidée, contre mon avis, à imiter tous les propriétaires de la ville, en préparant un appartement pour les étrangers..... Cet appartement ne se louerait pas, qu'il n'y aurait rien de changé dans notre existence. »

Mlle Cornélie semblait fort inquiète de l'effet produit par ce petit discours..... mais, chose surprenante, au moment où l'on semblait poser une limite à l'impertinence de Mme Aristchikof, et lui dire : *Vous n'irez pas plus loin,* sa contenance changea subitement ; elle abandonna le ton à la fois familier et protecteur dont elle avait usé jusqu'alors, et déploya des grâces auxquelles M. Marchand lui-même ne put totalement résister.

« Vous avez été militaire, Monsieur?.... » lui dit-elle en changeant brusquement de conversation.

« Oui, Madame ; j'ai pris ma retraite il y a deux ans, et suis venu me fixer près de ma sœur.

— Dans mon pays, tous les militaires sont nobles de droit.

— Chez nous aussi, » répondit M. Marchand en souriant..... « ils sont nobles par sentiment du devoir.

— Oh ! ce n'est pas là ce que je veux dire..... Vous êtes terribles dans votre pays, Monsieur ; vous êtes tous, tous, révolutionnaires, même quand vous ne vous en doutez pas. C'est un beau pays du reste, et je l'aime beaucoup, tout en ne pouvant aimer *tout* ce qui s'y fait.... Ah! comme vous avez de belles fleurs, Monsieur!

— C'est le résultat de mon travail, Madame..... Je cultive moi-même mon jardin.

— Vous? vous-même? Vous bêchez, vous maniez la terre?.....

— Mon Dieu, oui! Il faut bien s'y résoudre quand on n'a pas de jardinier.

— En vérité! Cela doit être bien désagréable..... Moi aussi, j'ai de belles fleurs, et un jardin d'hiver.....

— Mais vous avez plusieurs jardiniers, c'est là ce que vous voulez ajouter, Madame?

— En effet.....

— Eh bien!..... je suis certain que vos fleurs vous donnent moins de plaisirs que je n'en dois aux miennes.

— C'est possible..... qu'y faire?.... Je ne peux pourtant pas bêcher, me salir les mains, toucher toutes sortes de choses pas propres du tout.

— Évidemment; mais il y a dans la culture des fleurs bien des détails dont vous pourriez vous occuper avec plaisir.

8

— Croyez-vous?..... Il y a peu de choses qui me font plaisir..... Mais pourtant, j’en aurai, je vous assure, à vous voir quelquefois, à admirer vos plantes, à recevoir Mlle votre sœur et Mlle Aline..... Viendrez-vous?

— Je ne sais pas, Madame, » répondis-je en me troublant un peu devant cette question directe..... « Je ne sors jamais sans ma mère.....

— Mais pourtant vous êtes ici sans elle.

— Mlle Cornélie ou ma mère, c’est la même chose, » dis-je en souriant à ma vieille amie.

« Eh bien! alors, nous demanderons à madame votre mère de vous laisser monter mon étage. »

Tandis que Mme Aristchikof nous adressait ces gracieuses instances, on frappa à la porte, quoiqu’elle fût entr’ouverte.....

« Entrez, » dit M. Marchand; et sur ce mot Mme Aristchikof se détourna curieusement pour examiner le nouveau venu.

C’était M. Merlet, ancien professeur de mathématiques, actuellement fixé dans sa ville natale. Il avait renoncé à la carrière du pro-

fessorat, après avoir hérité d'une soixantaine
de mille francs., et quoique beaucoup plus
jeune que M. Marchand, il s'était intimement
lié avec lui. A vrai dire, il me paraissait aussi
âgé que lui. Lorsqu'on a quinze ans, un
homme de quarante-deux ans ne paraît pas
plus jeune que s'il en avait soixante. Il était
petit et maigre ; ses cheveux, ses sourcils, ses
yeux et sa bouche étaient également inco-
lores ; son aspect chétif était encore exagéré
par l'incroyable timidité qui paralysait généralement sés facultés ; c'était un cœur
d'or..... mais à le juger d'après les apparences,
trompeuses en ce qui le concernait, c'était
aussi un homme tout à fait insignifiant, destiné à passer inaperçu.

Il jouait bien aux échecs, et faisait chaque
jour une ou plusieurs parties avec M. Marchand.
J'étais si bien au fait des habitudes de la
maison, qu'en voyant entrer M. Merlet, j'allai
prendre l'échiquier dans la pièce voisine, et
le plaçai sur la table ; je rangeai les pièces,
tout en examinant en dessous l'étrange embarras qui se peignait sur la physionomie du
nouveau venu, inspecté par Mme Aristchikof.

Il n'osait avancer, il n'avait pas même le courage de prendre une décision opposée , et de
se sauver..... Enfin , il me fit tant de peine ,
que je me dirigeai vers lui , et lui dis en souriant :

« Voici les échecs préparés, Monsieur.....
Ne faites pas languir M. Marchand , qui , depuis une demi-heure déjà , vous attend impatiemment. »

M. Merlet me jeta ce regard empreint d'une
profonde gratitude que ·les gens timides
adressent à ceux dont l'intervention les arra-
che à leur souffrance , et s'assit devant l'échiquier, après avoir gauchement salué les deux
dames.

« Vous jouez aux échecs ? » dit Mme, Aristchikof avec ravissement..... « Comme j'en
suis aise ! Figurez-vous que j'ai toujours aimé
ce jeu ; mais, je ne sais comment cela s'est
fait, je n'ai jamais trouvé le temps de l'étudier..... N'est-ce-pas, vous me permettrez de
vous regarder quelquefois..... et même aujourd'hui ? »

Et elle s'installa en effet près de la table
pour suivre le jeu avec un intérêt passionné.

Quand Mlle Cornélie crut devoir me recon-duire près de ma mère, sa locataire ne ju-gea pas qu'elle dût quitter la séance, et elle resta paisiblement avec les deux joueurs, après avoir dit tout à coup à M. Marchand :

« Je vous gêne?..... Non, je ne peux pas vous gêner. Vous avez peut-être l'habitude de fumer?... Faites, faites, cela ne m'incom-mode pas du tout. »

En regagnant notre logis, Mlle Cornélie me parla de Mme Aristchikof, et nous en parlions encore quand nous eûmes rejoint ma mère.

« Tu as vu cette dame, Aline? » me deman-da-t-elle avec un peu d'inquiétude.

« Oui, maman..... Elle me paraît singulière.

— Aimable, pourtant, » dit Mlle Cornélie; « pas fière du tout.

— En effet; mais je ne sais comment cela se fait, cette amabilité me paraît un peu bles-sante.

— Pourquoi donc?

— Mon Dieu!..... Je ne sais trop comment vous exprimer cela..... Elle se met tout à fait à l'aise sans que l'on soit à l'aise avec elle; elle tient compte uniquement de ce qui lui convient, sans paraître admettre que ce qui lui convient pourrait ne pas convenir aux autres... Enfin, on dirait qu'en toute occasion elle consent à descendre, pour son plaisir, au niveau des autres, de ceux qu'elle considère comme étant ses inférieurs, mais qu'elle ne permettrait pas que ceux-ci s'élevassent à son niveau, à elle.....

— Qu'est-ce que tu racontes ! » s'écria Cornélie... « Ses inférieurs! Je voudrais bien savoir pourquoi elle nous considérerait comme lui étant inférieurs ! Parce qu'elle est comtesse? Eh bien ! après? qu'est-ce que cela nous fait? A quoi cela sert-il d'être comtesse? A quoi cela me servirait-il, je vous le demande? Parce qu'elle est plus riche que nous? Tant mieux pour elle, si cela lui fait plaisir; mais cela ne suffit pas pour que je me considère comme lui étant inférieure. »

Ma mère souriait avec un peu de tristesse.....

« Cela devrait être ainsi, en effet, » répondit-elle à Mlle Cornélie; « mais on a beau raisonner sainement.... on se laisse toujours un peu éblouir par un titre.... une fortune..... Vous-même, ne paraissiez-vous pas charmée de louer votre appartement à une *grande dame?*

— Pas pour moi!.... Cela m'est bien égal.... mais pour Mme.Milleret, qui, je puis vous l'avouer maintenant, avait dit que notre appartement n'était pas cossu, et que je ne trouverais jamais à le louer à une personne *comme il faut!*

— Sans doute ; c'est toujours pour les autres qu'on est flatté d'avoir des relations de ce genre..... Eh bien ! les personnes qui sont en possession de ces avantages sont si bien accoutumées à se voir recherchées, qu'ainsi que le fait votre locataire, elles sont disposées à se familiariser avec les autres, sans permettre que ceux-ci, à leur tour, se familiarisent avec elles. C'est là une affabilité de faux aloi, à la fois égoïste et blessante, et je suis bien aise qu'Aline, malgré sa jeunesse, ait su discerner ces symptômes ; j'espère qu'elle ne consentira pas à devenir un passe-temps pour cette dame, qui s'ennuie dès qu'elle est seule...... En général, on ne peut avoir une bonne opinion des personnes qui ne savent pas se suffire à elles-mêmes et sont assez nulles pour devoir sans cesse recourir à une compagnie quelconque destinée à combler le vide de leur esprit et celui de leur cœur. »

Deux jours plus tard, Mme Aristchikof vint elle-même au bureau de poste, apporter un petit paquet destiné à l'une de ses amies de Paris. Elle avait toutes les grâces, toutes les finesses de la race slave, et ce tact subtil qui enseigne à tous ceux qui en font partie le grand art de prendre avec souplesse les diapasons les plus divers. Je l'avais vue familière avec quelque légèreté vis-à-vis de Mlle Cornélie et de son frère..... chez nous, elle eut pour ma mère cette expression de physionomie, ces intonations sérieuses et gracieuses à la fois, qui témoignaient d'une considération toute particulière, telle en un mot qu'elle devait l'éprouver pour ceux qu'elle considérait comme étant ses égaux.

Bref, pour ne pas donner à cet épisode de mon existence une place trop grande dans cette narration, je dirai que peu à peu Mme Aristchikof *apprivoisa* ma mère, que celle-ci perdit ses préventions, et se départit des décisions qu'elle avait prises à mon égard; elle m'autorisa d'abord à monter au premier étage quand j'allais voir Mlle Cornélie, puis à faire quelques promenades avec la *dame étrangère,* ainsi qu'on la désignait à X***; du reste, il était impossible de conserver aucun doute sur son honorabilité : elle avait retrouvé à X***, parmi les visiteurs de la saison, quelques-unes de ses relations tant parisiennes que cosmopolites, et chacun lui témoignait des égards tout particuliers. De ce côté donc il n'y avait aucun motif d'exclusion..... Restait seulement la crainte des pénibles retours que je pouvais faire sur notre situation, en prenant l'habitude d'une atmosphère de luxe et d'élégance... Ce péril, un peu vague, ne fut pas conjuré par ma mère, ou du moins elle n'eut pas la force de me priver des distractions qui m'étaient offertes par Mme Aristchikof.

Quant à moi, la première impression qu'elle avait produite s'était vite effacée; je me trouvai tout de suite acclimatée dans le tourbillon qui régnait autour d'elle. C'était chaque jour, à chaque heure, un nouveau sujet de promenade ou d'excursion, même un peu lointaine; des goûters improvisés, des sauteries de jeunes filles subitement organisées avec un

orchestre représenté par un piano; la colonie
étrangère fournissait le personnel des réunions. On sait avec quelle facilité les rapports
s'établissent entre les personnes qui se rencon-
trent dans une ville d'eaux; par une convention tacite, on fait trêve de part et d'autre à la
réserve dont on s'entoure comme d'une bar-
rière protectrice lorsqu'il s'agit de relations
destinées à être durables. Aux eaux, on a besoin de tout le monde pour continuer le cours
des plaisirs qui deviennent indispensables à
l'existence des gens oisifs; on se fait donc
crédit mutuellement, se contentant des apparences, et se gardant bien de les analyser.
Parmi les personnes qui venaient quotidiennement chez Mme Aristchikof, il ne se manifesta aucun étonnement de trouver souvent
auprès d'elle une jeune fille, presque une petite fille obscure, telle que moi. « C'est ma petite amie, » avait dit Mme Aristchikof une fois
pour toutes; et ces mots avaient suffi pour
que je fisse partie sans difficulté, même sans
inégalité apparente, du cercle dont elle s'entourait. Je me montrai d'abord rarement chez
elle quand elle recevait beaucoup de monde,

ma mère essayant encore de lutter contre l'amicale tyrannie qu'elle exerçait sur nous, mais vers la fin de son séjour elle redoubla d'amitiés, d'empressement, et il aurait fallu plus de force, plus de rudesse surtout que n'en comportait le caractère de ma mère pour me soustraire aux témoignages d'affection dont Mme Aristchikof me comblait, m'affirmant qu'elle m'aimait comme sa fille.

Mlle Cornélie, toujours positive, avait déjà bâti plusieurs palais, — en Russie, — sur la tendresse que j'avais inspirée à sa locataire; elle savait, comme nous, que Mme Aristchikof était veuve, qu'elle n'avait point d'enfants, et entrevoyait pour mon avenir de séduisantes visions qu'elle essayait de faire partager à ma mère..... Sa raison s'en défendait, mais peut-être son amour maternel se complaisait à quelque romanesque intervention améliorant un jour ma destinée, qui était son plus cruel souci. Elle comprenait qu'il fallait me prémunir contre le dénûment qui m'attendait; mais elle ne pouvait se décider à m'éloigner d'elle pour me faire donner une profession..... Laquelle, d'ailleurs?..... Il n'y a pas grand choix pour les femmes..... Elles doivent opter entre la condition d'institutrice et celle d'ouvrière; l'une et l'autre l'épouvantaient pour moi, et lorsqu'elle faisait allusion à ce pénible état de son esprit, Mlle Cornélie s'écriait :

« Bah! bah! il ne faut pas se tourmenter à l'avance; j'ai toujours vu que les situations dont on désespérait s'accommodaient d'une façon inespérée..... Nous la marierons, vous verrez!..... D'ailleurs, n'a-t-elle pas son oncle? Il n'emportera pas ce qu'il possède, ce vilain homme!

— Mademoiselle Cornélie!

— Oui; vous ne m'empêcherez pas de dire ce que je pense, ce que tout le monde d'ailleurs penserait à ma place! C'est un vilain homme, je ne m'en dédis pas. Comment! il a un amour de nièce, une sœur telle qu'il n'en existe pas une seconde, et il abandonne tout cela pour vivre tout seul, sans même vouloir dire une bonne parole pour tirer une mère de peine! Fi donc! »

Mon oncle Antoine vivait seul, en effet, et Manette avait écrit à ma mère que le mariage

avait été rompu au moment de sa conclusion,
parce qu'il s'était présenté, pour la future,
un prétendu plus riche que lui. Avec cette
franche impudeur qui est assez fréquente
maintenant, mais qui, à cette époque, se
rencontrait rarement, on avait simplement
écarté mon oncle, reçu depuis six semaines
comme un futur époux, en lui disant qu'il
était impossible de donner aucune suite à ce
projet, l'état de sa santé inspirant quelques
appréhensions à la famille de l'aimable jeune
fille, qui accepta sans hésitation et sans retard le nouveau fiancé qu'on lui présentait.
Or, mon oncle avait la plus robuste de toutes
les santés, et ce prétexte dérisoire lui causa
une stupéfaction bientôt dissipée par la pu-
blication des bans de cette jeune fille. Certes,
le véritable motif de cette rupture était tel,
que mon oncle eût dû se féliciter de l'incident
qui l'avait préservé d'une alliance avec une
semblable famille, et du malheur d'avoir pour
femme une jeune fille qui se considérait
comme un objet livrable au dernier et plus
fort enchérisseur... Mais son caractère, déjà
enclin à la misanthropie, s'aigrit encore da-

vantage; il crut que le monde était uniquement peuplé d'êtres cupides, et se barricada contre toutes les tentatives qui pourraient être faites pour lui demander un sacrifice quelconque. Ma mère lui écrivit à plusieurs reprises, non pour solliciter de lui une aide quelconque, mais seulement pour lui donner quelques détails sur notre existence, et lui demander quelques renseignements sur lui-même; quoiqu'elle n'eût fait aucune allusion à l'incident qui l'avait décidé à demeurer célibataire, il n'en soupçonna pas moins une sollicitation indirecte de secours pour elle, ou de dot pour moi.... Le fait est qu'il ne répondit jamais à ces lettres.

La saison s'avançait; Mme Aristchikof comptait rester un mois encore à X***, puis elle devait voyager avant d'aller passer l'hiver à Paris. Elle témoigna à diverses reprises un extrême regret de nous quitter, appuyant sur le mot *nous*, parce qu'en effet elle avait pris l'habitude de venir voir ma mère très-fréquemment....

« Vous êtes plus heureuse que moi, » lui dit-elle un jour, « car vous gardez cette chère

Aline ; je ne sais comment je vais m'y prendre pour me passer d'elle ! Ah ! chère Madame, si vous aviez un autre enfant, je vous demanderais celle-ci..... »

Cela fut dit sur un ton de plaisanterie, mais en jetant un coup d'œil sur ma mère, pour constater l'effet produit par ces paroles lancées avec une apparente étourderie. Ma mère sourit, sans répondre, avec cette expression de complaisance que l'on accorde en effet à une plaisanterie.....

« ..... Il est dommage que cela soit impossible, » poursuivit Mme Aristchikof en riant..... « elle ne serait pas malheureuse du tout avec moi ; nous voyagerions, nous visiterions tous les principaux musées, car elle a des dispositions pour la peinture.....

— Oh ! elle dessine un peu pour s'amuser, » répondit ma mère.

« Oui, mais qui sait si elle n'aura pas du talent un jour ?..... Enfin, ce sont là des rêves inutiles..... N'en parlons plus !....... Vous ne me la céderiez pas ? »

Quoique le ton de Mme Aristchikof continuât à être ambigu, et tel qu'on pouvait encore

admettre la continuation d'une plaisanterie,
je m'étais instinctivement rapprochée de ma
mère, comme pour protester contre la cession
qu'on lui proposait. Ma mère comprenait que
cette tentative ne devait pas être repoussée
comme une proposition sérieuse, puisqu'on
s'était réservé la possibilité de lui attribuer le
caractère d'une plaisanterie..... aussi, répondit-elle sur le même ton :

« La céder? Oh! mon Dieu, je la donnerais
volontiers comme on donne une perruche ou
un petit chat.... Mais personne n'en voudrait,
et je la gardé.

— Mais si! Je vous assure que je m'offre,
dans le cas où vous voudriez vous en débar-
rasser.

— C'est que vous ne la connaissez pas, Madame; son mérite est assez mince.... Vous
en seriez bientôt lasse.... Mieux vaut donc
qu'elle reste avec sa mère.

— Oh! oui.... » m'écriai-je, ne comprenant
pas grand'chose à cela, et ayant la naïveté de
prendre au pied de la lettre l'indifférence avec
laquelle ma mère semblait accueillir une proposition qui me semblait monstrueuse.

« Eh bien! petite ingrate, est-ce ainsi que vous prenez les choses? » s'écria Mme Aristchikof, en riant aux éclats.

« Je serais bien plus ingrate, » répondis-je en m'animant, « si je les prenais autrement..... Quitter ma mère! ma mère, qui est tout pour moi!

— Et moi, je ne suis rien?.

— Pardon, Madame; vous avez été très-bonne, puisque vous avez bien voulu me témoigner un peu d'amitié..... Mais, ce n'est pas la même chose.

— Sans doute..... Vous vous seriez pourtant beaucoup amusée avec moi..... plus qu'avec Mlle Cornélie, M. Marchand et M. Merlet.

— Je les aime beaucoup.

— Soit; mais ils ne sont pas amusants..... Au surplus, vous pensez bien, chère Madame, qu'il s'agissait uniquement de tourmenter Aline.....

— Bien entendu!..... » répondit ma mère; « une semblable proposition ne pouvait être sérieuse.

— Du reste, nous nous reverrons, » reprit

Mme Aristchikof, en reprenant son ton naturel et gracieux.

« Vous reviendrez ici, Madame?

— Bien certainement! Ma santé s'est très-bien trouvée des eaux, et je reviendrai plusieurs années de suite; j'écrirai à l'avance à Mlle Cornélie, pour qu'elle me garde mon appartement, dont j'ai été très-satisfaite; et puis, je me suis bien reposée ici..... C'est une tout autre vie que celle dont j'ai l'habitude. Grâce à M. et Mlle Marchand, grâce à leur ami M. Merlet, j'ai fait connaissance avec la vie de province en France; grâce à vous, chère Madame, et à cette ingrate petite fille, je n'ai pas regretté Paris.

— Permettez-moi, Madame, de protester timidement contre cette appréciation..... Nos trois amis, dont vous venez de prononcer les noms, ont autant d'intelligence, et beaucoup plus de cœur que l'on n'en trouve chez un grand nombre de Parisiens.... Aline deviendra, je l'espère, aussi provinciale qu'eux..... Et, quant à moi, je ne compte pas.

— C'est bon, c'est bon..... on ne vous

prend pas au mot, et je m'entends.... vous aussi, vous m'entendez.... Rien qu'en vous voyant, on discerne bien vite qu'il y a là des habitudes, des besoins d'élégance intelligente qui font défaut à vos amis. Du reste, je les aime beaucoup aussi, je vous assure...... M. Merlet a été très-complaisant pour moi; il m'a appris à jouer aux échecs, et je lui en suis très-reconnaissante...... C'est dommage pour ce pauvre homme qu'il ait une grande figure plate, des cheveux plats, des bras qui semblent attachés avec une vis dont on a trop usé...... Oui, vraiment, s'il n'avait pas une laideur triste et pauvre.... il ne serait pas mal, car il est assez intelligent. »

Durant ce dernier mois, je vis Mme Aristchikòf très-souvent; elle s'autorisait de son prochain départ pour me garder plus longtemps près d'elle. Sans doute je souffrais de livrer ma mère à un isolement fréquent, mais, à moins de repousser avec rudesse et emportement les prévenances dont Mme Aristchikof nous comblait, il eût été impossible de se soustraire à cette despotique amitié. Elle envoyait à ma mère les revues, les livres nouveaux qu'elle recevait dès leur apparition ; elle lui adressait les plus beaux fruits, des provisions de thé excellent ; elle me donnait à titre de curiosités sans valeur et sans importance, ces petits bijoux qui sont les jouets de la première jeunesse..... Je trouvais enfin près d'elle et autour d'elle, parmi les personnes qui composaient son cercle, cette atmosphère particulière constituée par des habitudes gracieuses, discrètes, élégantes, auxquelles j'étais particulièrement sensible. Peut-être avais-je hérité de mon père cette disposition qui consistait en lui à aspirer à toutes les apparences de la richesse, à se complaire en épicurien dans les jouissances qu'elle procure..... Il est du moins certain qu'il me semblait doux de n'être arrêtée dans aucun projet par la nécessité de maintenir un équilibre rigoureux entre les dépenses et les recettes si médiocres qui représentaient le budget de nos ressources.

On le voit, je n'étais pas une héroïne, tant s'en faut. Il dépendrait de moi, en ce moment, de m'attribuer un caractère inflexible, des instincts et des principes stoïques ; je pourrais m'accorder beaucoup de

vertus rares et désirables, et rejeter sur une
implacable destinée les souffrances que j'ai
pu subir dans ma vie ; mais, d'une part, je
n'écris pas un roman, d'une autre, en m'ab-
solvant de toute erreur, de toute responsabilité,
je me mettrais en contradiction avec l'une
des convictions que l'expérience a fait surgir
et grandir en moi ; cette conviction, aujour-
d'hui devenue inébranlable, est que l'on doit
toujours être rendu responsable de sa destinée ici-bas, que les chagrins, ou même les
malheurs dont on peut avoir à souffrir sont la
conséquence directe, inévitable des erreurs
de jugement que l'on a commises, des fautes
dont on s'est rendu coupable, et surtout,
surtout !...... de cette faute primordiale qui
consiste à donner satisfaction à ses goûts ou
bien à ses intérêts aux dépens des devoirs que
nous imposent la justice et le droit d'autrui.
Ceux-là seuls qui n'ont jamais réfléchi, ou
qui préfèrent disculper leur vanité aux dépens de cette divinité du paganisme qu'ils
appellent le Sort ; ceux-là seulement peuvent
méconnaître le lien qui unit nos fautes à nos

malheurs, et qui font de ceux-ci le châtiment de celles-là.

Je dois donc, puisque j'ai entrepris de raconter une obscure existence qui ne fut marquée par aucun événement dramatique, je dois insister sur le genre de séduction que Mme Aristchikof exerçait sur moi. Près d'elle, je ne retrouvais aucune des mesquines entraves qui nous garrottaient ma mère et moi, et nous tenaient toujours courbées sous la préoccupation de *joindre les deux bouts de l'année*, comme disait Mlle Cornélie. L'extrême souplesse d'esprit qu'elle tenait de sa race lui communiquait une mobilité d'impressions et de projets qui mettaient dans sa vie cet élément tant apprécié par la jeunesse : l'imprévu; seulement, quand le goût de l'imprévu survit à la première jeunesse, il dénonce une incurable frivolité... Enfin, faut-il l'avouer?..... Oui, sans doute, puisque j'ai pris vis-à-vis de moi l'engagement d'étudier sincèrement mon caractère; enfin, j'étais particulièrement charmée par cette distinction aisée, élégante que j'aspirais comme un parfum délectable près de

Mme Aristchikof et des personnes qu'elle réunissait autour d'elle. Chaque jour accusait davantage en moi cette disposition, et chaque jour
aussi je découvrais en nos amis, en Mlle Cornélie, son frère et ce « pauvre M. Merlet, »
comme le disait Mme Aristchikof avec un ton
d'écrasante commisération, des façons, des
habitudes, des termes, qui me causaient une
sorte de souffrance. Je ne m'excuse pas..... je
me raconte, et j'y ai quelque mérite, car Dieu
sait que le souvenir de ces impressions est l'un
des plus pénibles parmi ceux que j'évoque en
ce moment. Oui, ces dignes amis, si dévoués,
si excellents pour moi, qui possédaient la véritable élévation, — celle des principes et du
caractère, — me semblèrent peu à peu atteints
d'une infirmité incurable, représentée à mes
yeux par la vulgarité. Mais, conseillée par un
instinct de préservation pour la satisfaction
des goûts qui se révélaient en moi, peut-être
aussi par une sorte de remords, je sus garder
en moi, et pour moi seule, le résultat désa-
vantageux des comparaisons que je faisais involontairement; je ne marquai pas moins d'empressement et de cordialité à mes anciens

amis... On voit que je faisais des progrès ra-
pides, et que la fréquentation de Mme Aristchikof, qui savait dire si gracieusement le
contraire de ce qu'elle pensait, portait déjà
ses fruits.

J'ai pu me convaincre, depuis cette époque,
que les instincts mélangés de vanité et de sensualité auxquels j'obéissais sans m'en douter,
ne représentent pas une exception dans l'humanité. J'ai vu en effet beaucoup d'individus
chez lesquels le sentiment affectueux monte
ou descend suivant la pression exercée sur
eux par le plus ou moins de notoriété, de distinction ou de fortune de ceux qui se trouvent
mêlés à leur existence; mais un défaut, et
surtout un défaut de cœur, n'est pas excusable par cela seul qu'on en voit beaucoup
d'exemples.

Quand Mme Aristchikof fut partie, après nous
avoir annoncé qu'elle nous donnerait fréquemment de ses nouvelles, je me trouvai
bien désolée..... Mais j'eus soin de dérober
ma peine à tous ceux qui m'entouraient.....
Souvent, lorsque je me trouvais chez Mlle Cornélie, je montais au premier, sous prétexte

de lui éviter la peine d'aérer l'appartement;
en réalité, pour me retrouver dans ce salon
où j'avais entrevu la vie mondaine et luxueuse.
On ne manque jamais de bons prétextes pour
colorer des motifs qui ne sont pas absolument
louables. Mlle Cornélie, charmée d'être dispensée de ce soin, me confiait ses clefs, et
tandis que M. Merlet s'asseyait devant M. Marchand pour la quotidienne partie d'échecs,
tandis que Mlle Cornélie menait vigoureuse-
ment son éternel tricot, je me réfugiais dans
ces pièces vides maintenant, rangées pour la
solitude, et qui me semblaient porter le deuil
des heures joyeuses qui s'y étaient écoulées;
les fenêtres, dépouillées, paraissaient pleurer
leurs rideaux; le lit avait une physionomie lugubre..... L'absence, cet apprentissage de la
mort, jetait un triste voile sur tous ces meubles qui m'étaient si familiers. Je m'asseyais
sur la chaise longue, siége affectionné par
Mme Aristchikof... j'essayais même, timidement, d'imiter l'une des attitudes gracieuses,
aisées, élégantes, que j'avais remarquées en
elle..... Puis bientôt je me levais brusquement..... Impressionnée par cette solitude, ce

silence, qui formaient avec mes souvenirs récents un si triste contraste, je pleurais..... Sur quoi? Sur moi, sur la pauvreté, dont je ne sentais certes pas encore le fardeau, puisque ma mère le portait tout entier pour me l'épargner..... Mes larmes étaient donc égoïstes, intéressées, condamnables, honteuses en un mot..... Je n'avais pas même la possibilité de me fournir à moi-même une excuse à peu près valable, en me démontrant que je regrettais une amie..... Si jeune que je fusse, je sentais bien qu'en appelant ce beau sentiment de l'amitié à jouer un rôle dans la comédie de nos intérêts vaniteux, on lui fait tort, et qu'en s'accoutumant à prodiguer ses apparences, on devient incapable d'apprécier ses réalités..... Je comprenais bien que j'avais été pour une grande dame désœuvrée justement ce que redoutait ma mère, un jouet, un passe-temps, quelque chose entre la perruche et le petit chien..... Je sentais bien qu'il n'y avait en elle aucun des sentiments solides et sérieux que possédaient mes amis d'autrefois, aujourd'hui dédaignés par moi, parce que ce type d'élégance et de distinction que

Mme Aristchikof représentait à mes yeux avait parfois laissé tomber sur eux une remarque mordante, en les affublant d'un ridicule. Je savais si bien tout cela, que j'avais grand soin de cacher ces larmes et d'en effacer la trace avant de descendre au rez-de-chaussée, où m'attendait l'amitié véritable, — mais vulgaire..... vulgaire, Mme Aristchikof l'avait dit!..... — de quelques cœurs dévoués.

Elle ne tint pas parole, bien entendu, et ne nous donna pas de ses nouvelles..... Elle n'avait plus besoin de nous pour faire passer un peu plus vite les heures dont elle redoutait la durée; dès lors, ne pouvant lui servir à rien, nous n'existions plus pour elle. J'attendis anxieusement pendant quelques semaines une lettre qui eût été pour moi un lien avec ce passé s'enfonçant chaque jour davantage dans la région des rêves..... Je me disais chaque soir : « C'est fini! je n'entendrai plus parler d'elle..... » Et chaque matin je me reprenais à soulever ce lourd fardeau de l'espérance toujours déçue..... Je cherchais des présages autour de moi..... Si Mlle Cornélie a mis son châle vert ce matin, j'aurai une lettre, me disais-je..... Le châle vert apparut plus d'une fois, mais la lettre ne vint pas.

La ville de X*** me paraissait croître chaque jour en laideur; ses rues vides, ses maisons désertes m'irritaient sourdement..... Il n'est pas jusqu'à une innovation, qui jadis m'eût causé un plaisir, dans laquelle je ne trouvai un nouveau sujet de mécontentement : nos trois amis prirent l'habitude de venir passer la soirée chez nous deux fois par semaine. Nous travaillions, on causait, et ma mère se trouvait visiblement bien de cette compagnie affectueuse. Quant à moi, je remplissais de mon mieux le rôle que je m'étais imposé : je m'interdisais toute marque d'ennui ou de tristesse, afin que.... le cas échéant, on ne m'empêchât pas de revoir Mme Aristchikof si elle revenait à la saison prochaine; mais je ne saurais exprimer combien les conversations et les habitudes de nos amis me paraissaient *vulgaires*. J'avais retenu le mot, et je confirmai son exactitude dans ma pensée. Étais-je donc destinée à vivre toujours dans ce petit monde à idées mesquines, à coutumes terre à terre? Hé quoi! j'aurai entrevu tant d'images gracieuses, élégantes, pour retomber à tout jamais parmi ces êtres d'un ordre inférieur, et me blesser à toutes les lames aiguës du souvenir et de la comparaison?

Et tandis que je m'abandonnais à ces regrets, j'avais ma mère..... Elle était là, près de moi, supportant vaillamment le deuil éternel de son cœur et les privations dont elle n'avait jamais entrevu la possibilité.... Elle était là, me donnant plus encore que ce dévouement de tous les instants, puisqu'elle me sacrifiait même sa chère tristesse; que, pour moi, elle essayait de mettre un sourire sur ses lèvres et un rayon de contentement dans ses yeux... Pour moi elle avait renoncé à la solitude, elle consentait à introduire dans nôtre demeure, dont elle aurait voulu faire un sanctuaire pour ses regrets et ses souvenirs, ces amis qui, dans son espoir, devaient m'apporter un peu de distraction..... Ah! folle et ingrate que j'étais!

Un soir, voulant à toute force ressaisir quelque lambeau de ce passé qui me fuyait, je demandai à M. Merlet de me donner quelques leçons pour jouer aux échecs; il y consentit avec sa complaisance accoutumée, et deux jours après il apparut avec un modeste échiquier qu'il demanda la permission de m'offrir. En m'asseyant vis-à-vis de lui, il me semblait que j'évoquais l'image de Mme Aristchikof... Je l'imitais involontairement, paraît-il, car lorsque je poussai un pion, M. Merlet dit tout à coup :

« Voilà un geste qui me rappelle la comtesse russe. ,

— Eh bien! à propos.... » dit Mlle Cornélie, « je croyais qu'elle devait vous écrire?

— Elle l'avait promis en effet, » répondit ma mère.

« Promettre et tenir sont deux choses bien différentes, » dit sentencieusement M. Marchand.

« Surtout pour ces dames-là, » ajouta M. Merlet.

« Pourquoi donc?..... » lui demandai-je en sentant surgir en moi un sentiment de colère d'autant plus intense que je discernais bien au fond, tout au fond de ma conscience, que nos amis ne se trompaient pas tout à fait dans une appréciation qui semblait devoir être défavorable..... Mais je voulais continuer cette conversation qui me reportait aux jours si vivement regrettés par moi.

« Parce que les personnes élevées à faire tout ce qui leur convient, et seulement ce qui leur convient, » répondit M. Merlet, « se dispensent volontiers de tous les petits devoirs qui leur imposeraient une peine quelconque. Cette dame disait souvent « qu'elle détestait écrire une lettre..... » Elle oubliait cette répugnance quand elle s'était engagée à vous donner de ses nouvelles; elle s'en est souvenue depuis..... ou même elle a oublié la promesse faite et les relations nouées ici.

— Après tout, » dis-je avec une indifférence très-bien jouée, « c'était pure politesse de sa part, car elle ne nous devait rien.

— Comment ! elle ne nous devait rien?..... » s'écria Mlle Cornélie en brandissant l'aiguille qu'elle venait de libérer de son tricot..... « Elle ne nous doit rien pour son appartement, c'est vrai, puisqu'elle l'a payé.... mais, Dieu merci, elle a trouvé chez nous assez d'égards et de complaisances pour nous avoir gardé un petit souvenir. Quand elle s'ennuyait chez elle.... ce qui lui arrivait bien souvent..... elle savait venir nous trouver, — que cela nous convînt ou nous semblât gênant, peu lui importait, — pour faire un petit bout de conversation. Cela n'amusait pas toujours mon frère ni M. Merlet.....

— Oh! moi, je la supportais par pitié, » dit tranquillement M. Marchand.

« Par pitié! » répétai-je avec stupéfaction.

« Eh! oui; je suis sûr.qu'elle est très-malheureuse..... Une femme qui ne sait pas s'occuper, qui dépense sa vie en boutades, en caprices, en projets pour lesquels il semblerait qu'elle va mettre le feu à la maison... et puis, au moment de les exécuter..... bonsoir! elle ne s'en soucie plus.

— Les caractères de ce genre, » dit ma mère à son tour, « sont enfants pendant toute la vie : ce sont de petits enfants, puis de grands enfants, et enfin de vieux enfants.

— Précisément, » continua M. Merlet; « cela a la grâce, la gentillesse, l'égoïsme et la légèreté des enfants; il ne faut pas leur demander ce qu'ils ne peuvent donner : la solidité dans les affections, la prévoyance dans les déterminations, le jugement dans les actions.

— Elle était aimable , » reprit ma mère; « et vraiment nous devons lui garder un bon souvenir pour les bontés qu'elle a témoignées à Aline.

— Peuh ! » fit M. Marchand d'un air indifférent.... « Elle s'ennuyait..... Aline est bien gentille, et cela lui plaisait d'avoir près d'elle une petite fille qui l'admirait naïvement. Entre nous soit dit, je ne lui crois pas une tête bien solide; elle dépense à tort et à travers.....

— C'est qu'elle est très-riche, » dis-je.

« ..... Il n'y a pas de richesse qui puisse diminuer les périls et les torts que recèle le désordre, » continua M. Marchand. Tant qu'on a de l'argent, c'est charmant, c'est *grand seigneur* de ne pas surveiller sa dépense... Quand on commence à faire des dettes, c'est déjà moins joli, car on est élégant et grand seigneur aux dépens des fournisseurs, auxquels on fait attendre leur argent en attendant qu'on le leur fasse perdre.

Mais lorsqu'on est arrivé au bout de sa fortune, c'est tout à fait vilain, car on ne renonce pas à paraître riche et à jeter l'argent par les fenêtres…. Généralement on met dans ce cas son amour-propre dans un singulier endroit, peu gênant par exemple pour soi… On se trouve engagé d'*honneur* à dépenser ce qu'on ne possède pas, et l'on devient tout doucement fripon, pour ne pas cesser de paraître riche et dépensier. Je n'applique pas du tout çe signalement à Mme Aristchikof, qui, je crois, n'en est encore qu'à la première période. Elle dépense ce qu'elle a…. Mais je dis que tout se tient dans les caractères, et qu'avec un symptôme, un seul, on a bientôt la clef de tout le reste. Je ne puis avoir de considération pour ceux qui pensent que la considération dont ils veulent jouir dépend principalement, uniquement de la fortune dont leurs dépenses témoignent….. Je ne puis m'empêcher de penser qu'ils raisonnent de la sorte parce qu'ils se connaissent, parce qu'ils savent qu'ils ne peuvent offrir un seul motif sérieux d'estime, et qu'ils sont réduits à poursuivre les apparences de la considération par les apparences de la richesse ou plutôt du luxe. Et maintenant j'ajouterai que parmi ses semblables, Mme Aristchikof me semble être une exception, toute relation gardée; elle n'est pas foncièrement impertinente, car elle renonce à se montrer impertinente dès qu'elle s'aperçoit qu'on ne la laissera pas aller loin dans cette voie; elle a un certain fond de bonté, puisqu'au lieu de s'éloigner dédaigneusement de ceux chez lesquels elle trouve quelque résistance à ses velléités hautaines, elle se soumet volontiers à les traiter dignement..... Nous l'avons tous expérimenté.

— En effet, » dit ma mère, visiblement disposée à l'indulgence, en souvenir sans doute des bons procédés que Mme Aristchikof avait eus pour moi; « en effet, nous avons pu constater cette disposition, et nous devons l'estimer, car elle y a plus de mérite que toute autre, son éducation et les habitudes de sa race étant données.

— D'accord, » reprit M. Merlet; « seulement, lorsque les bonnes qualités sont purement instinctives, on est forcé de les considérer uniquement comme un accident heureux qui, sous l'empire de certaines circonstances, pourra être remplacé par un accident opposé. Ainsi, cette dame est généreuse, elle semble être bonne..... mais quand sa générosité, ou plutôt quand sa prodigalité, pour l'appeler par son nom, aura tari ses ressources, elle deviendra avare, ou bien elle se résoudra facilement à des actes qui ne seront pas d'accord avec la délicatesse..... Quand elle ne sera plus jeune, et cela ne va pas tarder, est-il bien certain qu'elle restera bonne?..... Hum! cela me paraît bien douteux. Pour être réelle et durable, la bonté doit être puisée à d'autres sources que le caprice et l'engouement; la bonté, c'est la justice généreuse, c'est l'égoïsme vaincu, c'est-à-dire remplacé par cet égoïsme élevé qui nous rend la peine d'autrui insupportable à envisager, et nous invite toujours à diminuer son fardeau en en portant une partie; la bonté, c'est le jugement solide, se substituant à l'instinct douteux, versatile.... Entre cette bonté et celle que l'observation nous révèle en Mme Aristchikof, il y a toute la distance qui sépare la sensation du sentiment. Les peines qui la toucheraient, sa situation étant donnée, sont les seules qu'elle aperçoive, qu'elle plaigne, qu'elle veuille secourir; elle n'admet pas que l'on puisse souffrir de la faim..... Le dénûment complet, la misère hideuse et malpropre, lui font horreur; elle en détourne les yeux comme d'un spectacle désagréable, et moyennant ce simple procédé, elle se trouve dispensée d'en souffrir et de la secourir... Mais elle plaindra sincèrement la privation d'une toilette élégante..... Elle gémira sur le sort des infortunées qui n'ont point de dentelles, et elle essayera de leur venir en aide... Pour elle, le superflu représente le nécessaire, et le lendemain d'une réunion qui avait eu lieu chez elle, et dans laquelle la fille d'un pair d'Angleterre s'était montrée avec une belle parure de corail rose.... je crois ?..... »

Mlle Cornélie fit un signe de tête affirmatif.

« ..... Elle nous a exprimé pendant une après-midi tout entière son chagrin de voir Aline privée d'une parure semblable..... Elle nous a priés de sonder Mme Darvon, pour sa

voir si elle ne pourrait donner cette parure
à sa fille, et sur notre réponse que cette dépense, très-superflue d'ailleurs, ne pourrait
être faite, elle prétendait demander la parure
à Paris pour l'offrir à Aline..... Nous lui avons
affirmé qu'elle prendrait une peine inutile,
car la mère d'Aline ne lui permettrait pas d'accepter un semblable présent, et elle s'est ré-
criée contre ce nouvel obstacle dont la raison
lui échappait totalement. « Chez nous, » a-
t-elle dit, « nous nous faisons sans cesse des
présents..... — Sans doute, » ai-je dit, « parce
qu'ils constituent un échange...... parce que
vous donnez, ou que du moins vous pouvez
donner l'équivalent de ce que vous recevez.

— Pas du tout, » a-t-elle répondu, « nous
n'avons pas tant de vanité.

— Dites de fierté, » ai-je dit en souriant.
« C'est la même chose !

— Non pas ; c'est tout l'opposé.....

— Enfin, nous donnons des parures, nos
belles robes à des personnes moins riches que
nous, et qui sont très-heureuses de les recevoir et de les porter.

— En France, il n'en est pas de même ; la

vanité de porter des robes plus riches que ne le comportent les ressources dont on dispose, est remplacée par la fierté, qui préfère à ce luxe, la simplicité et la dignité des toilettes assorties à la fortune, même très-modique que l'on possède. En un mot, les femmes préfèrent les robes de laine qu'elles ont payées, à la robe de velours qui leur serait donnée par une protectrice.

— C'est surprenant!..... c'est surprenant! » a-t-elle répété plusieurs fois..... « Je ne comprends rien à tout cela.

— Et j'ai dû constater plus d'une fois, » ajouta M. Merlet, « que cette intelligence si vive, si déliée, était en effet absolument frappée d'incapacité en une foule de points, principalement en ce qui concerne ce sentiment de dignité qui seul peut maintenir l'égalité entre les individus en dépit de l'inégalité des fortunes. »

Cette conversation eût dû me fournir matière à quelques réflexions; il y avait en moi un sentiment d'équité qui ne pouvait se dispenser de reconnaître la justesse de ces remarques; mais je lui imposais silence avec une

sorte de dépit enfantin, et je penchais du côté
qui me semblait le plus séduisant. En effet,
les appréciations sérieuses et raisonnables qui
venaient de se produire devant moi avaient le
tort considérable de rabaisser l'idole que je
m'étais donnée, et celui plus grand encore
d'être émises par des personnes que j'envisageais comme inférieures en rang, en élégance,
en distinction à Mme Aristchikof; car, chose
étrange, les paradoxes qui m'avaient souvent
étonnée ou même froissée quand elle les pro-
nonçait, prenaient à mes yeux, depuis son
départ, un caractère tout à fait opposé : j'expli-
quais, ainsi que l'aurait fait Mme Aristchikof
elle-même, le blâme dont elle était l'objet,
par une complète divergence d'habitudes.....
Je l'attribuais à une secrète rancune de la
médiocrité contre la richesse..... à l'amour-
propre froissé de ces obscurs bourgeois coa-
lisés contre un type qui les écrasait par sa
supériorité..... Bref, tout ce qui eût dû me
mettre en garde contre la séduction exercée par
Mme Aristchikof, servit au contraire à rendre
mes regrets plus intenses. Je me félicitais
même de cette divergence d'appréciations, l'at-

tribuant, à part moi, à la divergence de mon organisation avec celle de ces êtres, excellents sans doute, mais vulgaires, à une secrète analogie avec le type qu'ils blâmaient, et dont le souvenir m'éblouissait toujours davantage.

Les jours, les semaines, les mois s'écoulèrent.... Pas une lettre, pas un mot de Mme Aristchikof ne vinrent me rendre l'espérance de la revoir. La *saison*, comme on disait à X***, arriva..... Une famille anglaise loua l'appartement de Mlle Cornélie, et je dus me dire que c'était fini, que je ne retrouverais plus jamais cette compagnie amusante, dont le souvenir seul suffisait pour enlever tout attrait à mes occupations et à nos relations.

Un jour que j'arrivai chez Mlle Cornélie, après avoir fait une promenade avec son frère, je la trouvai en conférence avec M. Merlet.... conférence sérieuse, à en juger d'après la physionomie des deux interlocuteurs; conférence mystérieuse aussi, car ils se turent subitement, et M. Merlet rougit jusqu'aux oreilles; cela lui arrivait du reste si souvent que je n'accordai pas une importance bien sérieuse à cet accident. Mlle Cornélie me causa quelque surprise : elle était pensive, distraite, me regardait à la dérobée, soupirait, et même je crus voir une fois qu'elle laissait tomber une larme sur son tricot. Cependant, comme rien d'anomal ne se produisit ce jour-là ni même les jours suivants, cet incident s'effaça vite de ma mémoire; je devais l'y retrouver plus tard.

L'hiver qui succéda à cette saison fut pareil pour moi à ceux qui l'avaient précédé, pareil aussi, selon toute probabilité, à ceux qui devaient le suivre : il fut égal dans la monotonie, égal dans l'ennui intense qui s'emparait de moi. Ma mère fut à diverses reprises assez souffrante de quelques rhumes qui s'opiniâtrèrent; en la voyant pâlie, affaiblie, je me réveillai comme d'un songe.... Je passais du rêve à la réalité; j'apprenais subitement que de graves chagrins, et peut-être de grandes douleurs pouvaient se substituer aux chagrins chimériques qui servaient à alimenter mes regrets; je retrouvai un peu d'activité, et quand ma mère revint définitivement à la santé, je me sentis rendue à des sentiments vrais et sains, et cherchai dans le travail l'apaisement de toutes les chimères qui avaient habité mon cerveau. Aussi bien, j'avais dix-sept ans, je commençais à réfléchir sérieusement, et je me disais que je ne devais pas laisser peser entièrement sur ma mère le soin de subvenir à notre subsistance. Seulement, à dix-sept ans on est volontiers romanesque ; on se complaît dans la contemplation de résultats heureux et surprenants dus à des efforts héroïques, mais on ne saurait envisager sans déplaisance le dévouement obscur, quotidien, donnant une faible rétribution au labeur opiniâtre. J'avais lu dans quelques nouvelles que l'on pouvait gagner beaucoup d'argent en travaillant pour les riches magasins de Paris, et, sans tenir compte des difficultés qui pouvaient se rencontrer dans l'exécution de ce plan, je me vis doublant nos revenus en faisant de la tapisserie ou de la broderie.

Dès que ce plan fut conçu, j'en fis part à M. Marchand, assis près de moi, et fumant sa pipe sous la tonnelle de son jardin.

« Ma chère enfant, » dit-il, « tu as raison, »

— il me tutoyait dans les conversations sérieuses, — « de songer à faire quelque chose,
puisque tu n'as pas de fortune; mais, crois-
moi, ce n'est pas ce moyen-là qui te donnera
du pain.

— Pourquoi cela? Certains magasins de
Paris ont une clientèle très-riche et gagnent
beaucoup; ils doivent payer largement.

— D'abord, cette supposition que tu fais
pourrait bien être tout à fait en opposition
avec la réalité, car peu de négociants con-
sentent à rétribuer la main-d'œuvre en raison des bénéfices qu'elle leur procure : cela
serait juste sans doute; je suis même persuadé
qu'au point de vue de la spéculation, cela
serait habile et productif; mais enfin, chacun n'a pas l'esprit assez éclairé pour comprendre les avantages de cette combinaison.
Mais laissons cela, et examinons la question
au point de vue pratique : si les marchands
parisiens ont leur clientèle, ils ont aussi leurs
ouvrières...... ils en ont autant et plus qu'ils
n'en peuvent occuper; ils les ont sous la
main, pouvant ainsi modifier ou presser à
leur guise la préparation des objets qui font

partie de leur commerce. La clientèle riche est en général exigeante, parfois même capricieuse; elle tient compte plus de ses désirs que de la possibilité de les satisfaire : elle veut être mise immédiatement en possession de l'objet qu'elle convoite.... Donc, il y a avantage, et grand avantage pour les marchands à se trouver en communication directe et continuelle avec les ouvrières qu'ils emploient. Imagines-tu qu'ils vont renoncer à ces avantages parce qu'il te serait agréable de gagner un peu d'argent?..... qu'ils vont s'astreindre à une correspondance fréquente, minutieuse, pour te faire connaître leurs intentions, te communiquer leurs observations, quand ils peuvent discuter tout cela sans sortir de chez eux et en quelques mots ? Penses-tu qu'ils vont s'occuper de t'envoyer des matériaux représentant une certaine valeur, lorsqu'ils ne te connaissent pas, quand ils ne savent pas même si tu saurais t'acquitter à leur satisfaction du travail qu'ils te confieraient?.... Et lors même que tu leur inspirerais toute confiance comme loyauté et habileté, ils préféreront toujours se dispenser des soins qu'exigerait le transport de ton travail.... Et ce travail, comment serait-il rétribué? Laissons-là ce roman, ma chère enfant, et envisageons la réalité. Je sais bien que l'on écrit à l'usage des jeunes filles des historiettes morales dans lesquelles elles apprennent qu'à l'aide de son pinceau ou de son aiguille une femme peut soutenir sa famille, lui cacher sa ruine, et conserver autour d'elle les apparences de la richesse.... Ce sont là des idées fausses, et par conséquent dangereuses. Il ne faut pas entourer le travail d'apparences si séduisantes, parce qu'on court le risque de faire reculer ceux qui l'acceptent sur la foi de ces promesses, et l'envisagent tout à coup tel qu'il est, c'est-à-dire piètrement rétribué, et donnant, non pas le superflu et le nécessaire à la fois, mais à grand'peine le nécessaire quant on s'est soumis à simplifier son existence..... car tu sais aussi bien que moi à quel point le nécessaire est relatif, et combien il contient de superfluités, dans l'appréciation de certaines personnes. Or le travail d'une femme donne à grand'peine le nécessaire réduit à sa plus simple expression.... Ton travail, à toi qui n'a pas la dextérité d'une ouvrière de profession, sera bien loin de te rapporter ce qu'il peut lui valoir.

— Ce que vous me dites n'est pas encourageant, » répondis-je avec tristesse.

« Mon but n'est pas pourtant de te faire renoncer au projet d'augmenter vos ressources, mais seulement de t'éviter des tentations inutiles et des déceptions cruelles. Serait-il sage de compter sur l'obligeance et la philanthropie des négociants parisiens, heureux de te venir en aide dans tes projets? Pour qu'une proposition ait quelque chance de succès, il faut avant tout qu'elle offre des avantages aux deux parties contractantes : l'une d'elles consentirait difficilement à s'imposer un sacrifice, une perte de temps, ou seulement un ennui quelconque pour complaire à l'autre.

— Alors, il ne faut rien tenter?..... Il faut continuer à vivre presque dans la pénurie, sans essayer d'aider ma mère, qui, depuis cinq ou six ans, gagne seule notre vie?

— Je n'ai pas dit cela.....

— Que faire, selon vous?

— Ma chère enfant, les appréciations varient suivant les situations ; si tu venais au monde aujourd'hui à Paris, sans ressource, et forcée un jour de gagner ton pain, je dirais à ta mère : « Donnez-lui une profession..... avec de l'intelligence, du goût, un exercice continuel, on peut espérer d'acquérir une habileté spéciale, qui tôt ou tard sera convenablement rétribuée ; » mais en province il n'en est pas de même..... Je voudrais donc, dans ton intérêt, te voir demander des ressources à un autre genre de travail qu'au travail manuel..... Étudie, passe des examens, et tu pourras.....

— Devenir institutrice ! » dis-je avec effroi.....

« Non, car tu ne dois pas quitter ta mère ; mais établir plus tard un petit externat. »

Ce mot évoqua immédiatement une vision peu séduisante. J'avais parfois entrevu l'intérieur de l'un de ces externats, de ces *classes*, comme on disait à X*** ; mon imagination me retraça aussitôt une grande pièce, blanchie à la chaux, pauvrement meublée de longs bancs en bois et de tables assorties ; là dedans s'agitait une multitude d'enfants, la plupart malpropres, sordidement vêtus des vêtements les plus usés de leur garde-robe, arrivant avec des paniers dont les anses et les couvercles détachés étaient fixés par des morceaux de ficelle ; au bout de la table se tenait la maîtresse de la classe, pauvre femme d'aspect souffrant, exténuée par un travail abrutissant, ahurie par le tapage infernal dans lequel ses jours s'écoulaient..... Je la voyais vêtue d'une robe de mérinos noir, rougie par l'usage..... Et tout à coup je m'apparus dans cette robe, dans cette chambre, en face de ces bancs, de ces tables, et je frissonnai..... Je ne savais pas alors que tout ici-bas a deux aspects, selon la disposition avec laquelle on envisage toutes choses. Je ne savais pas que ce qui semble répugnant, humiliant, quand on l'examine au point de vue matériel, et sous l'empire de préoccupations égoïstes, peut se transformer, s'embellir, s'ennoblir, lorsque derrière cette réalité affligeante on aperçoit la possibilité du dévouement, la promesse de la sainte indépendance conquise par le travail, et, comme complément suprême, la dignité assurée à la fois par la modération des désirs et la possibilité de se suffire à soi-même.

M. Marchand, sans discerner ce qui se passait en moi, reprit la parole avec une intonation plus affectueuse encore que de coutume.

« Tu as des amis, ma chère Aline, » me dit-il, « des amis disposés à t'aider, à te soutenir, à t'ouvrir la voie dans laquelle tu trouveras ce que je te souhaite : le travail, et la paix qui en est la principale récompense. Crois-tu que nous n'ayons pas souvent agité cette question entre nous trois?.... car cet·excellent Merlet mérite bien de prendre part à des conversations de ce genre... Eh bien ! nous avons eu beau chercher, nous sommes toujours arrivés à la solution que je t'indique. Oui, il faut que tu aies un état..... As-tu jamais songé à ce que tu deviendrais si tu perdais ta mère ?

— Ma mère..... » répétai-je d'abord machinalement; puis, avec épouvante....« Mais elle n'est pas malade..... elle est jeune..... Oh ! mon Dieu, que me dites-vous?

— Elle est jeune, sans doute.... Mais on est

mortel à tout âge. Bref, si cela ne t'a pas préoccupée, et je conçois que tu n'aies pas même envisagé un semblable malheur, nous sommes bien certains qu'elle se préoccupe douloureusement de cette possibilité; en te préparant à avoir une profession, tu obtiendras tout d'abord et bien certainement le précieux résultat de calmer un peu ses inquiétudes.

— Oh ! » m'écriai-je, « je ferai tout ce que vous voudrez, tout ce que vous me conseillerez..... Mais comment m'y prendre ?..... Je crois que je n'en sais pas assez pour tenir une classe ?

— Sans doute, tu en sais d'une part beaucoup plus, et d'une autre beaucoup moins qu'il n'en faut; mais cela peut s'équilibrer en peu de temps. Merlet te donnera des leçons, c'est arrangé; lui-même l'a proposé, et si tu n'avais pas abordé toi-même aujourd'hui ce sujet de conversation, nous étions décidés à te parler de tout cela. »

Nos amis s'étaient distribué cette besogne pénible, et après quelques jours de préparation, de demi-mots, d'insinuations, ils arrivèrent à faire accepter avec résignation à ma mère la perspective qui m'avait d'abord si fort épouvantée, et à laquelle je n'aurais pu me résoudre peut-être si M. Marchand n'avait, à mon insu, employé un argument tout-puissant, en m'indiquant les préoccupations qui tourmentaient ma mère au sujet de mon avenir. Nous devions accepter aussi simplement qu'elle nous était offerte l'offre généreuse de me donner des leçons gratuites, et peu après M. Merlet commença à se rendre quotidiennement chez nous.

Il s'aperçut, et moi aussi, qu'il y avait beaucoup plus à faire que nous ne pensions. J'avais en effet reçu cette instruction superficielle que l'on donne aux jeunes filles riches, destinées à ne rien savoir, tout en paraissant connaître toutes choses. J'avais retenu quelques faits importants des époques les plus remarquables tant dans l'histoire ancienne que dans l'histoire moderne, mais la chronologie m'était tout à fait étrangère, et je n'aurais pu indiquer avec certitude ni les prédécesseurs, ni les successeurs d'aucun souverain, à l'exception peut-être de Louis XIV et de ses héritiers. La géographie ne m'était pas beaucoup plus familière que l'histoire ; j'en savais surtout ce qui s'apprend par la lecture, c'est-à-dire que j'avais une sorte de routine, mais sans la faire reposer sur aucun principe. En ce qui concerne l'arithmétique, j'avais toujours prouvé une incapacité si notoire et une répugnance si caractérisée, que ma mère avait à peu près renoncé à m'imposer cette étude.

On voit, d'après ce rapide exposé, que M. Merlet s'était généreusement chargé d'une besogne assez épineuse. Il est plus difficile en effet de *rapprendre* que d'apprendre, plus malaisé de fixer sur l'étude une attention déjà lassée par un semblant d'instruction que de donner une véritable et solide instruction à une intelligence absolument inculte. Il fallut tout reprendre en sous-œuvre, et j'étais souvent humiliée de me trouver astreinte à des études si élémentaires..... Puis, comme le sentiment qui m'avait communiqué la force de donner un commencement d'exécution à la résolution de conquérir mon indépendance par le travail ne me soutenait pas toujours ;

comme je ne pouvais envisager sans une incommensurable épouvante la possibilité évoquée par M. Marchand, c'est-à-dire la perte de ma mère, je retombais dans la funeste habitude des rêveries qui m'enlevaient à la conscience de la réalité pour me transporter dans le pays des chimères, où je disposais toutes choses à ma guise. Prenant pour point de départ une imprudente exclamation de Mme Aristchikof, qui avait dit un jour à Mlle Cornélie : « Elle n'a pas de fortune?..... eh bien ! qu'est-ce que cela fait? elle est trop jolie pour ne pas trouver à se marier avec un beau jeune homme très-riche..... » je m'autorisais de cette prophétie pour bâtir mon avenir; il me fallait un point de départ dans la réalité pour m'élancer dans le rêve...... mais si imperceptible que fût ce point, il me suffisait. Tandis que M. Merlet m'expliquait patiemment le mécanisme de la conjugaison des verbes, ou qu'il entretenait mon attention distraite des dynasties assyriennes ou égyptiennes, j'évoquais des tableaux gracieux : je voyais près de moi un jeune et charmant compagnon, fils dévoué

pour ma mère, époux tendre pour moi; je
lui donnais une à une toutes les qualités qui
me semblaient les plus séduisantes..... Il était
spirituel, intelligent, instruit, un peu froid
pour les autres, mais d'autant plus em-
pressé, plus affectueux pour nous; il avait
une délicatesse exquise, un courage à toute
épreuve, la force du caractère et la douceur
des habitudes à la fois; une politesse qui ne
se démentait jamais, une générosité toujours
prête aux sacrifices, aux petits comme aux
grands sacrifices; il avait le caractère gai et
l'esprit mélancolique..... Parlerai-je de sa
personne? Je la voyais très-distinctement :
c'était un jeune homme à taille souple et élancée; son visage pâle à profil fin et allongé
était éclairé par de beaux yeux bruns, pro-
fonds, doux et forts; ses cheveux étaient
noirs, bien entendu.

Était-il riche ce compagnon de mes rêves?
Ici je me dois la justice d'affirmer que je ne
m'étais jamais préoccupé de ce détail dans
l'arrangement de l'existence que je menais
près de lui; mais, pour être sincère, je dois
ajouter que *nous* étions installés dans une

demeure élégante, et que lorsque nous voulions bien ouvrir notre porte aux étrangers, une foule distinguée se pressait autour de nous.

Quand j'échappais à ces puériles, à ces sottes et inutiles hallucinations, j'étais frappée de la transformation qui s'était produite en M. Merlet depuis qu'il venait s'asseoir en face de moi pour me donner l'instruction qui devait devenir mon gagne-pain. Sa timidité avait disparu; l'effort pénible qu'il semblait faire sur lui-même chaque fois qu'il s'agissait de prendre la parole, même dans une conversation familière, avait fait place à une assurance basée sur la conscience de sa valeur intellectuelle; elle était grande, je le reconnus bientôt, grande, non pas seulement par le savoir, mais par le don de résumer clairement, de démontrer en peu de mots, de communiquer, même aux plus arides explications un tour pittoresque qui éveillait l'attention engourdie, et gravait dans la mémoire rebelle, même les règles de la syntaxe, même celles de l'arithmétique. Tant qu'il donnait ses leçons, M. Merlet était

en possession d'une supériorité particulière
qui transformait sa chétive personne et donnait à son visage incolore, à sa physionomie
terne et effacée un relief dont il était instan-
tanément dépouillé dès que les livres étaient
fermés et les cahiers rangés. Mais avec la frivolité et la férocité qui sont parfois inhérentes
aux jeunes filles, je ne tenais pas grand compte
d'une supériorité de *magister*, — Mme Aristchikof lui avait donné ce sobriquet dans un
jour de moquerie, — et lorsque j'exami-
nais cette tête trop forte pour le petit corps
qu'elle surmontait, ce visage couleur de
cendre et de tabac à la fois, entouré de cheveux plats qui semblaient avoir pris à tâche
de n'adopter aucune teinte connue, et d'offrir un mélange de noir, de brun, de jaune
et de blanc, j'oubliais, hélas ! les preuves
d'amitié qu'il nous donnait, et je me répétais : Isidore..... Il ne lui manquait plus que
de l'appeler Isidore..... car j'avais découvert
ce prénom tracé sur un livre d'histoire qu'il
m'avait prêté..... Or, pour une jeune fille
déraisonnable telle que j'étais, un prénom

qu'elle juge ridicule ou trivial est plus qu'un défaut, plus qu'un vice.

Pendant l'hiver, ma mère eut encore plusieurs indispositions, et ce rhume dont elle avait souffert l'hiver précédent revint tout aussi tenace, pour le moins. Mlle Cornélie ne nous quitta guère, suffisant à tout, remplaçant ma mère dans ses fonctions, surveillant le ménage, et abandonnant le soin de sa propre maison pour se dévouer à nous. Le printemps dissipa encore une fois cette indisposition, et je repris le cours de mes études, à peu près abandonnées pendant trois mois.

Un jour, — c'était dans le courant du mois de juin, — ma mère trouva dans le sac des lettres que lui remit le courrier une enveloppe portant mon nom : *Mlle Aline Darvon,* tracé d'une écriture inconnue. Une lettre ! pour moi ! Jamais pareil événement ne s'était produit dans mon existence ; je suivais des yeux ma mère, qui déchira l'enveloppe, parcourut la lettre, et me tendit le papier en me disant :

« C'est de Mme Aristchikof. »

Je lus avidement ces quelques lignes écrites avec beaucoup de nonchalance :

« Ma petite amie,

« Je me suis si bien portée l'an dernier, que je n'ai pas songé à retourner dans votre vilaine petite ville; mais cette année, après un hiver très-fatigant, j'ai jugé nécessaire de m'imposer quelques mois de repos forcé. Je me suis souvenue de ce bon petit coin de province dans lequel j'ai connu votre mère, qui est si charmante, et vous, ma petite Aline, que j'aime comme si vous étiez ma fille. J'ai donc pris la résolution d'aller passer tout mon été près de vous, car j'espère que nous nous verrons, non pas seulement *souvent*, mais sans cesse.

« Ayez donc la bonté de dire à Mlle Cornélie que je retiens son appartement (j'espère qu'il est propre, et qu'on n'y a pas logé de gens désagréables l'été dernier?) Qu'est-ce que je disais?.... Ah! m'y voici : Que je retiens son appartement à dater du premier

juillet, pour trois mois, aux mêmes conditions que lors de mon précédent séjour.

« Présentez mes compliments bien affectueux à madame votre mère. Quant à vous,
je vous embrasse sur les deux joues, en attendant que je vous gronde, que je vous
coiffe, que je vous habille; vous devez
avoir besoin de tout cela, car je suis sûre que
vous êtes devenue une abominable petite
provinciale.

« L. ʀAristchikof.

« *P. S.* Mlle Cornélie tricote toujours ? Son
frère fume toujours ? Le magister est toujours
timide, toujours chétif? Ils sont tous toujours
aussi bons et aussi vulgaires? Mais je ne sais
pas pourquoi je vous pose ces questions,
car je ne puis conserver l'ombre d'un doute
sur tous ces points.

« Ah! j'oubliais! Dans le cas où Mlle Cornélie aurait disposé de mon appartement, il
faudrait m'en avertir, car je changerais d'iti-
néraire. Écrivez-moi, rue de l'Arcade, 42. »

Ma mère m'épargna la peine de répondre à Mme Aristchikof; elle se chargea de ce soin; elle me permit seulement d'ajouter quelques lignes à sa lettre. Elle lui exprimait d'abord sa reconnaissance pour l'intérêt qu'elle voulait bien nous témoigner, l'avertissait que l'appartement par elle désiré était vacant, mais la priait de vouloir bien écrire directement à Mlle Cornélie pour traiter cette affaire, ajoutant que le post-scriptum de la lettre qui m'avait été adressée aurait probablement pour effet de blesser nos meilleurs amis, et que pour leur éviter ce froissement, elle se voyait forcée de passer sous silence une lettre qui ne pouvait leur être communiquée.

Quatre jours plus tard, Mlle Cornélie accourait chez nous.

« Grande nouvelle ! » s'écriait-elle..... « J'ai reçu une lettre..... Devinez de qui?

— De Mme Aristchikof, » répondis-je étourdiment.

« Tout juste! Elle l'a deviné!.... Une lettre charmante, polie, dont mon frère lui-même, et vous savez qu'il est difficile, se montre satisfait..... « Allons, allons, » a-t-il dit, « il paraît qu'elle s'améliore en vieillissant. « Elle arrête l'appartement, et sera ici dans les premiers jours du mois de juillet. »

Cette perspective bouleversa ma pauvre cervelle; tout l'effort que je faisais sur moi-même pour envisager sérieusement mon avenir et me préparer à une humble vie de travail, se trouva subitement paralysé; mes rêves prirent la place laborieusement conquise pied à pied par la réalité, qui s'en trouva dépossédée à la première attaque. Je revis ce qui m'entourait avec les dispositions que j'avais peu à peu réussi à vaincre, et je pris en pitié le projet de devenir une obscure institutrice.... En d'autres moments, je m'attendrissais sur moi-même, et me trouvais bien malheureuse de n'être pas la fille d'un grand seigneur, riche à millions.

Sur ces entrefaites ma mère reçut une nouvelle qui lui causa une peine profonde : Manette venait de mourir. Ainsi se trouvait rompu le dernier et fragile lien qui l'attachait encore à son frère. Manette, en effet, lui communiquait deux ou trois fois par an quelques détails..... Désormais le frère et la sœur étaient irrévocablement séparés.

Enfin, le mois de juillet, que j'attendais si impatiemment, arriva, et Mme Aristchikof, après s'être fait attendre pendant une quinzaine de jours, fit un soir son apparition dans le salon de Mlle Cornélie, tandis que je me trouvais chez nos amis.

« Me voilà ! » dit-elle en entrant, comme si elle nous eût quitté la veille..... « Vous voulez donc encore de moi? Vous êtes bien heureux : vous n'êtes pas changés du tout..... Excepté Aline, pourtant, elle a tenu tout ce qu'elle promettait... Dieu! qu'elle est jolie!.. Je suis sûre qu'elle tourne toutes les têtes, à commencer par la vôtre, M. Merlet.

— Madame! » s'écria M. Merlet, qui parut scandalisé ou ému de cette supposition..... « Madame!..... » Il ne put jamais trouver d'autres termes pour formuler une protestation.

« Heureusement qu'Aline est une bonne enfant, toute simple, mais pourtant assez sensée pour comprendre que vous vous amusez à ses dépens, » dit M. Marchand, qui paraissait fort disposé à désapprouver le langage de Mme Aristchikof..... « Si elle prenait vos paroles au sérieux, il y aurait en effet une tête tournée ici : la sienne.

— Au sérieux? mon cher monsieur Marchand..... Et pourquoi ne prendrait-on pas mes paroles au sérieux ? C'est très-vrai ce que je dis, vous ne pouvez pas le nier..... Voyons, ne me faites pas de la morale comme cela tout de suite, avant même qu'on ait défait mes malles et que je me sois reposée de mes fatigues; cela n'est pas généreux, cela n'est pas digne d'un guerrier français, d'attaquer un adversaire qui n'a pas la force de se défendre... Oh ! mademoiselle Cornélie ! quelle affreuse, odieuse, infâme chose que les diligences ! Je n'ai pas même pu avoir le coupé ; j'ai voyagé à l'intérieur avec quatre hommes, quatre pipes et quatre gourdes d'eau-de-vie ; moi et ma femme de chambre nous étions toutes seules au milieu de cela ! Ils fumaient et ils buvaient..... ils refumaient, ils rebuvaient ; cela a duré jusqu'ici.

— Mais aussi, pourquoi avoir pris la diligence? » dit M. Marchand. « Il valait mieux venir dans votre voiture comme la première fois.

— Sans doute..... sans doute..... » répondit distraitement Mme Aristchikof..... « mais je n'ai plus ma voiture.

— Vraiment?

— Oui..... je l'ai vendue..... J'en achèterai une autre un peu plus tard. Et maintenant, ma chère demoiselle, donnez-moi les clefs de mon appartement ; Aline m'y conduira...... Vous voudrez bien faire monter mes malles.

— Votre domestique est là, sans doute?

— Mon domestique?..... Mais non ; je l'ai renvoyé ; c'était un fainéant, et même je crois que c'était un voleur. Je n'en ai pas du tout besoin pendant que je resterai ici, et si je retourne à Paris, il est clair que j'en trouverai bien un qui le vaudra. »

Mme Aristchikof s'installa, et reprit bientôt ses habitudes. Elle se rendait très-fréquemment chez ma mère, et avec la patience tenace, le despotisme gracieux qu'elle savait appeler tour à tour à son aide, elle réussit bientôt à m'attirer chez elle autant et plus

que par le passé. Ma mère essayait bien parfois de faire quelque objection, de soulever
quelque difficulté..... mais elle était rivée dans
notre demeure par la nature des fonctions
qu'elle remplissait, elle ne pouvait me donner
aucun des plaisirs ni même des distractions
qui sont, croyait-elle, nécessaires à la jeunesse..... Elle redoutait l'ombre que son incurable mélancolie pouvait projeter sur mes
dix-huit ans; enfin, et surtout, elle m'aimait
avec faiblesse, et ne pouvait se résoudre à
m'imposer une privation lors même que la
raison lui eût conseillé de m'infliger une contrariété pour m'éviter un malheur.

Je retrouvai autour de Mme Aristchikof les
réunions dont j'avais gardé un si vif souvenir; on se visitait à toute heure du jour, on
se promenait en nombreuse compagnie, on
se rejoignait aux concerts donnés dans le
jardin du Casino, aux représentations théâ-
trales dans lesquelles je connus quelques-uns
des artistes en possession de la célébrité. Peu
à peu je fis partie intrinsèque de la compagnie qui se réunissait autour de Mme Aristchikof; j'allai plusieurs fois au bal avec elle,

et je la suivais dans la plupart des visites qu'elle rendait..... Elle avait dit une fois pour toutes à ses amis : « Vous savez ?.... c'est ma petite dame de compagnie, c'est ma fille d'adoption ; » et l'on me mettait presque toujours de moitié dans les invitations qu'on lui adressait : c'étaient un déjeuner dansant, un *thé* musical, une soirée de prestidigitation... Enfin, chaque jour amenait un plaisir improvisé.

Il eût été difficile à ma mère de me donner des toilettes en harmonie avec ces relations dont elle ne se défiait pas sensiblement, parce qu'elles n'avaient qu'un caractère transitoire. Un jour que j'arrivai chez Mme Aristchikof avec une modeste robe de percale imprimée, je la trouvai fort affairée.

« Vite, vite, Alinette, mon enfant, il faut essayer cette robe.

— Qu'est-ce que cela ?

— Cela ? c'est une jolie robe en gaze de soie blanche, comme vous voyez ; c'est beaucoup trop simple pour moi ; et puis le corsage ne me va pas ; je viens de recevoir cette robe de Paris, et je vais écrire à ma couturière qu'elle

a bien certainement perdu la tête ou mes mesures; mais enfin je ne la gronderai pas trop,
car je suis sûre que la robe vous ira très-bien;
au besoin ma femme de chambre ferait quelques points, et vrai, cela se trouve très-bien.....
Nous avons du monde ce soir; vous entendrez
un grand violoniste, Sivori..... Voyons, qu'est-
ce que vous mettrez dans vos cheveux?..... Ah!
j'ai ici du ruban de velours ponceau..... Oui,
et je vous prêterai une parure de corail.....
C'est cela! tout ira bien!.... Je vais vous mettre
une ou deux papillotes pour faire derrière
chaque bandeau une grosse boucle..... Vous
serez superbe, et cela m'amusera de faire en-
rager cette lady Stonley, qui est si coupe-
rosée, et qui marche majestueusement entre
ses deux filles aussi laides que leur mère! »

Il se trouva que la robe m'allait parfaitement..... Mme Aristchikof vint elle-même pré-
sider chez nous à ma toilette, et quand ma
mère me vit ainsi parée, elle n'eut pas le courage de me faire quitter cette belle toilette
pour m'habiller avec ma robe de mousse-
line blanche, à laquelle il fallait renoncer
pour quelque temps, affirmait Mme Aristchi-

kof, parce qu'elle était devenue un uniforme pour moi; elle m'emmena, et promit de me faire reconduire comme d'habitude par sa femme de chambre. En me voyant au milieu de cette réunion composée des sommités du monde étranger et parisien, en y figurant avec une toilette dont la simple richesse égalait, si elle ne la dépassait, l'élégance des jeunes filles de mon âge qui se trouvaient chez Mme Aristchikof, je me disais que *là* était mon élément, que la nature m'avait visiblement créée pour cette atmosphère de luxe, et non pour gouverner un externat, composé d'enfants malpropres, bêtes ou laids. J'assimilais mes aspirations vaniteuses à une révélation de ma véritable destinée..... Je me disais qu'un jour sans doute je serais riche..... Comment? Je l'ignorais; mais, pour donner une base quelconque à mes visées, j'évoquais dans un avenir nébuleux une succession considérable..... celle de mon oncle!..... et je me laissais entraîner doucement sur la pente qui me séduisait.

A la robe blanche succéda une robe bleue, une robe rose..... de fraîches toilettes que je trouvais comme par enchantement chez

Mme Aristchikof, laquelle répétait tant à ma mère qu'à moi-même : « C'est pour moi, pour mon plaisir que j'aime à la parer..... Je déteste de voir souvent les mêmes robes, tant aux autres qu'à moi-même..... Je vous en prie, ne me contrariez pas..... c'est ma fille aussi; je vous assure que je la considère comme ma fille ! »

On comprend que la fréquence de ces distractions devait beaucoup nuire au travail sérieux que je m'étais promis de poursuivre avec l'aide généreuse de M. Merlet. En effet, Mme Aristchikof faisait irruption chez nous à toute heure, m'enlevant des mains mes livres..... « ces vilains livres, » disait-elle, et m'entraînait à sa suite, partout où sa fantaisie la conduisait.

Nos amis m'aimaient trop généreusement pour me marquer quelque ressentiment de l'abandon relatif dans lequel je les reléguais depuis l'arrivée de Mme Aristchikof; mais ils témoignaient un peu de tristesse d'être privés de ma présence, et cela même me semblait une sorte de tyrannie dont ma *dignité* me commandait de m'affranchir. A part moi, quand j'avais besoin d'excuser une ingratitude dont ma conscience témoignait, quoi que je fisse, je me répétais qu'après tout l'affection dont on m'avait donné tant de preuves était bien mélangée d'égoïsme..... Ils sont vieux, me disais-je, et cela leur plaît d'avoir près d'eux une jeune fille qui anime un peu leur existence monotone..... Voilà tout!..... Ce n'est pas pour moi qu'ils m'aiment, car si leur affection était désintéressée, ils devraient s'estimer contents de me voir heureuse ! Et malgré ce beau raisonnement dont une partie, je dois l'avouer, était le résultat d'insinuations habiles à force de nonchalance et d'indifférence apparentes glissées dans nos conversations par Mme Aristchikof, malgré les excuses que j'essayais de me fournir, quelque chose protestait en moi, et ravivait dans ma mémoire toutes les preuves de sympathie et d'amitié prodiguées depuis huit ans à la veuve et à l'orpheline dénuées de ressources et d'appui.

La *saison* se termina, et le départ de Mme Aristchikof me laissa en proie à un découragement dont l'intensité l'emportait de beaucoup sur l'impression analogue ressentie lorsqu'elle quitta X*** pour la première fois. Autour de moi tout me parut insipide, tristement mes-quin, odieusement commun ; je me rejetai dans mes rêveries pour échapper au sentiment d'une réalité antipathique, et je restai pendant quelque temps plongée dans une somnolence d'esprit qui fut brusquement dissipée un jour par M. Marchand.

J'étais, par une triste matinée du dimanche, accoudée à la fenêtre de la salle à manger de Mlle Cornélie ; elle m'avait conduite à la messe... ma mère se trouvant un peu souf-frante, et devait me faire assister aux vêpres avant de me ramener à la maison. M. Merlet était venu faire sa partie d'échecs, puis il nous avait quittés... Mlle Cornélie s'éloigna pour vaquer à quelques détails de son ménage ; je regardais tomber sur le jardin dépouillé une pluie fine qui criblait de petits trous noirs la neige récemment tombée...... Je me repor-tais vers tous ces visages devenus familiers ; où est Mme Aristchikof ? me demandais-je... A Paris, dans sa confortable demeure de la rue de l'Arcade, dont elle m'a fait une si char-mante description.... Et lady Stonley, ses filles .Mary et Victoria?... Elles trônent à Londres..... Le bel Hector, dont on se moquait tant, est retourné à Vienne..... La duchesse est à Naples..... Tout ce monde est heureux, joyeux..... Et moi!..... moi, je suis renfermée dans cette vilaine petite salle à manger, au feu d'un poêle de faïence tout écorné, d'une table recouverte de toile cirée..... assise sur une chaise de paille.... Et je me trouvais la plus malheureuse créature de la terre.

Tout à coup j'entendis la voix de M. Marchand.....

« Voyons, Aline, auras-tu bientôt fini de rêver les yeux ouverts? »

Je tressaillis, et me tournai vivement près de lui.

« As-tu oublié, » dit mon vieil ami avec une émotion qui communiquait à sa voix une douceur inusitée, « as-tu oublié la conversation que nous avons eue là-bas, au bout du jardin, plus beau alors qu'aujourd'hui..... il y a tantôt deux ans?..... Dans ce temps-là, toute jeune que tu étais, tu avais des sentiments raisonnables, des idées justes et saines.....

Tu comprenais qu'il fallait songer à travailler pour ta mère maintenant, et plus tard pour toi..... Que s'est-il donc passé?..... Notre ami Merlet ne se plaint pas de toi..... il t'aime trop pour t'adresser des reproches, surtout en ton absence..... mais il dit qu'après avoir négligé pendant plusieurs mois le travail que vous poursuiviez ensemble, tu sembles ne pouvoir t'y remettre sérieusement..... As-tu renoncé à tes projets?..... cela ne se peut, car *il faut* que tu aies une profession quelconque, pour vivre un jour dans la sainte indépendance que procure le travail... Dis... Que se passe-t-il en toi? Mais non, ne me réponds pas..... Va, je le sais aussi bien, et mieux que toi. C'est l'oisiveté qui te séduit, qui dissout en toi la force, la volonté, les bons sentiments et les résolutions honorables..... Ce sont les fausses idées qui, peu à peu, se substituent en toi aux saines inspirations..... C'est..... c'est la compagnie de tous ces individus dont le seul culte a le plaisir pour objet, qui a détourné ton âme du but laborieux que tu te proposais..... Et personne autour de toi n'a le courage de t'infliger la douleur que je te cause en ce moment en te disant que tu es sur une pente dangereuse! Ta mère, épuisée de fatigue, frêle de santé, forte seulement contre elle, jamais contre toi, ne peut se résoudre à t'éclairer pour te faire envisager la rude carrière à laquelle tu devrais te vouer..... Ma sœur..... ma sœur qui t'aime bien, pourtant, a pour les gens riches un respect instinctif dont elle se défend tout en l'éprouvant..... Elle s'est forgé des espérances romanesques basées sur l'amitié que te témoigne cette dame étrangère, et s'imagine volontiers que l'un de ses caprices peut te donner une fortune qui te sauvera de l'obligation du travail. Cette chimère, fût-elle autre chose que la plus extravagante des chimères, je ne souhaiterais pas sa réalisation...... Crois-en le plus rude, mais non le moins tendre de tes amis..... Mieux vaut le pain que l'on gagne soi-même, que les bijoux dont pourrait te combler la fantaisie d'une femme qui n'a aucun titre valable pour te faire dignement accepter ses dons. Voyons, Aline, redeviens notre Aline d'autrefois, travaille pour pouvoir passer tes examens, et mets-toi courageusement à la besogne que tu dois remplir.

— Mais, » balbutiai-je, « vous vous trompez, je vous assure que vous vous trompez......
Seulement, j'ai été un peu rebutée par l'aridité de mes études..... Et puis.... et puis il faudra passer mes examens..... Et comment faire?

— Tu iras à Paris, parbleu !

— A Paris?...... et comment?..... avec quoi?

— Oh! nous avons pensé à tout cela, » répondit M. Marchand en souriant à la pipe qu'il fumait..... « Depuis près de deux ans nous avons intéressé nos parties d'échecs, et nous avons scrupuleusement mis de côté nos gains, fort augmentés par les économies de ma sœur..... Elle a toujours eu envie de voir Paris..... Elle t'y conduira.... Voilà..... aux frais de la princesse, » ajouta gaiement M. Marchand.

J'étais à la fois touchée..... humiliée..... attristée de cette sollicitude. Ces amis prenaient sur leurs modestes, quasi insuffisantes ressources pour me venir en aide... mais cette aide avait pour but de me river à une existence obscure, à un travail dédaigné, à me classer parmi les créatures nécessiteuses, qui gagnent à grand'peine la somme nécessaire pour ne pas mourir de faim ni de froid, pour se vêtir d'un habillement sordide..... Et la défaillance dont j'avais déjà été saisie s'emparait de moi... Que faire, pourtant? Oui, cela n'était que trop vrai, en effet : il fallait choisir et remplir une profession.

Je remerciai M. Marchand en pleurant..... Puis la vanité, la mauvaise vanité me souffla tout bas que l'on voulait me faire accepter un bienfait..... Et moi qui n'avais éprouvé aucune souffrance d'amour-propre en me parant des robes et des bijoux payés par Mme Aristchikof, je découvris tout à coup en moi une sotte honte pour ce *secours*..... Je ne pus dominer entièrement ce sentiment, et pris la parole avec effort, après une légère pause :

« Vous m'avez dit qu'il ne fallait rien devoir qu'à soi-même?..... Je ne puis donc accepter un sacrifice d'argent, un *don* fait par des personnes qui n'ont aucune qualité pour me donner de l'argent.....

— Tais-toi, tais-toi! » s'écria M. Marchand avec emportement..... « Ne me donne pas le chagrin de penser que tes idées ont été plus faussées que je ne le craignais dans la compagnie de ces gens riches et titrés..... Eh! ne comprends-tu pas que c'est le superflu qu'il est honteux de recevoir? Ne vois-tu pas que le but même du don que nous te faisons le sanctifie et l'ennoblit!..... S'il nous plaît à nous de nous imposer quelques privations pour te mettre à même de gagner honorablement ta vie, ne sommes-nous pas libres de prendre notre plaisir où nous le trouvons? Il ne consiste pas, il est vrai, à t'attifer pour te voir parader dans un salon..... mais, par cela même, il devient acceptable pour le plus susceptible de tous les amours-propres..... et son refus ne pourrait provenir que d'un défaut d'intelligence ou de cœur. Ainsi, plus un mot là-dessus. »

Ainsi *secouée*, selon l'expression de M. Marchand, je revins à M. Merlet, à mes livres, et me remis au travail, mais non, hélas!..... avec la force de volonté qui était indispensable pour me donner un prompt succès.

L'été suivant, Mme Aristchikof ne revint pas... Je reçus d'elle, en un an, un billet contenant quelques lignes seulement, et me disant qu'elle était forcée de faire un voyage dans son pays pour y recueillir un héritage considérable.

J'avais vingt ans, et je songeais à effectuer, avec Mlle Cornélie, le voyage nécessaire pour passer mes examens, lorsqu'une après-midi ma mère me fit asseoir près d'elle.

« Écoute, mon enfant, » me dit-elle, « je ne t'apprendrai rien en te disant que notre situation, la tienne en particulier, est bien précaire : je ne suis pas bien forte.... la toux qui me tourmente chaque hiver pourrait bien m'emporter tôt ou tard.

— Maman! oh! je vous en conjure, ne parlez pas ainsi!

— Il le faut bien..... Va! tu me laisserais continuer, si tu savais ce qu'il me faut de courage pour t'affliger comme je le fais en ce moment..... Donc, mon enfant, tôt ou tard,
— espérons que ce sera tard, — il faudra

bien m'en aller de ce monde, et t'y laisser
toute seule.... Cette pensée ne vacille pas un
moment devant moi.... à toute heure du jour
et de la nuit elle traverse mon cœur comme
une lame aiguë..... Si je réussis à m'assoupir,
elle m'éveille en sursaut..... Oh! te laisser
toute seule!... jeune, belle, pauvre!..... Grâce
à nos amis, tu vas avoir une profession... mais
ne te rebutera-t-elle pas? auras-tu le courage
de persévérer dans cette rude tâche, lorsque
tu n'auras plus en vue l'espoir d'augmenter
mon bien-être, de me préparer chez toi mes
invalides, ou tout au moins de calmer mes
appréhensions? Ni toi, ni moi, ne pouvons
répondre affirmativement à ces questions.....
Quelle paix descendrait en moi si je pouvais
confier ta vie à un homme digne de respect
et de tendresse!..... si, en m'en allant, je te
laissais un appui! Ma fille, je t'en conjure,
écarte de toi les visions romanesques, si chères
aux jeunes filles de ton âge, et qui, d'ailleurs,
leur sont si naturelles que je ne pourrais m'é-
tonner de les trouver en toi...... Dis-toi que
l'on ne doit pas chercher dans le mariage la
réalisation de quelques rêves passionnés...

Que l'on vit plus avec le caractère de son mari qu'avec la beauté de ses traits, l'élégance de sa personne... Qu'en un mot, quand on peut honorer son intelligence, respecter son caractère et aimer son cœur, ce serait folie d'examiner si ses traits sont suffisamment réguliers, et son attitude parfaitement conforme aux exigences mondaines.

— De quoi s'agit-il donc?.... » demandai-je, oppressée par la solennité de cette conversation.

« D'une demande en mariage que j'ai reçue pour toi.

— Pour moi!..... pauvre..... sans dot....

— Oui..... l'homme généreux qui veut te servir d'appui, et t'offre de partager sa petite fortune, est monsieur Merlet.

— Lui!..... » m'écriai-je avec répulsion en me levant brusquement.....

« Oui, lui; le plus doux, le meilleur des hommes; lui qui te donnerait tous les trésors d'affection que son cœur contient.

— Lui!.... » Et, me penchant, je me pris à pleurer amèrement..... Épouser M. Merlet, grand Dieu !... Il était excellent, cela est vrai, instruit, intelligent..... mais il était si mal vêtu!..... son aspect était si *inélégant*..... son attitude, souffreteuse et timide, l'avait si souvent désigné aux moqueries de Mme Aristchikof!.... Et puis, cette image chassait si loin celle du compagnon que je m'étais donné dans mes rêves..... Qui? moi? je vivrais à jamais dans cette vilaine et obscure petite ville?..... j'y vivrais avec 2,500 francs de rente, calculant les dépenses de mon ménage à un centime près..... portant dix ans de suite la même robe pour les *grandes occasions?* je m'ap pellerais Mme Merlet..... j'appellerais mon mari *Isidore?*..... Cela n'était pas possible.... jamais, jamais, je ne pourrais m'y résoudre.

On imagine aisément qu'en énumérant aujourd'hui les faibles, les frivoles et condamnables motifs que je jetais dans la balance pour faire contre-poids aux graves arguments employés par ma mère, ils me semblent dignes de pitié et de blâme; mais j'interroge vainement mes souvenirs pour y trouver un motif plus sérieux; le plus valable de tous est encore celui-ci : M. Merlet me déplaisait..... Seulement, pour rester vraie, il me faut ajouter

qu'il me déplaisait principalement parce qu'il
se trouvait différer trop visiblement du compagnon que j'avais rêvé pour ma vie, parce qu'il
représentait l'humble, l'obscure réalité que
la destinée me donnait pour lot, parce qu'il
m'enlevait à tout jamais la vision du luxe et
de l'élégance à laquelle j'avais fait dans mon
esprit une place si considérable et si funeste.

« Voyons, mon enfant, » me disait ma
mère de sa douce voix ; « calme-toi..... Tu
sais bien que je n'exige pas, que je ne prie
même pas..... J'ai dû tenter un effort pour
t'indiquer l'abri qui s'offrait à toi..... mais tu
sais bien que je n'essayerai pas d'influencer
ta décision sur un point si important..... Il
faut bien que je te dise pourtant que la plupart des jeunes filles dédaignent les plus solides avantages, et les sacrifient aux plus puériles considérations..... qu'elles se font un idéal
qui a pour principal, pour unique effet de
leur faire repousser même le bonheur, lorsqu'il se présente sous des traits qui ne sont
pas suffisamment séduisants, qui leur fait accepter et rechercher même le malheur quand
il s'offre avec des apparences conformes au

programme enfantin qu'elles se sont tracé. Qu'un honnête et excellent homme leur propose d'avoir pour unique souci ici-bas le soin de leur bonheur, et pour peu qu'il ait des cheveux mal coupés, une redingote•mal taillée, un nom insuffisamment poétique, elles le refusent... tandis qu'elles accepteront avec joie le premier bellâtre venu, indigne d'affection, incapable de tendresse..... excepté pour lui. »

Ma mère me parla longtemps ainsi..... mais je n'entendais que sa voix, et je repoussais le sens des sages et tendres conseils qu'elle me donnait, absorbée que j'étais par cette désolante perspective.... avoir pour mari un homme qui n'attirerait jamais l'attention..... sinon une attention moqueuse !.... J'ignorais alors que le véritable respect des gens intelligents et sensés se conquiert par le caractère de l'individu plus que par ses apparences, et quand ma mère se tut, reconnaissant qu'il fallait pourtant énoncer mon opinion, je dis tout bas....

« Il est trop vieux, maman....

— Cela est vrai..... Il a par malheur vingt-deux ans de plus que toi ; mais si cette disproportion d'âge n'est pas une cause qui doive déterminer un consentement, elle n'est pas non plus un motif absolu d'exclusion. Comprends-moi bien, je t'en prie : notre situation même étant donnée..... ta pauvreté, mes inquiétudes sur ton avenir..... aucune de ces raisons, si puissantes pourtant, n'auraient pu me décider à te proposer ce mariage, ni même un mariage plus avantageux encore sous le rapport de la fortune, si je n'y devais trouver pour toi que l'affranchissement de la pauvreté et du travail; dans ces conditions, en effet, on commet une laide action en épousant un homme sensiblement plus âgé que soi; mais la valeur morale et intellectuelle de notre ami est telle que je pourrais la souhaiter, s'il m'était donné de choisir un gendre : en te remettant à lui, je mourrais... » Et sur un geste d'effroi que je fis, ma mère se reprit pour dire : « Je vivrais tranquille, certaine que tu trouverais toujours près de toi la plus éclairée, la plus inépuisable de toutes les affections..... Réfléchis, » ajouta ma mère en laissant tomber languissamment sa tête sur le dossier de son fauteuil..... « Rien ne presse....

Dieu veuille t'inspirer et te suggérer une résolution qui assurerait ton bonheur ! »

Le mot *réfléchir* n'a pas un sens bien net pour une jeune fille..... En général, du moins si j'en juge d'après moi, la réflexion est pour elle une opération de l'esprit qui consiste à se fortifier dans ses répugnances, à écarter, non pas à discuter, mais à écarter de ses pensées les arguments solides qui se trouvent en opposition avec ses inclinations. Plus je réfléchis donc, plus je me démontrai qu'il me serait impossible d'épouser M. Merlet.

Nous fûmes d'ailleurs tristement empêchées de reprendre cette conversation ; ma mère devint assez malade pour s'aliter et pour causer, tant à moi qu'à nos amis, les plus vives angoisses ; pendant tout l'hiver, et même pendant une partie de la *saison* suivante, son état ne s'améliora que durant de courts intervalles ; il ne fut plus guère possible de douter qu'elle fût atteinte d'une maladie de poitrine..... J'écartais cette lugubre vérité, et à la façon des enfants, me cachant les yeux pour ne pas voir l'objet de mon épouvante, je réussissais parfois à croire qu'il n'existait plus.

Vers la fin de la saison Mme Aristchikof fit une apparition à X*** ; cette année elle ne logea pas chez Mlle Cornélie, qui, obéissant peut-être à un désir exprimé par son frère, s'était hâtée de louer son appartement à une famille suédoise ; je la vis peu d'ailleurs, car je me consacrais entièrement à ma mère pour la soigner et la suppléer dans ses fonctions, quand elle ne pouvait plus s'en acquitter. Mme Aristchikof se montra très-bonne pour nous, et vint nous voir fréquemment, puis elle partit en me laissant son adresse à Paris, et me recommandant de la tenir au courant de la maladie de ma mère.

Je lui écrivis donc quelquefois dans le courant de cet hiver..... Hélas ! mes lettres étaient assez brèves et assez rares d'ailleurs, car je commençais à entrevoir la plus cruelle de toutes les perspectives..... Oui... cela arriva..... Un matin, après avoir supporté pendant quelques jours une fièvre dont les frissons ébranlaient le lit sur lequel elle était étendue, ma mère se trouva subitement délivrée de toute souffrance ; elle me fit asseoir devant elle, prit ma main, et me dit :

« Enfin, je puis respirer..... Ne te tourmente pas, mon enfant, je crois que je vais entrer en convalescence..... Nous nous retrouverons tous ensemble autour de la table..... J'espère encore, oui, j'espère que la triste épreuve de ma maladie aura mûri ton jugement, que tu me donneras enfin la consolation de te voir établie, en sûreté, arrivée au port sous la protection de cet excellent..... »

A ce moment je me levai pour me jeter à son cou, pour lui dire que j'acceptais cette proposition de mariage si mon acceptation pouvait lui donner un peu de tranquillité...... Mais quel ne fut pas mon effroi...... mon désespoir..... En me parlant, elle avait cessé de vivre..... Ma mère était morte!

De tout ce qui avait pu hanter mon cerveau, il ne restait que la pensée éveillée par ces mots : « Ma mère est morte..... » Cette pensée me frappait sans relâche, avec la régularité d'un balancier, avec la force d'une massue; elle ébranlait mon cerveau en meurtrissant mon cœur. J'étais seule désormais..... J'avais perdu à jamais l'unique affection sur laquelle on puisse toujours compter, la seule tendresse qui soit inépuisable, qui prodigue ses trésors sans rien demander en retour. Ce qui se passa au moment de la catastrophe, je l'ignore; je sais seulement que je m'éveillai comme d'une catalepsie deux jours plus tard..... que j'étais chez Mlle Cornélie, entourée par trois amis en pleurs.

Ces amis incomparables agirent à mon insu pour me faire accorder la survivance du bureau tenu par ma mère; mais notre protecteur, le général ***, était mort; cette demande ne fut pas accueillie, — on me trouva trop jeune, et je n'avais en effet que vingt et un ans; — une postulante, mieux protégée ou plus digne d'intérêt, fut nommée à la place que l'on sollicitait pour moi... Je n'avais aucune ressource autre qu'une somme de trois mille francs, mystérieusement gardée par ma mère pour un cas pressant..... Ce fut sur cette somme que l'on paya les frais de sa maladie et de..... de son convoi.

Je ne fus pas seule recueillie chez mes amis; ils transportèrent soigneusement, pieusement, les objets que ma mère avait tenu à conserver, parce qu'ils lui rappelaient les années heureuses de sa vie..... On m'entoura des soins les plus tendres, les plus délicats, comme si l'on se cotisait pour me rendre un faible équivalent des soins et de la tendresse incomparables dont j'étais désormais dépouillée.

Trois mois se passèrent ainsi sous l'empire d'une somnolence morale, d'un engourdissement que l'on évitait de dissiper.... Mais enfin, je me retrouvai peu à peu dans l'horrible nuit qui m'entourait; je me dis un jour que je ne pouvais rester à la charge de ces amis, excellents sans doute, mais pour lesquels j'étais, à tout prendre, une étrangère..... Au premier mot que je hasardai sur ce sujet, on m'imposa silence.... Deux jours plus tard, M. Marchand frappa à la porte de la chambre que j'habitais, et m'apporta deux lettres en me disant :

« Tu es un peu plus forte maintenant, il faut que tu prennes connaissance de ces lettres, que nous gardons depuis longtemps déjà, dans la crainte de te causer quelque émotion. »

Sur l'une de ces enveloppes je reconnus l'écriture de Mme Aristchikof. Mais l'autre écriture m'était inconnue... Hélas! l'enveloppe portait le nom de ma mère... La lettre était adressée à Mme Darvon ; ce fut cette lettre que je lus la première : elle était signée Antoine Marrest; je la transcris ici :

« Je suis bien peiné, ma sœur, de tout ce que vous m'écrivez relativement à votre position; malheureusement je n'y puis rien changer. Loin d'avoir doublé ma fortune, comme vous paraissez le croire, j'ai fait, il y a quelques années, des pertes considérables qui réduisaient mon avoir à peu près à la somme que vous avez apportée en dot à M. Darvon. Ces pertes me décidèrent à liquider mes affaires pour enrayer les mauvais résultats de mon commerce.

« Je me suis donc retiré; je vis modestement, et je suis persuadé que vous-même trouveriez qu'il n'est pas juste de m'imposer des privations, très-sensibles à mon âge, pour réparer les malheurs causés par les prodigalités de M. Darvon, qui est entré dans ma famille contre mon gré; je dois même vous prévenir que, décidé à vivre et mourir célibataire, sans connaître les tracas et les soucis de la famille, qui ne donne guère autre chose, j'ai voulu augmenter mes ressources aux dépens de mon capital, et que j'en ai placé une grande partie en viager. Ce détail vous sera peut-être utile à connaître pour le cas où votre fille se ferait une illusion, en voyant en moi un oncle à succession.

« J'espère que les funestes pressentiments dont vous me faites part ne se réaliseront pas ; si par malheur il en était autrement, je ne pourrais, ainsi que vous me le demandez, offrir un asile à votre fille ; ma vie est rangée de telle sorte qu'il ne s'y trouve pas de place pour ma nièce ; je vis en célibataire, et ne pourrais me transformer pour elle en père, ainsi que vous me le demandez. Je le regrette, puisque vous paraissez le désirer ; mais, en vérité, il m'est impossible de changer mes habitudes ; le pli en est pris, et je ne pourrais l'effacer, quand même je le voudrais.

« Adieu, ma sœur. Il y a longtemps que nos existences ont été séparées (par votre volonté) ; peut-être aurait-il mieux valu ne point essayer de renouer des rapports qui ne peuvent plus exister. Je vous souhaite à toutes deux une bonne santé.   Antoine MARREST. »

Je lus en frémissant cette lettre cruelle, et quand je l'eus laissée tomber sur mes genoux, ma première pensée fut pour celle qui n'était plus..... qui, avant de mourir, avait, dans un suprême effort, fait taire tout orgueil, et s'était exposée à être durement repoussée pour tenter de m'assurer un asile...... Elle ne l'a pas lue ! me répétai-je en pleurant..... Dieu merci, elle ne l'a pas lue !

Après quelques instants donnés à ces affligeants retours sur mon passé, j'ouvris la lettre de Mme Aristchikof, et je la transcris aussi ici, pour rendre plus saisissable le contraste existant entre ces deux lectures. Cette deuxième lettre, beaucoup plus récente que la première, n'avait guère que vingt jours de date.

« Chère enfant, j'apprends aujourd'hui même, par Mlle Cornélie, l'irréparable malheur qui vous a frappée ; je ne saurais vous exprimer à quel point j'ai vivement ressenti la perte que vous avez faite..... Mais je ne l'ai pas ressentie seulement au travers de votre cœur et en ce qui vous concerne, car cette perte est cruelle pour tous ceux qui ont connu une femme distinguée, parfaite sous tous les rapports.

« J'aurais voulu être près de vous dans ces tristes moments, et je vous aurais peut-être donné le seul genre de consolation qui puisse être offert en ces circonstances ; c'est-à-dire qu'en vous témoignant beaucoup, beaucoup d'amitié, je vous aurais prouvé que vous ne restez pas tout à fait isolée ici-bas. Malheureusement, je suis à Vienne, et pour quelques semaines encore ; mais j'irai certainement vous voir d'ici à peu de temps, pour m'entendre avec vous et vos amis au sujet du meilleur parti à prendre en ce qui vous concerne.

« En attendant, pensez à moi comme à une amie dévouée, désireuse de vous servir d'appui. Marie Aristchikof. »

Cette lettre était acompagnée d'un feuillet détaché, en tête duquel se trouvaient ces mots : Pour vous seule.

« Je sais, ma chère Aline, que vous êtes logée chez Mlle Cornélie ; qu'il pourrait sembler singulier à vos amis, qui sont presque vos tuteurs, de ne pas prendre connaissance de la lettre que je vous écris ; cependant, il y avait dans celle de Mlle Cornélie un paragraphe dont je désire m'occuper *seulement* avec vous, et dans votre intérêt ; supprimez donc ce feuillet en communiquant ma lettre à vos amis.

« Cela n'est pas possible, ma chère enfant! Ce serait un meurtre de vous enterrer vivante dans cette affreuse petite ville..... d'épouser M. Merlet..... Grand Dieu! quand j'y songe, il me prend à la fois envie de pleurer et de rire, soit que je pense à vous, ou bien à ce pauvre M. Merlet. Où donc a-t-il mis ses yeux? Il n'a donc pas de miroir, ce présomptueux professeur? Vous, si charmante, si élégante, condamnée à perpétuité à cette petite vie, à ces petites gens? Non, vous n'êtes pas faite pour cela ; cela ne doit pas être, cela ne sera pas. Écoutez : je suis riche, je suis seule ; je vous offre ma maison ; vous vivrez près de moi en amie ; nous voyagerons tant que cela nous amusera ; nous séjournerons là où le caprice nous invitera à nous arrêter. Ne me dites pas non, je ne vous prendrais pas au mot ; ne me parlez pas de soucis d'avenir... je trouve que l'on sa-

crifie beaucoup trop le présent que l'on possède, à l'avenir que l'on ne possédera peut-
être pas..... Qui sait, d'ailleurs, ce qu'il vous
réserve cet avenir? N'y a-t-il pas quelque chan-
ces d'un bon établissement dans la proposition
que je vous fais, que vous accepterez, car elle
est raisonnable, tout en étant agréable (du
moins je l'espère) pour vous et pour moi? Je
ne puis vivre seule, je vous l'ai dit bien souvent; j'ai parfois songé à prendre une dame
de compagnie; mais je n'ai pu me résoudre à
passer ma vie près d'une vieille demoiselle,
sérieuse, solennelle, vêtue de robes tristes et
noires, portant des lunettes et un sac à ouvrage..... Il me faut de la vie, de la jeunesse..... Vous serez, non pas ma dame de
compagnie, mais ma compagne..... Il y aura
dans ma bourse quinze cents francs par an
pour vos menues dépenses. Quant aux frais
un peu considérables, il est bien entendu que
je m'en charge..... C'est moi qui vous devrai
la reconnaissance si vous acceptez : n'ayez
pas une vanité ombrageuse, qui ne vous serait
pas naturelle du reste, et que l'on vous sug-
gérerait dans l'excellent, mais étroit milieu

qui vous enserre. Cette brave Mlle Cornélie
semble considérer comme un bonheur pour
vous de devenir la compagne de M. Merlet,
qui peut avoir beaucoup de qualités, mais
qui, franchement, a trop peu de cheveux et
trop mauvaise façon pour que vous acceptiez
sa proposition. Je comprends fort bien qu'ils
désirent vous accaparer tous trois, et je prévois
que les plus sérieux obstacles à mon désir de
vous avoir près de moi viendront de ce côté-là.
Ayez de la fermeté; sachez résister en attendant mon arrivée. Quant à moi, je ne vous
parle pas officiellement, mais seulement con-
fidentiellement de ce projet, que je trouve
odieux..... Je suis diplomate, et je veux éviter les effets de la ligue qu'ils ne manque-
raient pas de former contre moi s'ils se dou-
taient que j'essaie de vous détourner de ce
beau mariage. Dorénavant il n'y aura plus nécessité de montrer mes lettres, et je pourrai
vous écrire à cœur ouvert.

« A bientôt, et en vous embrassant bien
tendrement.   M. A. »

Depuis le malheur qui m'avait si rudement
éprouvée, j'avais perdu de vue la proposition

qui m'avait été transmise par ma mère......
Si j'avais été absolument livrée à l'influence
exercée sur moi par mes trois amis, il est
probable que j'aurais pu surmonter la répugnance que M. Merlet m'inspirait..... Il m'a-
vait donné tant de preuves de dévouement !
J'avais découvert des trésors si précieux dans
son âme !..... Mais la lettre de Mme Aristchikof vint détruire l'œuvre de ces trois mois de
douleur; ce fut un revirement très-subit qui
changea la face des choses, et là où je ne
voyais naguère qu'une bonté délicate qui
berçait mon chagrin, j'aperçus tout à coup
des préoccupations mesquines, une conversation terre à terre, des laideurs vulgaires......
Et quand je m'interrogeai, je dus me répondre que je ne pourrais en effet me résoudre à donner mon existence en retour de
l'affection que l'on me témoignait.

Et cependant il fallait prendre une décision..... Avais-je la force de poursuivre
l'humble et fatigante carrière pour laquelle
je m'étais préparée?.... Oh! non; tout m'y
semblait répugnant, et ma pauvre mère
ayant disparu, j'avais perdu le seul sentiment

qui eût pu me communiquer le courage nécessaire pour exercer dans cette petite ville
une profession si injustement dédaignée,
mais si dédaignée par le fait, et si mal rétribuée.

Il aurait fallu me résoudre à passer mes
examens, et à chercher une place d'institutrice...... C'était là le seul parti qui me restait à prendre, du moment où je reconnaissais qu'il m'était impossible d'accepter la
proposition de M. Merlet ; ma conscience me
l'indiquait, mais j'essayais de lui donner le
change en entreprenant de la réconcilier
avec la perspective que m'ouvrait Mme Aristchikof, et qui flattait bien davantage ceux
des instincts que j'aurais dû combattre en
moi. Je me disais que l'institutrice vit à un
foyer étranger, qu'il y avait donc similitude
entre cette situation et celle que j'aurais près
de Mme Aristchikof, et que l'amitié dont elle
me donnait tant de témoignages me préser-
verait tout au moins du traitement hautain
que l'on inflige à peu près par tous pays à
ces déshéritées de la fortune qui exercent la
profession d'institutrice. J'omettais d'analyser

avec plus d'équité les différences fondamentales qui existaient entre les deux situations..... J'oubliais qu'en donnant son travail, en retour d'une médiocre subvention, l'institutrice donne souvent plus qu'elle ne reçoit, que par conséquent sa dignité est sauvegardée tout au moins par devers sa conscience... tandis que la dame de compagnie ne donne guère que sa complaisance en échange des appointements qu'on lui sert et de l'hospitalité qu'on lui accorde.

Les lettres que je reçus à peu près chaque semaine me confirmèrent toujours davantage dans la résolution de refuser M. Merlet, si après un certain laps de temps accordé au respect de mon deuil récent, la proposition m'était renouvelée soit par Mlle Cornélie ou par son frère, soit par M. Merlet lui-même. Enfin, Mme Aristchikof arriva ; elle descendit à l'hôtel, et m'envoya chercher aussitôt, par sa femme de chambre. Notre entrevue fut, de ma part du moins, d'abord consacrée aux larmes..... En effet, je ne l'avais pas revue depuis..... depuis que ma mère n'était plus..... Mais elle aborda résolûment la question qui me concernait, m'affirma qu'elle était venue uniquement pour m'emmener, et qu'elle m'emmènerait, dût-elle m'enlever.

Elle me ramena elle-même chez Mlle Cornélie, se montra affectueuse pour mes amis.... Mais ceux-ci répondirent assez froidement à son gracieux empressement. Le lendemain M. Merlet ne parut pas à l'heure habituelle de la visite qu'il nous faisait chaque jour; il en fut de même le surlendemain, et quand, surprise de cette abstention, j'en demandai la raison à M. Marchand, il me répondit laconiquement que M. Merlet s'était vu obligé d'entreprendre un petit voyage pour une affaire qu'il considérait comme importante.

Cette absence dura huit jours, après lesquels M. Merlet reparut, assez triste, à ce qu'il nous sembla. Mme Aristchikof me pressait d'annoncer à mes amis que j'allais vivre près d'elle; chaque matin je prenais la résolution de leur faire cette communication..... chaque soir je devais reconnaître que le courage m'avait fait défaut; j'étais si certaine d'encourir leur blâme et de blesser leur affection!.....

Cependant il n'y eut bientôt plus à hésiter, et rassemblant tout mon courage, me cuirassant à l'avance contre les remontrances que j'allais recevoir, je me rendis un matin dans la chambre de Mlle Cornélie, je l'embrassai en pleurant, et je lui dis qu'il fallait enfin la décharger du fardeau qu'elle s'était imposé.... Puis je lui annonçai, en baissant involontairement la voix, que je partirais prochainement.

« Partir!.... Où comptes-tu donc aller?... » s'écria Mlle Cornélie.....

« Mme Aristchikof m'offre une place de dame de compagnie..... et je l'ai acceptée.

— Ah! voilà ce que Marchand craignait..... Mon Dieu, mon Dieu! pourquoi cette femme a-t-elle découvert notre ville..... Maudites soient ses eaux et mon appartement!

— Pourquoi donc?..... N'est-il pas heureux pour moi de trouver un asile?..... Ne faut-il pas que j'essaie de me suffire?

— Pas ainsi..... Ah! si tu avais voulu..... » Puis, ouvrant la porte de sa chambre, Mlle Cornélie se pencha sur la rampe de l'escalier, et appela son frère..... « Marchand!.... Marchand!... » cria-t-elle, absolument comme elle eût pu crier au secours, en cas d'incendie.

Il monta aussitôt. Sa sœur le mit rapidement au fait de la communication que je venais de lui faire, et je compris que c'était surtout avec lui que la lutte allait être sérieuse.

« Tu vas donc nous quitter? » me dit-il tristement..... « t'éloigner de notre amitié, de tes souvenirs, de tout ce qui reste de ta mère? Tu vas t'en aller au travers du monde, avec une étrangère, être en butte à ses lubies, t'exposer à être abandonnée par elle quand le caprice que tu lui inspires se sera dissipé?

— Hélas! » répondis-je, « vous faites le procès, non de la décision que j'ai prise, mais de la pauvreté qui est mon lot; c'est elle qui me condamne à courir les risques du caprice, de l'abandon, en un mot, à aliéner mon indépendance.

— Non, non, pas d'équivoque!.... Tu n'es pas forcée de prendre cette décision.....

— Comment cela? Je ne puis rester toujours chez vous, vous le savez bien; je n'ai que trop longtemps usé de l'hospitalité que vous m'avez accordée ; il faut bien que je songe à faire quelque chose !

— Justement..... Ce qui me choque le plus dans tout cela, c'est que tu ne feras rien, c'est que tes fonctions se borneront à t'habiller, à passer des rubans dans tes cheveux, à te promener, à aller au théâtre, dans les concerts..... plus tard au bal.

— Ce n'est pas avec cette robe, » dis-je en m'animant et en montrant mon vêtement de laine noire, « que j'irai au bal et au théâtre.

— Sans doute ; mais tu n'es pas destinée à la porter toujours. Écoute-moi : Tu sais bien qu'il dépendait de toi d'assurer honorablement ta vie en épousant Merlet ? »

Je répondis par un geste de découragement.

« Oh ! il est certain qu'il n'a pas une beauté poétique ni une tournure élancée et distinguée..... mais c'est le plus brave cœur, le caractère le plus loyal et le plus dévoué que j'aie jamais rencontré, et pourtant j'ai connu beaucoup de braves gens. Avec lui, tu aurais un logis à toi... Par malheur, tu n'apprécieras cet immense bonheur qu'après avoir vécu chez les autres, dans la dépendance de leurs caprices..... Avec lui, tu aurais l'ami le plus tendre, le plus généreux..... Il se doute bien de ta répugnance, il prévoit la résolution que tu vas prendre, et cependant, dévoué quand même, il vient de faire un voyage à Paris pour prendre quelques renseignements positifs sur Mme Aristchikof.... Loyal, même aux dépens des plus chers intérêts de son cœur, il est venu nous rendre compte de ses recherches, et nous dire qu'il n'avait rien appris sur le compte de cette dame qui fût de nature à t'éloigner d'elle.

— Ainsi, » dis-je avec un mouvement de triomphe, « vous voyez que je n'ai pas tort de me fier à elle ?

— Mon Dieu ! je vois..... je vois qu'elle n'est pas une aventurière, comme nous pouvions le craindre jusqu'à un certain point, en la voyant apparaître tantôt avec une voiture, plusieurs domestiques, tous les symptômes auxquels on reconnaît la fortune..... tantôt dans un équipage fort modeste. Merlet a un ancien condisciple, actuellement sous-directeur aux affaires étrangères, qui a obtenu de l'un des secrétaires de l'ambassade de Russie les renseignements qu'il nous a apportés. Mme Aristchikof n'a pas une réputation meilleure ni pire que celle de tant d'autres dames riches et oisives. Elle a mangé une première fois sa fortune; elle a fait un héritage considérable, qu'elle va probablement dépenser élégamment..... Oh! fort élégamment, c'est une justice que tout le monde lui rend..... Mais après, quand il n'y aura plus d'héritages en perspective, je plains ceux qui vivront près d'elle.... Le goût, le besoin de la dépense sont de mauvais conseillers, qui nous entraînent tôt ou tard à de mauvaises actions.... Passons là-dessus. Tu ne voudrais pas sans doute envisager les risques d'un avenir éloigné, et tu n'admettrais pas les possibilités que je prévois. On a ajouté qu'elle était capricieuse, violente, très-injuste parfois, mais on n'a guère insisté sur ces détails, qui sont des généralités plutôt que des particularités dans sa caste, » ajouta M. Marchand d'un ton ironique.

« Je ne puis faire autrement que d'accepter sa proposition, » dis-je, sans relever les dernières paroles de M. Marchand ; « après tout, si, contre mon attente, je me trouvais malheureuse près d'elle, il serait toujours temps de me décider à tenir une école dans un village. »

Toutes les instances de mes amis ne purent triompher de la répugnance que m'inspiraient certaines conséquences de la pauvreté..... pas plus que de mon éloignement pour M. Merlet. Lui aussi essaya d'ébranler ma résolution, et le lendemain il vint plaider sa cause en m'avouant la tendresse que je lui avais inspirée.

« Je reconnais, » me dit-il, « qu'il est bien téméraire à moi d'aspirer à fixer votre jeunesse près de moi..... mais, je vous en conjure, ne supposez pas que je sois guidé par des motifs purement égoïstes..... Si j'insiste près de vous, tout en me reconnaissant peu fait pour devenir le compagnon de votre vie, c'est aussi pour vous mettre à l'abri des tristesses qui sont inhérentes à la dépendance que vous acceptez..... C'est enfin parce que ce projet avait été favorablement accueilli par l'amie que nous regretterons toute notre vie. »

Ce langage était sincère, doux et résigné; mais, eu égard aux sentiments de vanité d'une jeune fille, il était maladroit. En effet, il ne pouvait me convenir d'envisager la proposition de M. Merlet comme un effort généreux fait pour m'assurer un abri; je ne comprenais pas alors que cet excellent homme voilait par timidité l'excessive peine que lui causait mon refus, et qu'il se cachait de m'aimer parce qu'il trouvait qu'on ne pouvait l'aimer.

J'étais majeure, libre de mes actions par conséquent, et c'était seulement à la persuasion que mes amis pouvaient demander des arguments pour me retenir près d'eux. Décidée à demeurer sourde à leurs raisons, je m'occupai bientôt de mes préparatifs de départ..... La veille du jour fixé pour quitter la maison, M. Marchand m'apporta quelques comptes que je repoussai avec effroi, car j'y avais découvert ces mots : « Frais du convoi ! ..... » Il m'avertit que je possédais une somme de 2,500 francs, et me demanda si je désirais la placer.

« Non, » répondis-je avec abattement;

« il vaut mieux que je l'emporte avec moi..... Cette somme représentera pour moi la possibilité de regagner la France si j'en suis éloignée, et si je me vois jamais obligée de quitter Mme Aristchikof.

— Soit, » répondit laconiquement M. Marchand ; et il me présenta un petit sac de peau contenant en pièces d'or tout mon avoir.... « Ton mobilier restera ici.... Tu le retrouveras, si jamais tu en as besoin.... » Et il quitta rapidement la chambre.

Le lendemain matin deux domestiques de Mme Aristchikof vinrent chercher mes malles..... Nous nous réunîmes pour déjeuner ensemble une dernière fois. Je ne pus rien prendre ; mes trois amis essayaient de faire bonne contenance, mais ils étaient aussi émus que moi. Enfin, je me levai, et me jetant en pleurant au cou de Mlle Cornélie..... « Pardonnez-moi, » lui dis-je, « pardonnez-moi de causer une peine à ceux qui ont été si secourables pour... ma mère et pour moi... Pardonnez-moi les regrets que je vous cause... Je crois parfois qu'il y a en moi deux natures opposées..... l'une me retient ici, me dit que la paix, le contentement sont près de vous….. l'autre me crie qu'il faut que je change d'aspects, que je voie le monde….. J'obéis à celle-ci en ce moment, mais l'autre me ramènera probablement près de vous.

— Dieu le veuille ! » dit Mlle Cornélie en baisant mes cheveux, car mon visage était appuyé contre elle….. « Reviens quand tu voudras, notre amitié ne te fera pas défaut.

— L'amitié ! non sans doute….. Mais les amis ? » dit M. Marchand avec émotion…. « les amis…. tu ne les retrouveras peut-être pas. Enfin ! que Dieu te conduise, et surtout qu'il te ramène !

— Vous ne savez pas, » dit à son tour M. Merlet, « quel vide affreux votre disparition va faire au milieu de nous… Depuis neuf ans environ nous nous sommes accoutumés à concentrer sur vous toutes nos affections… Pardonnez-moi les visées que vous n'avez pas voulu accueillir, et souvenez-vous seulement de la désolation que vous laissez ici dans le cœur de vos amis. »

Cette scène pénible se termina enfin….. Je m'éloignai avec rapidité, cachant sous mon voile de crêpe noir mes traits gonflés et mes yeux en pleurs. Je n'avais plus de demeure, je quittais mes amis, j'allais essayer de la vie qui me promettait le luxe, — en échange de la dépendance.

Le jour même Mme Aristchikof se mit en route; le lendemain soir nous arrivions à Paris, et nous descendions dans un appartement situé sur la place de la Madeleine : c'était un appartement loué, tout meublé, ayant par conséquent une élégance plus apparente que réelle, et quelques-uns des traits douteux qui sont inhérents à ces demeures dans lesquelles chacun passe sans y installer sa vie. Paris était désert, à ce que déclara Mme Aristchikof, absolument inhabitable, et huit jours plus tard nous nous remettions en route pour Vienne, dont le séjour lui était particulièrement agréable : c'est en effet, ou plutôt, car mes souvenirs remontent à un certain nombre d'années, c'était une petite ville dans une grande ville. Tout ce qui faisait partie du commerce, de la bourgeoisie, ou même de la banque, n'existait pas aux yeux de l'aristocratie autrichienne; les gens *nés*, selon leur expression , se rencontraient chaque jour dans une communauté de plaisirs auxquels on associait tous les individus faisant partie du corps diplomatique. En dehors de cette coterie principale, se subdivisant en une foule de coteries rayonnant les unes au-dessus des autres, pour aboutir au sommet sur lequel trônait dans une majestueuse solitude la princesse M....., le monde finissait. On se communiquait ses petites affaires, on se désignait intimement par les prénoms, on s'interpellait d'une loge à l'autre quand on était au théâtre ; au besoin, on se serait déshabillé devant tous les êtres qui , n'étant pas nobles , ne comptaient pas. Ce fut là que je fis mon apprentissage d'humiliations. J'ai aujourd'hui plus d'orgueil que de vanité, et ne serais pas aisément atteinte par les impertinences qui m'ont fait souffrir, et qui m'apparaîtraient surtout sous leur aspect bouffon ; mais alors j'avais plus de vanité que d'orgueil ou de dignité, et je me trouvai cruellement blessée par l'inflexible ligne de démarcation qui me parqua tout de suite à une place déterminée, absolument comme si mon contact eût entraîné une contagion pestilentielle. Mme Aristchikof m'appelait, il est vrai, son amie, et me répétait qu'elle m'aimait comme sa fille; mais un jour qu'elle m'emmena chez la comtesse S...., celle-ci me toisa sans me rendre le profond salut que je lui adressais, s'adressa d'un ton bref à Mme Aristchikof, et lui dit : « C'est votre dame de compagnie?..... » Puis, sans attendre sa réponse, se retourna vers moi, et me dit négligemment : « Vous trouverez les institutrices dans le premier salon... Veuillez les rejoindre. » Mme Aristchikof ne parut pas avoir entendu l'injonction qui m'était faite, et causait déjà avec un homme auquel elle avait dit au moment où il l'abordait: « Bonsoir, cher comte.... Il faut venir à Vienne pour vous rencontrer; malgré votre promesse, on ne vous a pas vu à Paris ce printemps..... » Je ne pus entendre la suite de la conversation; car j'étais littéralement *chassée* par le froid regard que la comtesse S.... attachait sur moi.... Je m'éloignai doucement, et j'atteignis enfin le salon des institutrices, qui n'était autre chose qu'une seconde antichambre. J'y trouvai une dame française, deux demoiselles, l'une suisse l'autre anglaise, qui, toutes trois, avaient accompagné leurs élèves...... jusqu'au seuil de l'antichambre..... Dans ce singulier pays on confiait le cœur, l'intelligence, l'éducation des jeunes filles à des personnes que l'on assimilait absolument à la domesticité, les jugeant dignes de former les caractères, mais indignes de prendre part à la conversation.

« Vous êtes nouvellement arrivée à Vienne? » me dit l'institutrice française, que j'entendis nommer Mme Martin.

« En effet, Madame.

« Cela se voit, car vous avez suivi *votre dame* au salon, au lieu de vous arrêter ici avec nous.

— J'ignorais, totalement, » répondis-je, « que l'on dût présenter à la porte de chacune des pièces composant un appartement viennois, un arbre généalogique en guise de passe-port, et que l'on se trouvât classé en raison de l'ancienneté de sa race.

— C'est ainsi, pourtant, » dit la demoiselle suisse; « et je vous assure que cela fait bouillir le sang..... Eh! ne valons-nous pas mille fois mieux que toutes les caricatures défilant devant nous, que ces simpiternelles qui ont l'air de divinités hindoues? N'avons-nous pas plus d'instruction, plus d'esprit que toutes ces insolentes?

— Doucement, » fit Mme Martin, « doucement..... On pense tout cela, mais on ne le dit pas..... tout haut, surtout. »

La demoiselle anglaise demanda à sa voisine si l'on servirait bientôt le thé.....

« Oui, probablement, » répondit l'institutrice suisse d'un air distrait... puis elle reprit son réquisitoire en baissant un peu le diapason de sa voix : « Tenez, » dit-elle, « vous, Mademoiselle..... Mademoiselle?

— Darvon, » répondis-je.

« Eh bien! ne feriez-vous pas aussi bonne figure au salon que toutes les dames qui s'y trouvent, sans en excepter votre dame russe, laquelle poursuit depuis longtemps déjà le comte de..... premier secrétaire de l'ambassade belge? Mais elle aura beau faire, il ne l'épousera pas... elle est bien trop dépensière, trop extravagante, et d'ailleurs trop âgée pour lui.

« — Croyez-vous qu'on nous donnera du thé? » dit la demoiselle anglaise avec une vive anxiété.

« Eh ! sans doute.

— C'est que hier, chez les ministres suisses, on nous a enfermées dans une antichambre, et l'on a oublié de nous donner du thé.

— Hé quoi! » dis-je en souriant à l'institu-trice suisse, « votre ministre, envoyé d'une république, a adopté les usages viennois au point de vous parquer en dehors de son salon ?

— Certainement..... Il s'imagine ici, en frayant avec des nobles, qu'il est devenu noble lui-même, et comme les nouveaux convertis, il redouble de zèle..... c'est-à-dire d'imperti-nence..... Lui et sa femme dépassent tout ce que l'on peut imaginer en ce point.

— Je ne regrette pas, » dis-je (et je mentais un peu), « je ne regrette pas ma soirée; elle m'a fourni un curieux sujet d'études pris sur le vif de la sottise humaine; je reconnais à la comtesse S... et à toutes les maîtresses de mai-son le droit d'admettre qui elles veulent dans leur salon... mais je ne reconnais à personne le droit de me reléguer dans l'antichambre, et comme je ne veux pas que ce fait se répète deux fois, je vais vous quitter, Mesdames, et retourner à l'hôtel.

— Hum ! » fit Mme Martin, « cela me paraît un coup de tête.... une déclaration d'indépendance..... Réfléchissez un peu; cela ne va-t-il pas compromettre votre situation ?

— Ma situation près de Mme Aristchikof est purément celle d'une amie.

— Appointée ?..... » demanda Mme Martin.

Je baissai la tête en rougissant un peu.

« Alors vous n'êtes pas indépendante.

— Peu importe, » repris-je en m'animant un peu; « je quitterais Mme Aristchikof plutôt que d'endurer un semblable traitement. » Je saluai les trois dames, et tandis que j'ouvrais la porte de la première antichambre, j'entendis encore la voix plaintive de la demoiselle anglaise répétant : « On ne nous donnera pas de thé. »

Je trouvai dans l'antichambre Stéphan, le domestique de Mme Aristchikof; je lui demandai de m'accompagner jusqu'à la rue de Carinthie, dans laquelle nous logions, le chargeant de

prévenir Mme Aristchikof de mon retour en revenant la chercher.

J'avais été atteinte ce soir-là par la première
épine de la dépendance ; cela était juste : j'a-
vais péché par la vanité, et c'était la vanité
qui formajt mon châtiment ; mais je n'envisa-
geai pas cet incident avec l'humilité qu'il devait
m'enseigner, non celle que la comtesse S.....
réclamait de moi comme un droit acquis à sa
naissance, mais l'humilité qu'aurait dû m'inspirer un simple retour sur le passé..... Je m'in-
dignai contre les insolentes prétentions qui
m'avaient été signifiées, contre Mme Aristchikof,
qui avait souffert que l'on m'infligeât un semblable traitement..... Je pleurai un peu ; enfin
je me mis au lit et m'endormis.

Le lendemain matin Mme Aristchikof frappa
à ma porte... J'étais prête depuis longtemps déjà, et j'écrivais une longue lettre à M. Marchand,
sans faire aucune allusion, bien entendu, à
l'incident qui s'était produit la veille.

« Que vous est-il donc arrivé hier soir, ma
chère Aline, et pourquoi êtes-vous revenue
toute seule?

— C'est, » répondis-je en souriant avec un

peù d'amertume, «que je préférais cette chambre à l'antichambre de la comtesse S.....

— Mon Dieu !..... il ne faut rien exagérer ; c'était un premier salon..... Je sais bien que ces façons d'agir sont absurdes ; mais ce n'est pas nous qui pouvons entreprendre de réformer les mœurs viennoises.

— Je ne prétends nullement à des égards dont la connaissance ne fait probablement pas partie de l'éducation négligée de la comtesse S..... Seulement je souhaite ne pas m'exposer gratuitement à ses impertinences, et je vous demanderai, Madame, de vouloir bien me laisser ici quand vous visiterez les dames viennoises.

— Je comprendrais votre irritation si ce procédé s'adressait uniquement à vous..... mais il est universel, il englobe tous ceux qui ne sont pas *nés*, comme ils disent ici, et nous ne pouvons rien contre ce préjugé.

— Si, » repris-je avec obstination, « nous pouvons toujours nous y soustraire, et c'est pour cela que je serais impardonnable à mes yeux si je m'y exposais deux fois : on mérite toujours ce que l'on supporte.

« — Mais cela vous ferait une existence désagréable et ennuyeuse..... vous seriez mise en
dehors de toutes les parties, de toutes les réunions.....

— Les réunions de l'antichambre?

—Non.... Tout cela s'arrangerait peu à peu
quand on vous connaîtrait.... Cela se modifie-
rait suivant les personnes..... Il y en a qui ne
sont pas aussi féroces que la comtesse S.... et
qui, un jour ou l'autre, vous admettraient dans
leur compagnie.

—Permettez-moi d'attendre ce jour, Madame,
sans faire le noviciat de l'antichambre.

— Mon Dieu, comme vous êtes obstinée!
comme ce sang français prend feu aisément!
Que vous importent ces préjugés viennois?.....
Riez-en, jusqu'au moment où vous les aurez
vaincus. »

Je persistai à déclarer que je ne mettrais
plus le pied dans aucune maison viennoise;
seulement, ce qui semble si aisé en théorie,
rencontre toujours quelques difficultés d'exécution dans la pratique. Mme Aristchikof était
tenace, j'étais jeune, je me lassai de la solitude au bout de quelques semaines, et enfin

je ne pus refuser de l'aider à faire les honneurs
d'un thé qu'elle donna dans le bel appartement
que nous occupions depuis quelques jours à
l'hôtel de l'*Agneau d'or*, car il lui était aussi
impossible de séjourner trois mois dans le
même hôtel, que trois ans dans la même ville.

Je fus naturellement considérée par les dames
viennoises comme une machine à servir le thé
et à faire circuler les gâteaux. Aucune d'entre
elles ne répondit à mon salut, personne ne
m'adressa la parole, à l'exception du comte de
S...., qui causa poliment avec moi de choses
indifférentes, sensément pensées cependant,
et spirituellement dites. Une ou deux fois il me
parut saisir dans son regard une expression
de commisération; mais cela fut si fugitif que
je ne pus y attacher aucune importance. J'entendis débattre devant moi une partie de plaisir pour le lendemain; il s'agissait de visiter le
château de Laxenbourg, et de revenir dîner à
Baden.

Mme Aristchikof me pressa de l'accompagner, en me conseillant de me mettre au-
dessus des grossières façons qui m'impres-
sionnaient trop vivement, disait-elle. J'a-

vais ouï dire que le comte de S... serait de la partie ; je me laissai persuader, et m'apprêtai le lendemain à accompagner Mme Aristchikof.

On se mit en route par un beau temps, en se plaçant dans plusieurs calèches. Mme Aristchikof avait près d'elle la baronne A....., vieille dame totalement sourde ; j'étais assise en face d'elle, près du comte de S....

Laxenbourg est une imitation de château gothique, contenant un grand nombre d'objets curieux par leur antiquité et leur rareté. J'étonnai plusieurs personnes en indiquant la date et la provenance d'armes anciennes, de vieux meubles, d'une foule de menues curiosités.

« Vous possédez, Mademoiselle, une érudition surprenante dans un âge si jeune, » me dit M. le comte de S....

« Mon père était amateur de raretés, » répondis-je.

« Le nom que vous portez réveille en moi des souvenirs lointains. J'étais bien jeune, j'avais vingt ans, j'étais attaché surnuméraire à notre ambassade de Paris ; j'y ai rencontré dans plusieurs maisons un homme fort distingué, M. Darvon, peintre, je crois....

— C'était mon père, » répondis-je en me détournant un peu, car je sentais les larmes monter à mes yeux, et les sanglots gonfler ma poitrine..... Hélas! j'avais alors, à l'époque dont M. de S.... évoquait ce souvenir, j'avais mon père, ma mère, leur tendresse, une demeure qui m'appartenait, puisqu'elle était leur demeure.... Aujourd'hui, je n'étais plus qu'une suivante, soumise aux caprices de tous.....

A dater de ce moment, M. de S..... me témoigna un intérêt courtois qui m'inspira beaucoup de reconnaissance. Il possédait à mes yeux un charme particulier, grâce à une aisance froide et quelque peu hautaine, grâce à un penchant prononcé pour la moquerie. Ce seraient là de pauvres motifs pour justifier la sympathie; mais la vanité est flattée de trouver les apparences d'un intérêt sérieux chez un sceptique, les marques du respect chez un moqueur, et elle se fait volontiers honneur de cette transformation.

Seulement, à dater de ce jour, je constatai

de singulières variations d'humeur chez Mme Aristchikof; tantôt elle m'accueillait à bras ouverts, me comblait de caresses et de présents..... tantôt elle demeurait plongée dans un mutisme obstiné, prenant à peine le soin de m'avertir une fois pour toutes « qu'elle avait parfois des diables noirs dans la cervelle, » et qu'il ne fallait pas faire attention à elle dans ces moments-là.

Nous semblions devoir séjourner longtemps à Vienne, car Mme Aristchikof se décida tout à coup à louer l'un des plus beaux appartements de Herren-Gasse; elle le fit meubler de fond en comble à grands frais, et prit la coutume de rester chez elle tous les soirs; un cercle assez nombreux s'assemblait autour d'elle; M. de S.... s'y montra fort assidu. J'y remplissais à peu près les fonctions qui auraient appartenu à la fille de Mme Aristchikof, m'occupant du bien-être de chaque visiteur, et donnant les ordres nécessaires pour le service. On jouait dans ces soirées, et la colonie russe envoyait là de nombreux représentants. Ma situation, toujours pénible près des dames viennoises, était plus *humainement*

acceptée par les compatriotes de Mme Aristchikof; de ce côté les humiliations n'étaient
pas aussi permanentes... on daignait me
permettre de prendre part à la conversation,
on m'appelait quelquefois *ma chère amie*... Il
est vrai que le lendemain du jour marqué
par des effusions de ce genre, on ne me rendait pas toujours mon salut, et que l'on semblait avoir oublié jusqu'à mon nom, jusqu'à
mon existence.

D'après mon évaluation approximative,
bien entendu, Mme Aristchikof devait dépenser des sommes considérables..... Je crus
discerner, au bout de quelques mois, des
symptômes de gêne..... Les payements des
divers fournisseurs étaient retardés sous
divers prétextes, et l'on adopta un système
d'économie rigide..... dans les détails in-
signifiants. Mme Aristchikof parut découvrir
tout à coup qu'elle pourrait subvenir aux dépenses les plus effrénées en fait de toilettes et
de luxe extérieur, en diminuant, en supprimant quasi complétement les frais de nourriture..... Elle se prit à chicaner les domestiques, à leur disputer, à leur mesurer de

maigres rations en dehors desquelles on ne trouvait littéralement pas un morceau de pain à l'office. Elle déclara qu'il était de mauvais goût de manger..... que les gens vulgaires seuls avaient de l'appétit, et notre dîner en tête-à-tête fut réduit au plus strict nécessaire..... Encore l'expression est-elle impropre, car bientôt ce *nécessaire* devint insuffisant. Nous prenions nos repas dans une salle à manger magnifiquement décorée. Autour d'un buffet chargé d'argenterie ciselée aux armes de Mme Aristchikof, se pressaient quatre domestiques en grande livrée, dirigés par un maître d'hôtel irréprochablement vêtu, et portant la cravate blanche avec un grand air..... Seulement ces repas étaient sommaires..... on nous servait une côtelette pour deux personnes, et il ne fallait pas redemander de pain, sous peine d'entendre Mme Aristchikof dire d'un ton dédaigneux : « Comment! vous avez faim? »

A l'office le mécontentement était grand, et se traduisait par de fréquentes défections; c'était chaque semaine un visage nouveau... Les cuisinières disparaissaient l'une après l'autre, déclarant que leur emploi était une sinécure dans cette maison.... L'humeur de Mme Aristchikof s'aigrissait chaque jour davantage, et j'eus à subir de fâcheux caprices. J'avais pris l'habitude de me procurer quelques vivres, pour ne point heurter trop vivement sa manie, et bien souvent la femme de chambre affamée sollicitait de moi un peu de pain et de chocolat.

Jusque-là j'avais reçu chaque mois mes *appointements* dans une boîte de bonbons...., Depuis deux mois on ne m'avait rien remis, et, bien entendu, je ne voulais rien réclamer..... Un soir, M. de S..... causa avec moi plus longtemps encore que de coutume; Mme Aristchikof jouait dans le salon voisin..... Après avoir parlé de choses générales, il arriva habilement à Mme Aristchikof.....

« *Notre amie* n'est pas raisonnable, » me dit-il; « elle s'arrange toujours de façon à dépenser beaucoup au delà des ressources qu'elle possède; puis, quand elle se trouve prise dans les difficultés qu'elle-même a créées, il y a parfois de l'injustice, de l'impatience dans son humeur... Vous-même de-

vez vous en ressentir parfois..... Pardonnez-
moi de m'immiscer en des affaires qui vous
concernent seules...... Prenez, je vous prie,
cette dérogation à tous les usages comme une
marque du respectueux intérêt que je vous
porte..... Mais enfin, laissez-moi vous dire
que si l'on peut vivre assez facilement avec
Mme Aristchikof tant qu'elle a de l'argent, il
n'est point de patience qui puisse supporter
son humeur quand elle a épuisé toutes les
ressources dont elle peut disposer...... Je la
connais bien..... mieux que vous ne la connaissez probablement...... Bref, je crois que
vous devriez la quitter. »

La première partie de ce petit discours
avait été pour moi une douce surprise.....
Quoi! M. de S....., si indifférent à tout et pour
tous, si ironique dans ses propos, si hautain
dans son attitude, s'intéressait à moi!..... il
se préoccupait des difficultés de mon existence!.... Ses derniers mots me rejetèrent
meurtrie à terre.

Il faut bien l'avouer en effet : si je supportais l'infériorité de la situation qui m'était
faite, les variations d'humeur de Mme Aris-

tchikof, ses propos parfois assez durs, ses
procédés très-souvent injustes, et qui ne me
révoltaient pas moins lorsqu'il s'agissait d'autrui que lorsqu'il m'arrivait d'être directement en cause, c'est que mon imagination
était perpétuellement occupée de M. de S....
En vivant près de Mme Aristchikof, je vivais
près de lui, puisqu'il était l'un de ses commensaux les plus assidus; je le voyais beau,
élégant, traiter de haut avec une gracieuse
nonchalance toutes les personnes qui m'a-
vaient fait endurer les plus sensibles humiliations; il m'apparaissait comme un justicier
lorsqu'il tenait tête, à force d'impertinence, à
l'impertinente comtesse S... On disait même....
jugez combien ce fait le rehaussait dans ma
frivole opinion!..... on disait qu'il s'était
montré si hautain avec la toute-puissante et
toute arrogante princesse M.... qu'il l'avait
obligée à reconnaître en lui son supérieur.....
en fait d'impertinence. Or, c'était lui, lui qui
m'occupait à toute heure, lui auquel je m'é-
tais parfois flattée d'inspirer quelque sympathie, lui qui m'engageait à m'éloigner de

Mme Aristchikof, à perdre ainsi et à tout jamais l'espoir de le revoir !

Il fallut bien pourtant dévorer cette amère déception. Je remerciai M. de S.... avec un ton mesuré de l'intérêt qu'il voulait bien me témoigner : je l'assurai que je n'avais nullement à me plaindre des procédés de Mme Aristchikof..... Il m'écouta d'un air incrédule, en répétant par complaisance : « Tant mieux !..... tant mieux !..... » Il allait s'éloigner, lorsque la comtesse S.... donnant le bras à Mme Aristchikof, entra dans le petit salon où je me trouvais.

« Vous aimez les *aparté?* » dit la comtesse S.... en souriant méchamment. « Mon cher comte, il faut venir vous chercher quand on veut vous trouver.

— Et encore ne me trouve-t-on pas toujours quand on me cherche, » répondit M. de S..... « Je préfère en effet, » ajouta-t-il, « les *aparté*, comme vous dites, quand la conversation générale n'offre aucun attrait.

— Voilà qui est bien aimable pour nous ! » s'écria la comtesse S...

« Que voulez-vous, Madame?... je suis

franc, vous le savez, et n'ai jamais pu m'accoutumer à déguiser mes impressions. Dans le grand salon voisin, j'aurais dû rester dans le cercle pour entendre dire que Marie a monté à cheval aujourd'hui avec Richard et Louis; que Mélanie a fait une verte réponse à Adolphe, qui essayait de faire rentrer Auguste en grâce près d'elle; que Léocadie vient d'acheter un joli petit meuble, tandis qu'Arabelle a envie de cette belle rivière en diamants exposée sur le Graben..... Cela est vraiment charmant, lorsqu'on songe que l'on est admis à parler si familièrement de Marie, qui est baronne, de Richard, qui est prince, de Louis, qui est comte... mais ce suprême intérêt écarté, il n'en reste aucun, je vous l'affirme.... aucun.

— Ah ! » dit la comtesse S... en le menaçant avec son éventail, « j'ai toujours soupçonné que vous étiez un affreux révolutionnaire..... même que vous penchiez vers ce qu'on appelle la démocratie.

— Vous vous trompez, Madame, » répondit M. de S... avec énergie; « je tiens à la noblesse dont je fais partie... mais c'est surtout parce que j'y tiens que je voudrais la voir plus active, plus instruite..... et dans les salons, oserai-je vous l'avouer?... plus polie, plus aimable, plus amusante.

— Polie? Vous ne prêchez pas d'exemple pourtant; je ne connais personne, non personne au monde, qui soit plus, ni même aussi impertinent que vous.

— Prenez garde, Madame, de faire le procès des autres plus encore que le mien..... Quoique diplomate, je vais vous confier un secret....

— Bon! Alors, nous voilà averties qu'il ne faut pas croire un mot de ce que vous direz.

— Vous vous trompez; j'ai une diplomatie à moi, tout à fait originale, et destinée à révolutionner un jour toutes les chancelleries; je dis toujours la vérité..... et je trompe ainsi tous ceux qui n'osent pas, ou ne peuvent, ou ne veulent pas la reconnaître; le but de la diplomatie étant de tromper, vous n'imaginez pas quels succès étonnants je recueille en me bornant à la sincérité. Pour en revenir à ce que vous voulez bien appeler mon impertinence, je vous dirai que je connaissais Vienne de réputation, et que je m'étais promis d'y jouer le rôle d'un miroir fidèle.... Je ne suis pas un caractère ici, je suis un reflet..... comme on est, je suis..... Voilà, Madame, pourquoi vous me trouvez impertinent.

— Il est véritablement étonnant, » dit Mme S.... en riant aux éclats.

« Vous êtes en effet bien gai ce soir, » dit Mme Aristchikof, qui n'avait pas encore prononcé une parole..... Puis, se tournant vers moi avec une expression que je ne lui avais pas encore vue..... « Veuillez, » me dit-elle, « veiller à ce que l'on serve le thé. »

Je m'éloignai aussitôt pour vaquer à mes fonctions..... Après avoir donné les ordres nécessaires, je revins me placer dans le petit salon; j'y demeurai seule pendant le reste de la soirée, essayant de réfléchir, de me retrouver dans le labyrinthe de mes sentiments..... Que faisais-je dans cette maison? N'eût-il pas mille fois mieux valu accepter l'humble profession que mes amis me conseillaient?..... Du moins, après m'être acquittée de ma tâche, je n'aurais aucune humiliation à recueillir; je pourrais échanger quelques paroles avec un indifférent ou avec un ami,

sans me sentir environnée d'un cercle d'injurieuses suppositions, sans rencontrer ces froids
regards qui vous avertissent de rentrer dans
l'ombre et dans l'immobilité... Mais, en m'é-
loignant, je ne reverrais plus jamais M. de S...,
et quoiqu'il m'eût suffisamment prouvé qu'il
tenait peu à me rencontrer, je ne pus me résoudre à perdre toute occasion de l'entrevoir..... Je sentais que cette détermination
était lâche et insensée... mais pourtant je me
décidai à rester.

Pendant quelques jours Mme Aristchikof
donna toutes les marques d'une humeur exé-
crable..... Un matin, elle s'emporta contre sa
femme de chambre jusqu'à une honteuse et
odieuse voie de fait..... elle la souffleta.....
puis elle chassa un ou deux valets de pied,
changea le maître d'hôtel, s'enferma dans sa
chambre et resta étendue sur sa chaise longue
pendant une journée entière. Rien de plus
odieusement injuste que les causes, ou plutôt
les prétextes de sa colère ! La femme de chambre
lui avait présenté la note de petites sommes
avancées pour son compte et d'après son ordre... c'était une réparation de dentelles.....

des épingles..... et quelques menus objets de
ce genre, dont la liste fut accueillie par des
éclats de colère, des accusations d'abus de
confiance, et même de vol..... Chargée de vé-
rifier cette note, et la trouvant exacte de tous
points, j'appris ce jour-là que les besoins de
luxe se satisfont aux dépens de la justice, et
même aux dépens de la probité..... qu'en un
mot, lorsque l'on tient par-dessus tout à briller
par son élégance, on ne tient pas toujours, ou
du moins on ne tient pas longtemps à se montrer équitable, et à rester irréprochable.

Le lendemain j'apprenais que nous allions
quitter Vienne..... Il fallut déposer une somme
pour répondre du loyer, dans le cas où l'on ne
parviendrait pas à sous-louer l'appartement
que nous occupions, vendre le mobilier à vil
prix..... se défaire même de quelques diamants..... Tout cela paraissait fort indifférent
à Mme Aristchikof.... ce qu'elle voulait, c'était
de s'éloigner le plus vite possible..... Elle
maudissait les ridicules coutumes qui l'obli-
geaient à donner des garanties pour les enga-
gements qu'elle avait pris, et déraisonnait sur
ce point de façon à ébranler le cerveau qui

eût voulu s'appliquer à suivre toutes les théories par lesquelles elle prétendait substituer à toutes les lois sa volonté, c'est-à-dire son caprice. Nous partîmes donc, nous dirigeant cette fois vers la Russie. Mme Aristchikof se proposait de séjourner quelque temps dans l'une de ses terres.

Je n'avais plus, pour rester avec elle, même le motif absurde qui m'avait décidée à endurer des rapports devenus assez désagréables, et même, ce qui à mes yeux primait encore tout ce qui m'était personnel, même le spectacle de l'emportement dégradant, de l'injustice la plus révoltante. Pour n'avoir pas encore subi directement cet emportement et cette injustice, je ne les ressentais pas moins comme une douleur très-intense, mélangée d'une secrète humiliation..... En effet, en conservant vis-à-vis de Mme Aristchikof les apparences de la considération qui n'est due qu'à l'honorabilité du caractère, en recevant quelques marques d'amitié de cette femme si dure pour ses inférieurs, il me semblait, et non à tort, que je me rendais solidaire de toutes ses iniquités. Mais on est généralement lâche ici-bas; on ne se considère pas comme atteint tant que le prochain seul est en cause; les injustices faites à autrui ne nous inspirent pas une indignation suffisante pour rompre avec l'être qui les commet..... Il ne commence à être blâmable pour nous que du jour où il s'attaque à nous..... Alors, le point de vue change subitement..... l'indignation s'éveille, nous trouvons des accents pour blâmer, des motifs pour rompre. Mme Aristchikof, à part certains caprices, ne m'avait pas encore mal-traitée..... J'étais souvent encore sa *chère Aline,* son *enfant,* sa petite compagne. J'avais vingt-deux ans seulement; mon jugement n'était pas formé; je ne comprenais pas que l'on ne peut espérer de demeurer à l'abri de l'injustice près d'un être foncièrement injuste, et je consentis à suivre Mme Aristchikof. Je dois ajouter que l'humeur vagabonde dont elle était possédée me garantissait contre la crainte d'un long séjour en Russie... qu'en un mot, en restant avec elle, j'espérais revoir tôt ou tard M. de S...

Durant les derniers jours qui précédèrent notre départ, Mme Aristchikof me combla de caresses et de présents; elle me peignit les charmes de l'existence paisible que nous allions mener, me promit de me faire revoir la France dès qu'elle aurait terminé les affaires qui l'appelaient dans son pays, me demanda des nouvelles de mes amis... Je recevais à assez longs intervalles, mais pourtant régulièrement, des nouvelles de Mlle Cornélie par son frère; ils étaient toujours affectueux pour moi, et me rappelaient toujours que leur maison m'était ouverte si je voulais revenir en France..... Depuis deux mois pourtant je n'avais reçu aucune lettre d'eux, et j'étais un peu inquiète, parce que les journaux m'avaient appris que le choléra sévissait à X***; je venais justement d'écrire à M. Marchand pour solliciter de promptes nouvelles.

Deux heures avant le départ, Mme Aristchikof entra dans la chambre que j'occupais.

« Ma chère Aline, » me dit-elle, « je me trouve un peu à court d'argent; je sais que vous avez deux ou trois mille francs; prêtez-les-moi, je vous prie, jusqu'à notre arrivée chez moi; nous réglerons alors tous nos comptes à la fois, car je vous dois aussi trois ou quatre mois de votre petite pension. »

Cette demande me contraria, par cela même que cette petite somme représentait à ses yeux mon indépendance, c'est-à-dire la possibilité de m'éloigner immédiatement si jamais j'avais à supporter quelque procédé outrageant. Pourtant je n'eus pas la force, et, à vrai dire, je n'avais pas la possibilité de la refuser..... Je ne pouvais donner les véritables motifs qui auraient dicté mon refus, et il est certain que, défrayée de tout, je n'avais pas besoin de garder cette somme sur moi.

Je me trouvai donc, *pieds et poings liés*, à la merci de Mme Aristchikof; les conséquences qui se déroulaient devant moi étaient inhérentes à la fausse situation que j'avais acceptée, et qui multipliait les entraves dans lesquelles j'étais enveloppée.

C'est aux environs de Moscou que se trouvait située la terre dans laquelle Mme Aristchikof allait résider. Son habitation se composait d'une grande maison absolument dépourvue de tout caractère d'architecture, qui réunissait tous les contrastes que j'avais souvent constatés dans la singulière organisation de sa propriétaire; il y avait beaucoup de superflu, et le nécessaire faisait défaut presque de toutes parts. Un petit salon, garni de porcelaines de Chine, de bronzes parisiens, de meubles de prix, confinait à une grande salle dont les murs étaient blanchis à la chaux, et qui avait pour tout mobilier de longs divans recouverts en toile fanée et déchirée; un grand piano, veuf de ses cordes, subissait la solitude dans l'un des coins de ce salon désolé, qui était appelé par habitude « le grand salon. » Il y avait une serre construite à grands frais, mais point de jardinier... Il en était ainsi de toute chose, et si la maison avait porté son nom inscrit sur une plaque de marbre, on y eût lu en toutes lettres le mot « Désordre. » Tout s'y ressentait d'une incurie irrémédiable, tout y témoignait de la versatilité des décisions, du nombre considérable des *premiers mouvements,* toujours obéis, toujours abandonnés pour suivre une inspiration opposée; partout le provisoire, partout l'ébauche, partout le symptôme... Ici on voyait une cheminée à la mode de Paris, construite sous la pression d'un souvenir parisien.... mais l'on ne s'en était pas servi, et l'entourage de marbre n'était

pas même scellé…. Là on voyait quelques
tableaux, médiocres du reste, qui devaient
faire partie d'une collection de tableaux aussi
vite abandonnée que vivement désirée; cette
autre pièce était destinée à devenir une bibliothèque…… les rayons en étaient vides.

A peine installée, Mme Aristchikof se remit
en route pour visiter ses parents et amis; je la
suivais dans ses excursions, qui se prolongaient
parfois jusqu'à une durée de huit jours. Nous
étions toujours campées, et ce provisoire lui
plaisait infiniment. Ce fut bientôt notre tour
de recevoir des visites, et quand elle n'en
avait pas, Mme Aristchikof faisait atteler trois
ou quatre chevaux, et allait voir sa belle-
sœur dans une habitation assez voisine de la
sienne. Mme Sovralski (tel était le nom du
frère de Mme Aristchikof) me sembla être une
bonne personne, un peu simple; elle était tout
à fait sous le charme d'une gouvernante française qu'elle venait de *recevoir*, disait-elle, s'exprimant comme si elle avait parlé d'une robe ou
d'un meuble. Mlle Vérin avait toutes les qualités,
elle avait toutes les vertus, c'était la créature
la plus parfaite que l'on pût rencontrer. J'es-

pérai tout d'abord trouver dans une compatriote une compagne, peut-être même une amie. Enfin je l'aperçus à la première visite que nous rendîmes chez Mme Sovralski. Mlle Vérin avait près de quarante ans; elle était remarquablement laide, ce qui eût été peu de chose si sa laideur n'avait offert une expression repoussante; il était impossible, en l'apercevant, de ne point songer immédiatement à une araignée, aux grêles extrémités, de teinte grise et d'aspect féroce. Tout cela était considérablement atténué, pour les observateurs superficiels, par une douceur féline, par une complaisance infatigable, par un système de flatteries inépuisables, tour à tour épaisses ou fines, éhontées ou voilées, qu'elle accommodait à tous les goûts et à tous les caractères. On comprenait en la voyant que Mlle Vérin était prête à tout pour capter les bonnes grâces des personnes dont elle dépendait, et qu'il n'est point de service qu'elle ne fût disposée à rendre..... si ses intérêts devaient y trouver quelque avantage.

Mme Aristchikof, toujours éprise de l'inconnu, s'enthousiasma bientôt pour Mlle Vérin..... Elle voulait la voir à toute heure, et les deux enfants (son neveu et sa nièce), près desquels Mlle Vérin remplissait les fonctions de bonne, passèrent bientôt autant de temps chez elle que chez leur mère. L'amitié qu'elle me témoignait subit une nouvelle éclipse, et j'eus bientôt lieu de constater que je n'étais jamais plus froidement traitée qu'après l'une des conversations de Mme Aristchikof avec Mlle Vérin; cette demoiselle me témoignait, du reste, une hostilité sourde sous le masque d'une parfaite indifférence.

J'eus, à cette époque, la troisième grande douleur de ma vie; une lettre qui m'avait été adressée à Vienne, qui avait été renvoyée de bureaux en bureaux et avait déjà trois mois de date quand je la reçus, m'apprit une épouvantable nouvelle. M. Merlet m'annonçait que le choléra avait enlevé subitement mes deux excellents amis..... Je ne devais plus jamais revoir ni Mlle Cornélie ni son frère..... Avec eux se rompait le dernier lien qui me rattachait à mon pays, aux souvenirs du passé..... La commotion que j'éprouvai fut si violente qu'elle détermina une fièvre intense, durant laquelle je fus soignée par la femme de chambre de Mme Aristchikof ; quant à elle, les maladies lui inspiraient une terreur invincible, les malades lui faisaient horreur, puis Mlle Vérin lui avait fait observer que ma maladie pourrait bien être contagieuse, et que la prudence la plus élémentaire lui commandait l'abstention.

Quand la convalescence se déclara, Mme Aristchikof me témoigna beaucoup d'intérêt ; plus nerveuse que sensible, plus impressionnable qu'affectueuse, elle était frappée des deux morts qui s'étaient suivies à trois heures de distance seulement. Mais je reconnus avec tristesse que je ne pouvais plus avoir d'illusions sur son compte ; je savais désormais que chez elle les sentiments étaient remplacés par les mots ; que l'incurable frivolité de son esprit la rendait incapable d'une affection durable ; je savais que l'apparence était gracieuse, que la réalité était essentiellement inique, que le privilége en toutes choses était son culte, que le droit du plus fort était par conséquent le seul *droit* dont elle voulût admettre l'existence. Dès lors je songeai à la

quitter, à revenir en France, et dussé-je y
gagner mon pain dans les plus humbles fonctions, n'être plus à la merci d'un caprice.....
n'avoir plus à étudier avec anxiété, à chaque
heure du jour, l'expression plus ou moins
changeante de la plus mobile de toutes les
physionomies, avoir en un mot cette noble
indépendance que l'on doit à son travail.....
Oh! comme j'aspirais à cette situation! Peu
m'importaient maintenant les robes teintes
portées par les institutrices de village, la
chaise de paille de leur chambrette; peu
m'importaient leurs privations et les humiliations qui atteignent seulement la vanité,
tant j'étais lasse de ces humiliations bien plus
insupportables qui abaissent la dignité.

Je n'avais pas encore la force d'engager la
lutte sur un projet désormais arrêté dans ma
pensée; la maladie qui avait fait désespérer
de mes jours m'avait laissé un abattement
physique tel, qu'il m'était impossible de
marcher, et que l'on me roulait dans un fauteuil chez Mme Aristchikof, quand elle voulait
me voir dans sa chambre. Elle m'avait mandée
une après-midi, et lorsqu'on poussa mon fau-

teuil dans cette chambre, je la trouvai vide...
On m'y laissa, en me disant que Madame était
allée au-devant d'un visiteur, et qu'elle allait
revenir. Demeurée seule, je me laissai d'abord
entraîner par l'amère jouissance qui consistait à évoquer toutes les douleurs dont j'avais
été accablée.... puis, la faiblesse aidant, je
m'endormis, comme les enfants, en pleurant.

Quand je sortis de cet assoupissement, je
crus rêver encore..... Dans le petit salon voisin, séparé de la chambre à coucher seulement par une portière, j'entendis deux voix,
l'une amère, irritée, l'autre froide et presque
ironique..... Mais cette dernière voix.... je la
reconnaissais !..... Comment l'entendais-je
dans cette campagne russe?..... Oui, c'était
bien M. de S.....

« Vous avez tort, et grand tort, » disait-il;
« je ne puis être responsable de m'être refusé
à la réalisation de projets auxquels je n'ai jamais consenti... Je ne vous ai jamais induite
en erreur sur ce point, car je vous ai toujours
répété que tous les obstacles se réunissaient
pour s'opposer à mon mariage avec vous; j'ai

une mère que je respecte, que j'adore, et qui eût vu avec désespoir mon mariage avec une personne d'une religion autre que la nôtre.

—Cela, c'est le prétexte, » dit Mme Aristchikof d'un ton amer; « dites les raisons..... cela sera plus franc..... Vous vous piquez de franchise.

—A quoi bon?.... » répondit M. de S... «Ce que vous désignez par le mot *prétexte* est une raison plus que suffisante.....

—Non, non, dites la vérité !.... C'est parce que je suis moins riche maintenant.....

— Pardon si je vous arrête dans cette voie de suppositions injurieuses; vous m'obligez à devenir un peu cruel pour vous éviter le remords de m'accuser injustement. Vous seriez plus riche que vous ne l'avez été, vous n'auriez aucune des dettes dont votre fortune est chargée, que, la supposition d'une spéculation de ma part étant admise, je ferais encore une mauvaise spéculation en vous épousant pour votre fortune. Qu'importe en effet la richesse, quand elle marche en compagnie du désordre? Qu'importe le chiffre des ressources, quand il est toujours inférieur à celui des dépenses?

« Voyons, tâchez d'être juste : j'ai eu, j'ai encore beaucoup d'amitié pour vous, pour certains côtés de votre caractère ; mais votre emportement aurait suffi à lui seul pour me faire renoncer à une union qui eût été un malheur pour vous autant que pour moi. Je ne puis vivre dans la tempête, dans les accusations injustes, dans les raccommodements, dans les pleurs et les cris ; nous sommes faits pour être amis... non pour être époux.

— Dites la vérité tout entière... dites-la... Je ne suis plus assez jeune, n'est-ce pas ?

— Cela pourrait être encore un obstacle très-sérieux, car vous avez en effet quelques années de plus que moi...

— Puis, en sotte imprudente que je suis, en étourdie incorrigible, j'avais près de moi à Vienne un jeune et joli visage que vous trouviez plus agréable que le mien... Elle vous plaisait, n'est-il pas vrai ?.... Voyons, n'avez-vous pas songé à épouser Mlle Darvon ? Oh ! comme je l'ai détestée un moment, elle et son insolente jeunesse !

— Je n'ai jamais songé à épouser Mlle Darvon, » répondit M. S... d'une voix grave,

vous le savez bien; j'ai éprouvé quelque intérêt pour cette jeune fille...

— Pauvre victime dépendante d'une femme
violente...

— Oui...

— Injuste, méchante, exigeante.....

— Oui...

— Et vous me dites tout cela en face?

— Pas du tout, c'est vous qui vous le dites.
Laissez en paix Mlle Darvon, je vous en prie;
vous oubliez que je suis le comte de S..., que
mes principes m'interdisent une mésalliance,
que je n'ai pas le cœur assez candide et l'esprit
assez enthousiaste pour faire un mariage d'inclination.

— Ce n'est pas vrai... ce n'est pas vrai... Sous
la glace dont vous recouvrez systématiquement
vos sentiments, il y a un foyer plus ardent peut-
être que vous ne le supposez..... Cette jeune
fille avait triomphé, sans s'en douter, de
votre superbe indifférence.....

— Elle n'est plus avec vous?

— Non; je l'ai renvoyée, » répondit Mme Aristchikof du ton le plus naturel et le plus vrai;
« elle est retournée dans son pays pour y épou-

ser une vieille caricature de professeur qui lui avait offert sa main, accompagnée de deux mille francs de rente...

— J'en suis bien aise pour elle, » dit M. de S..... « et puisqu'il ne dépend plus de vous de lui faire éprouver les effets de votre ressentiment, je vous dirai la vérité en ce qui la concerne : Oui, mon pauvre cœur, que je croyais absolument mort, a quelque peu tressailli devant elle..... Je me suis dit qu'il me serait doux de vivre près d'elle à la campagne, loin du monde, qu'elle aurait sans nul doute la plus vive, la plus tendre affection pour celui qui l'enlèverait à cette vie de dépendance, d'humiliation et d'isolement, pour lui donner une famille et une petite fortune.... Mais cette hallucination s'est vite dissipée; je me suis trouvé parfaitement ridicule ; j'ai résolu de me soustraire à de semblables visions; je vous ai dit que je quittais Vienne pour retourner près de ma mère.... Vous êtes partie de votre côté; puis, comme l'inaction me pèse, j'ai accepté le poste de chargé d'affaires à Saint-Pétersbourg; je me suis arrêté pour vous voir..... et voilà que cette entrevue se passe

en reproches, en duretés, en cruautés même.....
Laissons tout cela, je vous en prie ; je repars
dans quelques heures, et je voudrais emporter
un souvenir meilleur que celui de nos discussions.

— Ainsi, si elle n'avait pas été avec moi,
si elle ne vous avait pas distrait de moi, peut-
être n'auriez-vous pas repoussé si obstinément
un projet qui devait, à ce qu'il me semblait,
s'effectuer tôt ou tard?

— Ne le croyez pas ; je vous affirme que la
présence de Mlle Darvon n'a pesé en rien dans
mes déterminations.....

— Vous l'affirmez.... mais je ne vous crois
pas!

— Tant pis pour vous, » répondit M. de
S..... d'un ton ironique.

« Eh bien ! puisqu'il en est ainsi, puisque
je dois renoncer à un projet qui ne vous aurait pas rendu malheureux, je vous le ga-
rantis, car, pour vous, j'aurais pu changer en
une inaltérable douceur la violence que vous
me reprochez ; puisque vous êtes satisfait de
penser que Mlle Darvon est à l'abri de mes

emportements, sachez qu'elle est ici..... encore en mon pouvoir.... Oh ! rassurez-
vous..... je ne l'assassinerai pas.... qu'elle
dépend de moi plus que jamais, puisqu'elle a perdu les derniers, les seuls amis'
qu'elle possédait dans son pays. Oui, Monsieur
le comte, la jeune fille que vous avez un moment associée à vos destinées dans un rêve,
est et restera ma demoiselle de compagnie,
faisant quasi partie de ma domesticité. Ou je
me trompe fort, ou ce fait doit faire souffrir
votre vanité..... car vous en avez, et beaucoup, quoique vous vous en défendiez.

— Vous vous chargez, Madame, de justifier le refus que j'ai opposé à ce caprice de
mariage entre nous.... Vous le voyez, je n'y
mets pas d'amour-propre, puisque je considère ce projet comme un caprice auquel
vous ne songerez plus dans huit jours.....
Mais si j'avais pu me méprendre sur la réalité
de la bonne amitié que vous me disiez éprouver pour moi, je saurais maintenant qu'il
s'agissait uniquement à vos yeux de vaincre
un obstacle, et d'en triompher par tous les

moyens, en employant tour à tour la ruse ou la violence. Hé quoi! ne voulez-vous pas me permettre au moins de vous estimer?

— Je ne sais pas trop ce que je dis..... je ne suis pas méchante au fond, je vous assure..... Je serais tout à fait bonne si vous vouliez..... Restez quelques jours ici; donnez-moi le temps de vous convaincre.

— Je dois partir ce soir.

— Et je ne vous reverrai plus? Cela n'est pas possible; j'irai à Saint-Pétersbourg..... »

A dater de ce moment je n'entendis plus rien; un nuage descendit sur moi, et je m'évanouis dans mon fauteuil; mes nerfs, affaiblis par la maladie, surexcités par tant de vives émotions, se refusèrent tout à coup à percevoir la réalité des choses extérieures. Quand je repris connaissance, j'étais dans mon lit, et la femme de chambre de Mme Aristchikof brûlait des plumes devant moi; cette odeur fétide me tira de mon engourdissement.

« Qu'y a-t-il donc? » lui dis-je dès que je pus parler, « que s'est-il passé?

— Je ne sais pas, » me répondit ma charitable garde-malade. « Madame était sortie en compagnie du comte de S..., qui regagnait la voiture dans laquelle il était arrivé ; je suis entrée dans sa chambre, je vous ai trouvée évanouie, je me suis hâtée de vous ramener ici..... Peu après, Madame est rentrée avec Mlle Vérin, qui venait d'arriver ; elle m'a appelée, je vous ai quittée un moment pour lui expliquer que vous étiez très-malade.... Elle m'a à peine écoutée, et répétait.... « Je vais partir... il faut que je parte... » Alors elle a tiré elle-même quelques effets de ses armoires, elle a jeté en tas au milieu de la chambre ses belles dentelles, même ses beaux volants qui lui ont coûté vingt mille roubles..... Elle marchait sur tout cela comme si c'était du fumier.... Alors, je lui ai dit que si elle n'avait pas besoin de moi je reviendrais vous soigner..... Elle m'a répondu.... « Allez, allez..... Mlle Vérin m'aidera..... je ne vous emmènerai pas..... je ne serai pas longtemps absente..... Une heure après elle était partie..... Cette Mlle Vérin est ici..... il paraît qu'elle va y passer la nuit.

— Ainsi, » dis-je en rapprochant toutes

ces circonstances, « ainsi Mme Aristchikof ne m'a point trouvée dans sa chambre?

— Non, puisqu'elle a reconduit M. de S.... avant de rentrer chez elle.

— Alors il est inutile de lui dire que vous m'avez conduite dans sa chambre; elle pourrait croire que je m'y étais fait mener pour écouter sa conversation avec son hôte.....

— Puisque c'était elle-même qui m'avait dit de vous amener près d'elle.

— Elle l'avait oublié, et ne s'en souviendrait probablement pas, le cas échéant.

— Cela est vrai, qu'elle ne pense pas beaucoup à ce qu'elle fait; croiriez-vous qu'elle a laissé ses effets les plus précieux au milieu de sa chambre, par terre? Heureusement qu'il n'y a ici que des gens honnêtes... Tiens, » ajouta la femme de chambre, « il y a de la lumière dans la chambre de Madame... »

Elle entr'ouvrit doucement la porte de ma chambre, et jeta un coup d'œil dans le grand salon qui me séparait de l'appartement de Mme Aristchikof... puis elle revint près de moi en me disant tout bas :

« C'est Mlle Vérin qui sort de la chambre

de Madame ; elle tient une bougie, et paraît si pâle…. si pâle….

— Elle l’est toujours.

— Sans doute, mais plus encore maintenant… Si vous vous trouvez un peu mieux, je vais appeler Anika pour rester auprès de vous….. Voyez-vous, il faut que je range tous ces effets…. c’est moi qui en réponds. »

Je l’assurai que je pouvais me passer d’elle, et je vis entrer peu après une gentille esclave que l’on appelait Anika, et qui était femme de chambre en sous-ordre. A peine une demi-heure s’était-elle écoulée, que l’on entendit le bruit d’une voiture s’arrêtant au perron. Anika s’élança à la fenêtre, puis elle revint près de mon lit en me disant :

« Il n’y a que des choses singulières aujourd’hui dans la maison… Voilà mademoiselle Vérin qui part !…

— Eh bien ! qu’y a-t-il de singulier à cela, puisque madame Aristchikof est partie ?

— C’est qu’elle devait, dit-on, passer la nuit ici… Madame l’en avait même priée à cause de vous….. et elle s’en va tout à coup sans même vous avoir visitée. »

Je m'endormis brisée par la fatigue et les émotions..... Je vis comme au travers d'un rêve la femme de chambre s'approcher de moi, m'examiner, sortir, rentrer, paraissant enfin en proie à une grande agitation. Le lendemain matin Anika m'obligea à prendre une tasse de bouillon ; le médecin vint faire sa visite, me trouva beaucoup mieux portante, et je demandai à quitter le lit. Quand je fus enveloppée d'une robe de chambre et assise dans un fauteuil, je vis entrer Wilhelmine, la femme de chambre qui m'avait témoigné du dévouement depuis plusieurs semaines. Elle ne parvenait pas à retenir ses larmes, et vint s'agenouiller près de moi.

« Mademoiselle, » me dit-elle, « je sais que je ne devrais pas vous tourmenter, car vous êtes malade et faible... mais je suis si tourmentée moi-même!... Oh! voyez-vous, j'en deviendrai folle!... Aidez-moi, aidez-moi!

— Qu'avez-vous donc? Calmez-vous, je vous en prie.

— Voici ce qui se passe : hier, Madame a, comme je vous l'ai dit, cherché dans ses effets, en les jetant tous pêle-mêle à terre ;

quand j'ai voulu ranger tout cela hier au soir, je n'ai plus retrouvé les beaux volants de dentelle... ni une épingle de diamants que j'avais vue dans les mains de Madame... Mon Dieu! mon Dieu!... qu'est-ce que cela peut être devenu?

—Tranquillisez-vous, Wilhelmine, Mme Aristchikof a sans doute emporté ces effets.

— Emporté ses volants!... quand elle doit être absente seulement pendant quelques jours... cela n'est pas possible.

—Elle peut avoir changé d'avis au dernier moment...

— J'étais ici, près de vous, » poursuivit Wilhelmine sans m'écouter; « la chambre est restée ouverte... J'aurais dû en prendre la clef... Mais comment supposer!... Oh! Mademoiselle, écrivez à Madame pour lui demander si elle a emporté ses volants!

— Je le veux bien, » dis-je; « je vais essayer d'écrire... Avez-vous son adresse?

— Ah! c'est vrai! » dit Wilhelmine avec découragement; « nous ne savons où elle est allée.

— N'est-ce pas à Saint-Pétersbourg?

« — Mais la ville est si grande... Où lui écrire? Et cependant je ne puis rester sans rien faire, non, je ne le puis... Si vous écriviez à Mlle Vérin? Elle a aidé Madame à empaqueter ses effets, elle saurait peut-être.....

— En effet, » répondis-je en faisant un effort sur moi-même, car la perspective d'entrer en rapport avec Mlle Vérin, qui m'avait toujours témoigné une sorte d'hostilité latente, me souriait peu... Mais je reconnaissais la nécessité de calmer l'agitation de cette pauvre servante, et je me décidai à surmonter ma répugnance.

M'y reprenant à plusieurs fois, car ma faiblesse ne me permettait pas de guider ma plume pendant quelques minutes consécutives, j'adressai à Mlle Vérin le billet suivant :

« Mademoiselle,

« Permettez-moi de solliciter de votre complaisance un renseignement qui importe beaucoup à la tranquillité de la femme de chambre de M^{mc} Aristchikof. Cette bonne Wilhelmine était occupée près de moi lors du départ de sa maîtresse; en rangeant hier au soir les effets de Mme Aristchikof, elle n'a pu retrouver des volants de dentelle et une agrafe en diamants, représentant, paraît-il, une valeur considérable; il est évident pour moi que Mme Aristchikof doit avoir emporté ces objets, mais il importe à la tranquillité de Wilhelmine d'en être assurée. Vous, qui avez assisté à son départ, pourrez peut-être me donner cette assurance.

« Veuillez, Mademoiselle, recevoir les témoignages de ma parfaite considération.

« Aline DARVON. »

« Maintenant, » dit Wilhelmine en saisissant le billet, « Constantin va monter à cheval; d'ici chez Mme Sowralski il y a à peine deux heures de route... Nous aurons la réponse vers le soir. »

Je dois dire que j'étais beaucoup moins rassurée que je ne feignais de le paraître; la disparition de ces objets me semblait inexplicable.

Mᵐᵉ Aristchikof ne pouvait les avoir emportés pour un si court voyage... Pourquoi
Mˡˡᵉ Vérin était-elle rentrée dans cette chambre?... Pourquoi était-elle partie si précipi-
tamment?... Mais c'était impossible!... Ces
soupçons étaient honteux à concevoir... Elle
avait probablement oublié quelque objet dans
la chambre de Mᵐᵉ Aristchikof..... Si elle était
partie plus tôt qu'on ne s'y attendait, c'est
peut-être qu'elle me croyait encore atteinte
d'une maladie contagieuse..... Tout à coup
une nouvelle pensée surgit, et, par sa vraisemblance, calma un peu mes appréhensions..... Je me hâtai de la communiquer à
Wilhelmine, qui était véritablement digne
de pitié.

« Il se peut, » lui dis-je, « que Mᵐᵉ Aristchikof ait emporté ces objets, non pour les
mettre, mais pour s'en défaire..... Vous savez
combien elle aime à changer toutes choses
autour d'elle et sur elle.

— Cela est possible en effet, » dit Wilhelmine en saisissant cette espérance avec l'é-

ncrgie que met un naufragé à se saisir d'une planche qui, pour lui, représente le salut.....

« Oui, elle peut les avoir emportés pour les vendre.....

— Pour les échanger, je pense.

— Pour les vendre... Elle a bien besoin d'argent, chacun sait cela..... On dit-même qu'elle n'est allée à Saint-Pétersbourg que pour faire un emprunt.... Alors Mlle Vérin doit le savoir, et elle vous répondra... Oui, ce doit être ainsi... Ah! merci, Mademoiselle.... Vous avez presque enlevé de mon cœur un poids lourd, lourd comme une grosse pierre, qui m'étouffait. »

Constantin, l'un des domestiques envoyé avec mon billet, revint après cinq ou six heures d'absence; il m'apportait une réponse de Mlle Vérin. Ce fut Wilhelmine qui me remit la lettre en tremblant....

« Lisez, Mademoiselle, lisez bien vite!..... » Et elle s'agenouilla près de moi, en suivant anxieusement sur mon visage la trace de l'impression causée par la lecture d'un billet fort laconique.

« Mademoiselle,

« Je regrette de ne pouvoir vous donner le renseignement souhaité par la femme de chambre de Mme la comtesse Aristchikof. J'ai assisté à son départ, en effet, mais seulement en amie; vous connaissez le tact et la délicatesse des sentiments de Mme Aristchikof; elle ne pouvait me charger de remplir près d'elle des fonctions qui appartiennent seulement à une femme de chambre.

« Je n'ai donc pas emballé ses effets, et j'ignore complétement quels sont ceux qu'il lui a convenu d'emporter ou de laisser dans sa maison.

« Veuillez recevoir, Mademoiselle, les témoignages de ma parfaite considération.

« Cornélie VÉRIN. »

Je fus obligée de communiquer à Wilhelmine la teneur de ce billet sec et malveillant sous une apparence polie... Et cette per-

sonne, qui m'avait toujours inspiré une répugnance instinctive, portait le même prénom que ma digne amie Mlle Marchand.....
Je le regrettai vivement.

« Mais alors, » disait Wilhelmine avec agitation, « si Madame n'a pas emporté ces
effets, on les a donc pris?... on les a volés?....
Qui?... Ah! c'est elle!.... Je jure que c'est
elle !

— Taisez-vous, Wilhelmine; vous com-
mettez une mauvaise action en exprimant légèrement de pareils soupçons.

— Comme ce n'est pas moi, c'est elle, »
répétait Wilhelmine; « et s'il en est ainsi, je
suis perdue !....

— Encore une fois, rien ne prouve que
Mme Aristchikof ne les ait pas emportés.

— Je ne dis pas... je ne dis pas... Mais si
Madame ne les a pas emportés, il est clair
qu'on les a volés... et on m'accusera, moi,
plutôt qu'elle, puisque je ne suis qu'une
femme de chambre, et qu'elle est presque
une gouvernante... D'ailleurs... quand même
Madame serait persuadée de mon innocence,
elle ne la sacrifiera pas... Oh! non, bien

sûr!... Elle lui confie ses secrets, bien plus qu'à vous.... Non, elle *tiendra* avec elle..... Je suis perdue!.... Oh! ma pauvre mère! Elle en mourra, c'est sûr! »

Pendant quatre jours je dus assister aux tortures endurées par la pauvre Wilhelmine, en essayant de lui rendre un peu de courage. J'étais moi-même à bout des forces que m'avait communiquées le désir de lui être utile... Enfin le cinquième jour une voiture s'arrêta devant le perron... Mme Aristchikof en descendit. J'étais près de la fenêtre, et j'aperçus son visage plus sombre que jamais, contracté, ayant une expression menaçante qui m'inspira une sorte de terreur... A peine fut-elle rendue dans sa chambre, que j'entendis la voix de Wilhelmine lui adresser respectueusement une question... La réponse dut être brève, car un cri perçant poussé par Wilhelmine arriva jusqu'à moi.... Je me levai aussitôt, et, m'appuyant aux meubles, je gagnai la porte qui communiquait avec le grand salon... Au même instant Mme Aristchikof le traversait rapidement en se dirigeant vers moi.

17.

« Vous allez mieux, » me dit-elle d'un ton distrait... « On me l'a dit au moment où je descendais de voiture... J'espère que vous retrouverez rapidement la santé.... A votre âge il y a remède pour tout... »

... Elle fit une courte pause, puis reprenant la parole :

« Que me dit donc Wilhelmine?... Des objets de prix ont disparu... Elle croyait que je les avais emportés... Quelle ridicule idée! Qu'avais-je besoin de dentelles et de diamants pour un si court voyage?

— Toutes les suppositions les plus invraisemblables étaient admissibles en face du fait inexplicable de la disparition de ces objets.

— Cela ne me regarde pas, » dit Mme Aristchikof avec une expression de dureté que je n'avais jamais vue aussi intense... « Cela m'est égal, » répéta-t-elle froidement. « Wilhelmine a reçu en dépôt tous les objets comprenant ma garde-robe, à elle de me les représenter... D'ailleurs, j'ai bien des soupçons sur elle...

— Oh! Madame.

— Pourquoi pas?... Savez-vous bien qu'elle vient de faire une action odieuse, en essayant d'accuser une personne respectable, qui m'inspire à bon droit la plus entière confiance? Croiriez-vous qu'elle m'a dit tantôt qu'elle ne pouvait être responsable d'un dépôt dont elle n'avait pas eu seule la garde?

— Cela me paraît assez équitable.

— Vraiment? Mais cette impertinente réponse n'allait à rien moins qu'à m'accuser, moi, ou cette bonne Mlle Vérin, car seules nous nous sommes occupées du triage des effets que j'emportais... Ce qu'il y a de certain, c'est que je n'irai pas perdre de gaieté de cœur trente-cinq à quarante mille roubles..... Ainsi, Mlle Wilhelmine retrouvera tous ces objets, ou bien elle ira en prison.

— Madame, je vous en conjure, réfléchissez! Wilhelmine est une honnête fille, j'en répondrais sur ma vie... La vérité a des accents auxquels on ne saurait se méprendre...

— Allons donc! on joue très-bien la comédie.

— Non, pas de cette façon..... Depuis quatre jours Wilhelmine est en proie aux plus abominables tortures... Elle m'a conjuré de vous écrire, et je l'aurais fait si j'avais eu votre adresse; elle réclamait la lumière à grands cris... Or, la lumière ne profite qu'aux innocents; loin de la rechercher, les coupables la fuient. Si elle avait été capable de commettre le vol dont vous la soupçonnez, elle eût gagné du temps; vous ne vous servez pas fréquemment des objets qui ont disparu d'une façon si bizarre et si inexplicable... elle aurait pu prendre la fuite... que sais-je?

— La justice sera plus habile que nous, et saura bien découvrir la vérité. »

Je frémissais en songeant à l'effet que produirait sur la malheureuse Wilhelmine une accusation infamante! J'envisageais avec terreur les lenteurs et les erreurs de la justice, une détention peut-être bien longue dans une prison... Je voulais arracher à tout prix cette infortunée à ces périls, et je me souvins tout à coup d'une parole qu'elle avait prononcée : Mlle Vérin a tous ses secrets... elle ne la sacrifiera pas... » Quels étaient ces secrets? y en avait-il vraiment? S'agissait-il de quelques sommes d'argent qui lui auraient été procurées par l'entremise de Mlle Vérin? Peu m'importait; je résolus de risquer l'emploi de cette vague indication.

« Vous avez trop bon cœur, Madame, pour ne point ménager une malheureuse servante, emmenée par vous dans un pays où elle est tout à fait étrangère; elle est innocente; ne soyez pas généreuse à demi...

— Perdre quarante mille roubles!

— D'ailleurs, » dis-je en baissant la voix, « Dieu sait ce qu'une instruction révélerait!

— Que voulez-vous dire?

— Seulement ceci : vous frapperiez une innocente, et peut-être découvririez-vous une culpabilité qui vous serait pénible à constater.

— Vous aussi, vous vous liguez contre cette bonne Mlle Vérin?

— Non, Madame, il n'y a pas de parti pris chez moi, et je m'efforce d'écarter des soupçons qui, je l'espère, ne sont pas fondés... Mais si Wilhelmine me cite comme témoin à la décharge, je serai forcée de dire la vérité... de déclarer que Mlle Vérin est rentrée dans votre chambre après votre départ, qu'elle est sortie peu après, qu'elle est partie immédiatement, à l'extrême surprise de tous vos gens, persuadés qu'elle devait rester ici jusqu'au lendemain.

— Vous témoigneriez contre moi... vous?

— Je témoignerai pour la vérité, en faveur d'une innocente, je l'affirme. Je dirai qu'elle ne m'a point quittée pendant vos préparatifs de départ, qu'elle ne s'est rendue dans votre chambre qu'après en avoir vu sortir Mlle Vérin...

— Vraiment, celle-ci est entrée chez moi?» fit Mme Aristchikof avec un singulier sourire.

« Oui, Madame; et ce fait a surpris et même inquiété Wilhelmine au moment où il s'est produit. »

Je m'apercevais que la possibilité de voir impliquer Mlle Vérin dans cette triste affaire avait fait plus en faveur de Wilhelmine que toutes mes adjurations... Et cependant il fallait insister plus sur la bonté de Mme Aristchikof que sur les craintes que pouvait lui inspirer le danger couru par sa confidente... Il fallait solliciter sa générosité alors que l'on eût eu le droit de demander fièrement justice...

Dans la crainte de voir condamner une innocente, il fallait ménager celle que ma plus ferme conviction indiquait comme la véritable coupable... Ce que l'on obtenait de sentiments inavouables, il fallait l'attribuer hautement à une générosité sans bornes... Je le fis... Je mentis à toutes mes convictions; je fis taire toutes mes répugnances, je m'agenouillai même devant Mme Aristchikof, pour la supplier, au nom de sa bonté, de l'*amitié* qu'elle m'avait si généreusement témoignée, d'épargner Wilhelmine... C'était un triomphe pour elle, une jouissance pour son caractère despotique, une satisfaction pour son âme injuste, de voir le droit humblement prosterné à ses pieds, et sollicitant de n'être point puni, de ne point supporter le déshonneur et le châtiment qui auraient dû être le partage de la culpabilité. En demandant cette grâce, en l'obtenant, je lui créais des droits nouveaux à ma reconnaissance, forcément affaiblie par ses procédés... Elle calcula tout cela très-rapidement, — tout aussi rapidement que je le calculais moi-même, — et après m'avoir fait répéter à satiété qu'elle était grande, bonne, géné-

reuse, elle consentit à ne point faire poursuivre Wilhelmine.

La dette que j'avais contractée envers cette
brave fille pour tous les soins que seule elle
avait eu la pitié de m'accorder, se trouvait
ainsi presque acquittée ; mais mon succès
m'inspira quelque tristesse... Je sentais que
j'avais abaissé devant une personne injuste
la majesté du droit qu'elle n'était que trop
disposée à mépriser. Mais quoi ! Wilhelmine,
domestique obscure, étrangère, pouvait-elle
lutter avec sa puissante maîtresse? Pouvait-elle
fournir des preuves suffisantes de son innocence, en portant à son tour une accusation
basée sur son propre témoignage, nécessairement considéré comme suspect? Non, sans
doute ; il avait fallu avant tout écarter le péril
qui la menaçait. Je me réservai de l'engager à
rejoindre sa mère dès qu'elle pourrait s'éloigner sans courir le risque de confirmer les
soupçons injustes dont elle avait été l'objet ;
je comprenais qu'il n'y avait aucune possibilité de préserver sa dignité et d'assurer sa
sécurité en restant près de Mme Aristchikof, et
je résolus de la quitter dès que j'aurais à peu

près recouvré mes forces. Elle ne fit pas la moindre allusion à la visite de M. de S... et j'imitai son silence ; cette visite avait coïncidé avec un dernier et violent accès de ma maladie ; elle pouvait croire que j'avais ignoré cette circonstance.

Je suivis Mme Aristchikof dans sa chambre, et peu après elle manda Wilhelmine, qui s'avança en chancelant, pâle, les yeux rouges...

« Je suis trop bonne et trop juste, » dit Mme Aristchikof, « pour porter une accusation dont la vérité ne m'est pas démontrée... Rassurez-vous, Wilhelmine, je n'userai pas de mes droits...

— Madame croit que c'est moi qui ai pris ces objets, » dit Wilhelmine en suffoquant... « Madame croit que je suis une voleuse, et elle veut bien me pardonner ? »

Pauvre fille ! Elle ignorait encore, elle ne voulait pas apprendre qu'il y a des situations dans lesquelles on est forcé d'accepter, ou même de solliciter comme une grâce, l'impunité qui est le droit de l'innocence... Le sourcil de Mme Aristchikof se fronçait... Elle avait

réussi à donner une apparence de magnanimité au calcul qui lui conseillait l'abstention,
et il lui déplaisait de n'être pas prise au mot,
de ne pas bénéficier à la fois de l'apparence
et de la réalité... Je me hâtai d'intervenir.

« Si Madame vous croyait coupable, » lui
dis-je doucement, « elle ne vous garderait
pas près d'elle.

— Sans doute, » fit Mme Aristchikof avec
quelque contrainte ; « ainsi calmez-vous, et
laissez-nous. »

En ouvrant la porte pour se retirer, Wilhelmine se trouva en face de Mlle Vérin.... Elles
échangèrent un regard dont l'expression me
frappa.... Chez Wilhelmine il y avait une fierté
douloureuse... Chez Mlle Vérin, un trouble,
bientôt dominé par une menace indirecte.

« J'ai appris votre retour, Madame, » dit
Mlle Vérin, « et je me suis hâtée de venir vous
rendre compte des diverses petites affaires
dont vous m'aviez remis le soin. »

Je fis un mouvement pour me retirer.

« Restez, restez, ma chère... il n'y a point
de mystères... seulement quelques lettres que
je n'avais pas eu le temps d'écrire moi-même,

et dont je ne pouvais vous charger, vu votre
état de maladie.

— Vous êtes toujours souffrante, Mademoiselle? » dit Mlle Vérin en s'adressant à moi
avec un air de condescendance.

« En effet, Mademoiselle.

— Je pense que vous avez maintenant le
renseignement que je n'ai pu vous donner.
Les objets sont retrouvés?

— Quels objets?... » demanda Mme Aristchikof avec une expression de candeur et
d'étourderie admirablement jouée.

« Les dentelles et l'agrafe de diamants, »
répondis-je avec une certaine brusquerie.

« Ah!... » fit Mme Aristchikof... « Mais oui,
ils sont retrouvés, ou plutôt ils n'existent plus
pour moi; je les ai donnés à une personne
que j'aime beaucoup. »

Quelque empire qu'elle eût sur-elle-même,
Mlle Vérin n'entendit pas cette réponse singulière sans que sa physionomie exprimât quelque anxiété, puis quelque confusion; mais ce
fut seulement un éclair.

« Tant mieux, Madame, » dit-elle avec une
parfaite tranquillité, car il est bien cruel d'a-

voir à soupçonner ceux qui vivent près de nous. »

C'en était trop; tout ce que j'entendais, tout ce que je soupçonnais m'inspirait une indignation que je craignis de ne pouvoir complétement dominer; je me levai, en balbutiant une excuse empruntée à ma récente maladie, et m'éloignai appuyée sur Anika, que sa maîtresse avait fait appeler.

Je trouvai dans ma chambre Wilhelmine, qui préparait mon lit en gardant un silence farouche; elle m'aida à me recoucher, puis me dit tout à coup :

« N'est-ce pas une terrible maison que celle-ci, où les bons sont traités comme les méchants, et les méchants honorés comme s'ils étaient bons?

— Cette maison, » répondis-je avec une triste amertume, « est l'image du monde, ma pauvre Wilhelmine.

— On me *pardonne* à moi, qui n'ai fait aucun mal, et on reçoit avec amitié cette vol....

— Je vous prie de ne jamais dire ce mot devant moi.

— Mais on sait bien, » poursuivit Wilhelmine, « pourquoi on la traite si bien. »

Je confesse ici que j'aurais dû refuser de
prêter l'oreille à ces commentaires d'anti-
chambres, mais je n'eus pas le courage de
repousser des lumières qui pouvaient un jour
me devenir bien utiles.

« ... Oui, on le sait. Madame, qui aurait
pu vivre tranquille au grand jour avec sa
belle fortune, s'est embarquée dans une
quantité de petites intrigues pour lesquelles
il lui faut toujours l'assistance de personnes
qui ne sont pas si honnêtes que vous... Oui,
voilà pourquoi elle s'est attachée à Mlle Vérin,
quoiqu'elle la connaisse bien; elle l'a employée déjà à écrire des lettres anonymes à
deux ou trois personnes qu'elle déteste....
Maintenant, il s'agit d'obtenir de Mme Sowralski le prêt d'une somme considérable,
parce qu'elle voudrait bien encore voyager,
et qu'elle n'a plus du tout d'argent. Elle espère que Mlle Vérin l'aidera dans ce projet.

— C'est bon, Wilhelmine, » dis-je en interrompant ces explications; «je vous prie, si

vous avez un peu d'amitié pour moi, de ne jamais me parler de tout cela... De plus, je suis bien fatiguée aujourd'hui...

— C'est vrai ! Pardonnez-moi, ma bonne demoiselle... Vous seule m'avez témoigné un peu d'intérêt, et voilà que j'abuse de votre bonté. »

Ce qu'elle m'avait dit de la variété de services rendus par Mlle Vérin à Mme Aristchikof n'avait malheureusement rien que de vraisemblable d'après ce que je connaissais de celle-ci ; elle n'admettait d'autre loi que son caprice, d'autre guide que sa passion du moment ; quand elle concevait un désir, elle s'établissait dans la perspective de sa réalisation, sans jamais compter avec la possibilité d'atteindre le but qu'elle poursuivait ; pour y arriver, elle eût tout sacrifié, en se disant qu'après tout cette fougue était un signe de race, que les principes de justice et de délicatesse étaient des entraves acceptées seulement par les âmes vulgaires, attachées par la poltronnerie à un joug quelconque. Bien entendu, cette appréciation ressortait de ses actions plutôt que de ses paroles, car elle se complaisait beaucoup dans l'apparence de la magnanimité et de la bonté, et consentait même à dépasser l'apparence, pourvu qu'il ne lui en coûtât pas le sacrifice de sa marotte du moment.

Il paraît que l'emprunt projeté ne réussit pas du premier coup, car nous restâmes à la campagne, et mon entière convalescence coïncida avec le départ de Mme Sowralski, et par conséquent de Mlle Vérin. La fille aînée de Mme Sowralski était un peu souffrante, et devait, par ordre du médecin, passer une ou deux saisons dans le midi de la France ou de l'Italie.

On doit penser que, remise de ma maladie, guérie de mes illusions, de *toutes* mes illusions, je devais aspirer à quitter Mme Aristchikof? J'en avais le dessein fermement arrêté... et pourtant je restai... Les mois et même les années s'écoulèrent sans que j'aie réussi à effectuer ce projet. Elle était redevenue plus affectueuse que jamais pour moi, parce que je lui étais indispensable dans cette solitude; son esprit s'y dévorait, et elle éprouvait souvent des accès de mélancolie. Quand huit jours se passaient sans avoir reçu la visite de ses voisines, Mme Aristchikof s'assombrissait; elle pleurait fréquemment, elle me répétait qu'elle n'avait d'autre consolation en ce monde que mon affection; elle m'affirmait qu'elle m'aimait tendrement ; peut-être même disait-elle vrai en ce moment. On peut tout attendre, tout croire, tout craindre de ces caractères uniquement soumis à la sensation, et étrangers aux sentiments; tout leur est possible, le bien comme le mal, la grandeur comme la bassesse, la prodigalité comme la parcimonie, la sincérité comme la duplicité; étranges organisations, diplomates à toute heure, avec tout le monde, et forçant tous ceux qui vivent dans leur voisinage à pratiquer à leur tour, du moins à titre défensif, les ruses de la diplomatie.

Pour quitter Mme Aristchikof, il fallait d'ailleurs obtenir la restitution de la somme que je lui avais prêtée quand nous avions quitté Vienne. Or cette restitution semblait fort difficile à effectuer. J'ai toujours éprouvé une répugnance invincible à traiter les questions d'argent; je subvenais à mon entretien avec les appointements qui m'étaient irrégulièrement et incomplétement payés, et je n'osai tenter qu'une ou deux fois la réclamation de la chétive somme qui représentait tout mon avoir; encore employai-je des termes si vagues, que Mme Aristchikof put ne pas comprendre ma demande. Une fois je m'exprimai plus positivement, et elle me répondit d'abord, en plaisantant, qu'elle se considérait comme ma tutrice, et que cette somme ne me serait pas remise sans que je lui aie fait connaître sa destination.

« S'agit-il de placer cet argent? » ajouta-t-elle. « Eh bien ! il est placé chez moi, et vous rapportera des intérêts.

— Supposons, » lui répondis-je sur le même ton de plaisanterie, « que je veuille retourner en France? »

Elle devint subitement sérieuse, me demanda si je serais assez ingrate pour la quitter, s'attendrit sur elle-même, et enfin ajouta qu'elle espérait me reconduire bientôt dans mon pays, en faisant le voyage par Constantinople, qu'elle désirait voir.

Trois années s'écoulèrent ainsi... de longues, tristes et difficiles années... dans cette atmosphère fantasque, privée de franchise, fréquemment traversée par des bourrasques d'injustices; il me semblait que mon niveau moral s'abaissait lentement mais continuellement; il me paraissait que je me familiarisais avec la duplicité des autres, et que je ne retrouvais plus en moi cette intensité d'indignation qui était le témoignage de ma santé morale; j'étais injuste pour l'action du temps, injuste aussi pour la forte éducation que me donnait l'exemple d'autrui, car si je me dépouillai d'une certaine âpreté de sentiment qui fait partie de la jeunesse de l'âme, je n'eus jamais, Dieu merci !... la tentation d'imiter ceux dont j'étais entourée.

Pendant ces trois années Mme Aristchikof fit de fréquents voyages à Saint-Pétersbourg; elle ne m'y emmena jamais; je restais seule en son absence dans cette grande maison, vide et silencieuse, et je n'aurais pu sup-

porter cette solitude si le travail ne me fût
venu en aide; je dessinai avec plaisir, bientôt je dessinai avec passion, et, dès ce jour,
je ne fus plus seule, puisque le travail con-
jurait les tristes visions créées par l'isolement. J'avais vaincu en moi le souvenir
auquel j'avais longtemps attaché tant d'importance; j'avais compris que M. de S.... n'a-
vait pas les solides qualités auxquelles on
s'attache pour la vie, et son indifférence
aidant, je l'avais banni sinon de ma mémoire,
du moins de mon cœur.

Wilhelmine était retournée à Vienne,
d'après mes conseils bien désintéressés,
puisqu'elle avait été remplacée par une
femme déplaisante, hypocrite, une sorte de
Mlle Vérin.

Durant le dernier hiver, passé à la campagne, je reçus un jour la visite d'un négociant français, domicilié à Moscou; il venait
réclamer de Mme Aristchikof le payement d'une
note qui remontait déjà à un certain nombre
d'années. Mme Aristchikof était à Saint-Pétersbourg; mais, usant de l'autorisation qu'elle

m'avait donnée, et des instructions làissées pour exercer l'hospitalité envers tous les visiteurs, j'engageai mon compatriote à dîner. Il se nommait M. Vialon ; son caractère était fort expansif, et il ne tarda pas à me confier toutes ses affaires : il faisait à Moscou un commerce à peu près universel, vendant indifféremment des meubles et des voitures, des vins de Champagne et des pots de pommade contre les rides. Certes M. Vialon n'avait pas une grande distinction ni une grande instruction, mais il était Français, mais sa présence rompait l'accablante monotonie de mon existence, et je me trouvai presque heureuse ce jour-là.

Il aperçut sur une table le jeu d'échecs qui servait souvent à Mme Aristchikof pour faire une ou deux parties avec moi.

« Tiens ! vous jouez aux échecs ? » dit-il; « c'est rare chez les demoiselles.

— Je suis presque une vieille fille, » répondis-je en souriant, « puisque j'ai eu vingt-cinq ans..... Je joue en effet aux échecs, et avec beaucoup de plaisir.

— Voulez-vous faire une partie?

— Certainement.….. » Et je vins m'asseoir en face de M. Vialon, qui rangeait déjà les pièces sur l'échiquier.

« Il y a bien six mois que je n'ai pris place près d'un échiquier, « dit M. Vialon.… « Oui, ma foi ! il y a bien cela, puisque je n'ai pas joué depuis mon dernier voyage en France….. Ce fut même une belle partie….. avec un joueur qui n'est pas commode… A-t-il un caractère grincheux, ce Marrest !

— Vous dites…? » fis-je en levant la tête… « Marrest ?

— Oui ; est-ce que vous le connaissez ?… Antoine Marrest. »

Je pâlis, car ce nom évoquait en moi les plus cruels et les plus doux souvenirs.. C'était le frère de ma mère… c'était aussi l'être qui nous avait si durement repoussées. Prenant rapidement mon parti, je répondis :

« Non, je ne le connais pas, quoiqu'il soit le frère de ma mère.

— Quoi !… Pas possible !… Quoi ! Antoine Marrest serait votre oncle ?… et vous ne le connaissez pas ?

— Il n'a pas tenu à me connaître, ou plu-

18.

tôt il a tenu à ne pas me connaître, » répondis-je tristement.

« Quel singulier être... Ah mais ! c'est que je vais lui écrire, moi... Je lui dirai que ce n'est pas beau du tout, de laisser sa propre nièce, sa nièce unique, chez des étrangers... et encore dans des maisons qui baissent, qui baissent...c'est effrayant ; car, entre nous soit dit, elle est dans de bien mauvais draps, Mme Aristchikof... Je lui dirai tout cela, foi de Prosper Vialon.

— Je vous suis bien obligée de cette bonne intention, Monsieur, mais je vous saurai un gré infini de ne pas donner suite à ce projet.

— Pourquoi donc ?

— Parce que je ne veux rien demander à mon oncle.

— Demander !... Vous ne devriez rien avoir à lui demander... Il lui reste encore de la fortune, quoiqu'il ait perdu pas mal d'argent avec un filou qu'il croyait un honnête homme... Enfin, que diable ! il pourrait bien vous avoir près de lui ! Soyez tranquille, je ne le lui demanderai pas... mais vous ne pouvez m'empêcher de lui écrire que je vous ai vue ?

La partie d'échecs fut jouée à la satisfaction de M. Vialon ; il m'accorda beaucoup d'éloges, déclara qu'il n'avait jamais vu de femme jouer aussi sérieusement que moi, affirma que ce goût lui donnait la meilleure opinion de la solidité de mon intelligence, et enfin s'écria :

« Ah ! si je n'étais pas marié ! je demanderais à cet ours d'Antoine la main de sa nièce.

— Cette nièce ne compte peut-être pas se marier.

— C'est vrai !... Il y aurait encore cet obstacle... D'ailleurs, il y a Mme Vialon, » ajouta-t-il gaiement... « C'est égal, vous jouez aux échecs, vous feriez bien l'affaire d'Antoine... Cela et la table, ce sont les deux seules passions qu'il ait. »

M. Vialon repartit pour Moscou ; j'attendis Mme Aristchikof quelques semaines encore..... Enfin elle arriva ; elle semblait rayonnante ; du plus loin qu'elle m'aperçut, elle s'écria :

« Faites vos préparatifs, nous allons partir ! »

Partir ! ce mot représentait la délivrance. Le départ, il est vrai, ne modifiait pas la situation précaire qui était la mienne ; il ne me

rendait ni l'indépendance ni la dignité dont
j'avais fait l'abandon pour éviter le travail
obscur, la médiocrité besogneuse qui étaient
mon lot ; il ne m'affranchissait pas de cette
pénible existence passée à prévoir ou bien à
subir un caprice, une humiliation quelconque,
de cette oppression incessante causée par la
terreur qu'inspire un caractère toujours soumis à la passion, toujours en deçà ou bien au
delà de la justice, mais enfin ce départ m'enlevait au triste séjour dans lequel je venais de
passer trois années. En consentant à suivre
Mme Aristchikof pour partager son existence
élégante, pour recevoir d'elle les jouissances
du luxe en échange de ma fierté et de mon indépendance, j'avais vendu mon droit d'aînesse
pour un plat de lentilles ; les événements s'é-
taient rangés de telle sorte que je n'avais pas
même reçu le honteux prix de ce marché. Au
lieu de la vie large et fastueuse, des voyages
intéressants, des réunions fines et spirituelles
dont je devais prendre ma part, je venais de
passer les plus belles années de ma jeunesse
dans une laide campagne russe, recueillant
ainsi tous les inconvénients de la situation que

j'avais acceptée, sans obtenir aucune des compensations que j'espérais.

Sans doute j'aurais pu, j'aurais dû quitter Mme Aristchikof, mais la force de l'habitude, la crainte de l'inconnu, l'effroi des hasards et des douleurs que je pouvais rencontrer en me jetant toute seule dans ce vaste monde, me retinrent près d'elle ; elle détenait d'ailleurs tout ce que je possédais, et tant qu'elle ne m'aurait pas rendu cette faible somme, je ne pouvais littéralement disposer de cent francs. Or il me fallait des ressources relativement considérables pour entreprendre un voyage long, et par conséquent coûteux.

Les préparatifs furent bientôt faits. Au moment où, vêtues de nos costumes de voyage, nous allions monter en voiture, Mme Aristchikof se rendit près de moi portant une cassette.

« Tenez, » me dit-elle, « je vous confère les fonctions de caissière ; je ne sais pas garder de l'argent : il coule à travers mes doigts comme si ma main contenait de l'eau au lieu d'or ; désormais vous vous chargerez de la dépense ; nous ne sommes pas bien riches.....

j'emporte seulement six mille francs, mais je trouverai de l'argent à Constantinople, puisque je me suis munie d'une lettre de crédit sur la maison B.... »

Je connaissais assez Mme Aristchikof pour que les fonctions de *caissière* m'effrayassent un peu ; je prévoyais en effet qu'elle serait maîtresse de la dépense, et que j'en serais responsable, mais je ne pouvais refuser de remplir près d'elle une fonction d'utilité..... La dépendance dans laquelle je vivais ne peut s'alléger que par la conscience des services que l'on rend, et jusqu'ici je lui avais été bien inutile.... Il me tardait de gagner enfin les appointements qu'elle me payait, rarement il est vrai, et je ne fis aucune objection à cet arrangement; seulement je vérifiai devant elle le contenu de la cassette..... J'y trouvai en effet six mille francs en or. Nous nous mîmes en route.

Le voyage s'effectua rapidement. En changeant chaque jour d'horizons, ma compagne semblait renaître; son visage perdait la mauvaise expression que j'avais si souvent constatée avec effroi... Elle redevenait l'aimable, l'affectueuse Mme Aristchikof, telle en un mot que je l'avais connue autrefois.

Les premiers jours qui succédèrent à notre arrivée à Constantinople furent une féerie, un éblouissement pour moi. Je n'ai pas le talent nécessaire pour raconter ici mes impressions de voyage, mais je puis dire que l'on ne sent nulle part au monde le bonheur de vivre, dans toute son intensité, autant qu'à Constantinople; ce bonheur se compose uniquement de la contemplation des paysages les plus admirables et les plus variés : voir, regarder, et recommencer à voir, à regarder, à admirer, voilà tout; mais cela suffit pour bercer, et même pour engourdir la pensée, pour développer une sensualité poétique sans doute, mais ennemie de tous les sentiments énergiques, de toutes les préoccupations intellectuelles.

Quinze jours environ après notre arrivée, j'étais seule à l'hôtel, Mme Aristchikof assistant à un grand dîner chez l'ambassadeur de Russie; le valet de chambre vint me demander si je consentais à recevoir une visite, et me remit en même temps une carte de la personne qui demandait à me voir; j'y lus le nom du comte de S... Je jugeai rapidement qu'il serait malséant de refuser cette visite, et peu après on introduisit M. de S.....

La conversation s'engagea aussi naturelle qu'*autrefois*, avec un accent d'intérêt presque affectueux, qui avait une grande séduction venant d'un être si généralement froid et si continuellement caustique. Il me dit qu'il avait voulu voir Constantinople; qu'ayant appris l'arrivée de Mme Aristchikof, il venait lui serrer la main; que ne la trouvant pas chez elle, il n'avait pu résister au désir de me demander de mes nouvelles..... Il me témoigna beaucoup d'intérêt, me demanda si je ne comptais pas retourner bientôt dans mon pays, m'engagea vivement à ne point m'*éterniser* près de Mme Aristchikof, qui était très-bonne, sans doute, mais n'aimait pas ce qui durait longtemps... Puis, après avoir ainsi causé pendant près d'une heure, il se leva tout à coup et me quitta.

Mme Aristchikof rentra vers dix heures; ma chambre était séparée de la sienne seulement par une porte qui s'ouvrait de son côté. Je l'entendis d'abord causer à voix basse avec la servante qui avait succédé à Wilhelmine... De temps en temps mon oreille percevait une brève exclamation interrompant le récit de la femme de chambre.... Le ton de ces exclamations me glaça d'effroi.... Ce ton semblait remplir le rôle des éclairs dans la préparation d'un orage. « Mon Dieu! » me disais-je, « qu'a-t-elle donc? S'agit-il de moi? C'est peut-être la visite de M. de S.... qu'on lui raconte, et dont elle s'irrite. »

Tout à coup la porte s'ouvrit; Mme Aristchikof entra. Il me serait impossible d'oublier jamais l'expression menaçante, hautaine, haineuse, du pâle visage qui s'avançait vers moi. Je me levai épouvantée.....

« Mademoiselle, » dit-elle en faisant un violent effort pour se contenir, « j'ai supporté beaucoup de choses..... il en est que je ne supporterai pas. Depuis bien des années je vous ai comblé de bienfaits, je vous ai recueillie lorsque vous n'aviez ni un abri ni un morceau de pain; je vous ai témoigné la tendresse d'une mère et d'une sœur..... Comment avez-vous reconnu ces bontés?.... Par la plus noire, la plus abominable ingratitude. C'est sous mon toit, dans la chambre payée par moi, avec les vêtements que je vous donne, que vous tentez de m'enlever mes plus chers amis, en employant les menées les plus perfides..... Vous me diffamez à leurs yeux, vous me calomniez pour les détacher de moi!... C'en est trop; je vous renvoie, entendez-vous? je vous chasse, et sur l'heure.

— J'ignore, Madame, » répondis-je en tremblant de douleur et de confusion, « j'ignore complétement les faits qui peuvent m'attirer un langage si outrageant..... La justice veut au moins que vous les précisiez, et j'ai le droit de vous demander quelle est l'accusation que vous portez contre moi.

— La justice!.... vous avez le droit!... Vous êtes amusante, vraiment!.... J'ai le droit, moi, si cela me plaît, de ne rien vous dire du tout et de vous renvoyer.

— Pardon, Madame; vous avez le pouvoir, mais non le *droit* d'agir ainsi, ce qui est bien différent.

— Ce sont des disputes de mots... J'ai le pouvoir, donc j'ai le droit... Mais, qu'importe tout cela?.... Nierez-vous que vous ayez reçu cette après-midi la visite de M. de S....?

— Non, Madame; pourquoi le nierais-je?

— Vraiment? Et vous croyez que vous êtes près de moi pour recevoir des visites? Vous ignorez donc que vous n'êtes rien que par moi?

— Je l'ai appris, » répondis-je douloureusement.

« Et pensez-vous que ces visites doivent être employées à des dénonciations calomnieuses? Croyez-vous que je ne sache pas que vous avez parlé de moi, non avec la reconnaissance, avec l'affection que vous me devez, mais en critiquant mon caractère? Ce n'était pas la première fois, bien évidemment, que vous vous livriez à ces honorables intrigues, et cette découverte m'explique certaines mauvaises dispositions... Ah! vous avez manœuvré pour tourner la tête à M. de S.... Eh bien! vous en serez pour vos peines, sachez-lé bien.

— Avant de répondre à cette odieuse accusation, Madame, je me dois de vous prévenir que depuis longtemps, depuis bien longtemps, je désirais quitter votre maison.

— Ah! oui, depuis que vous n'y voyiez plus M. de S....

—Non, Madame, pendant que je l'y voyais.... Je n'ai pas tardé à comprendre qu'en renonçant à une vie laborieuse pour vous suivre, j'avais sacrifié la fierté à la vanité. J'oppose à vos allégations le démenti le plus absolu... Je ne vous ai jamais critiquée, ni près de M. de S.... ni près d'aucune autre personne. Je n'ai jamais eu la sotte prétention de lui *tourner la tête*, comme vous dites, ces manéges étant inconnus dans notre modeste condition.

— Cela n'est pas vrai; on a entendu votre conversation tantôt.

— Si on l'a entendue, Madame, » dis-je, sans pouvoir résister au plaisir de faire à mon tour une blessure à cette femme qui m'accablait d'outrages, « si votre espion vous a fidèlement rendu compte de cette conversation, on a dû vous dire que c'est M. de S.... qui, sans vous critiquer précisément, et en rendant justice à quelques-unes de vos qualités, m'engageait à vous quitter pour retourner dans mon pays. »

A ces mots le visage de Mme Aristchikof se contracta davantage encore.....

« Sans doute, » fit-elle en me toisant avec mépris, « la France est proche de la Belgique..... M. de S..... va retourner dans son pays..... A merveille, Mademoiselle ! poursuivez le cours de votre honorable carrière.

— Je reconnais qu'elle eût été plus honorable si, dans mon inexpérience, je n'avais accepté votre funeste hospitalité..... Mais je vous affirme que cette *carrière*, comme vous dites, sera honorable, car désormais elle sera remplie par le travail.

— Taisez-vous..... taisez-vous, » balbutia Mme Aristchikof, en proie à la plus violente exaspération..... « Au lieu de vous humilier, de solliciter ma pitié, vous me bravez !...

— Non, Madame, je me défends ; injustement attaquée, je me dois à moi-même de combattre des allégations outrageantes.

— C'est bien..... Vous vous en irez demain..... Vous rendrez vos comptes.... pas à moi..... je ne peux plus vous voir..... je chargerai quelqu'un de régler tout cela.

— Vous voudrez bien, Madame, me faire restituer la somme que je vous ai prêtée à Vienne.

— La somme?.... Ah ! oui.... C'est bien.... Je vous vois pour la dernière fois.... »

Et regagnant sa chambre, Mme Aristchikof en frappa la porte avec une violence vulgaire, et ferma la serrure à clef.

Ainsi, la crise depuis si longtemps pressentie avait éclaté..... Quel langage j'avais dû entendre ! Quels outrages il m'avait fallu supporter ! La colère, la douleur, l'humiliation, se partageaient mon âme et m'enlevaient momentanément la conscience de ma situation précaire. J'étais d'autant plus impardonnable à mes yeux d'avoir subit cet éclat, que depuis longtemps déjà ma conviction était formée ; je savais qu'il n'est rien d'élevé à attendre d'un caractère dépourvu de justice ; que la bonté, la générosité, la délicatesse, n'y sont que des *accidents heureux*, pouvant se démentir suivant les circonstances, car ils n'ont aucune racine dans le sol sur lequel ils se produisent inopinément.

Il était évident que la femme de chambre de Mme Aristchikof lui avait fait un récit mensonger..... que le nom de celle-ci, prononcé par M. de S...., avait suffi pour lui faire échafauder un rapport empoisonné..... Mais il était évident aussi pour moi que le rapide succès de cette intrigue avait dû être préparé par Mlle Vérin. En général, les caractères vils et intéressés qui pullulent autour des personnes riches et prodigues, se liguent instinctivement contre ceux qui ne leur ressemblent pas ; une sorte de franc-maçonnerie s'établit entre ces êtres, qui ont tous les vices de la domesticité sans avoir aucune de ses qualités; ils s'entendent à travers le temps et l'espace pour écarter de leur proie les caractères qui ne se prêteraient pas à les seconder, et dont l'exemple seul suffirait peut-être pour éclairer sur leur compte la dupe qu'ils exploitent. Entre ceux-là et ceux-ci, du reste, la lutte est trop inégale et ne serait pas possible : les uns flattent les mauvaises passions, excitent les mauvais instincts, et transforment les défauts en qualités, au besoin les vices en vertus; les autres au contraire ne descendent pas à la flatterie, et, lors même qu'ils s'abstiennent du blâme, leur existence même n'est-elle pas une vivante critique des caractères qui ne leur ressemblent pas?

Je ne dormis pas cette nuit; je fis mille projets... mais je m'arrêtai à la seule décision qui me parût raisonnable : je retournerais à X***, et là, j'essayerais d'établir un petit externat; je ne doutais pas, — à son honneur, — de l'aide que je trouverais en M. Merlet pour réaliser ce dessein.

Le lendemain j'appris, par l'une des femmes de chambre de l'hôtel, que Mme Aristchikof était partie, et devait rester absente pendant toute la journée; qu'avant de partir elle avait prévenu l'aubergiste que ma dépense ne la concernait plus. Je ne pus m'empêcher d'éprouver beaucoup de mépris pour cette mesquine précaution, et j'attendis *la personne* chargée de régler mes comptes.

Un jeune homme employé à l'ambassade russe se présenta vers une heure; il était parfaitement distingué, tout à fait poli, et semblait assez embarrassé de la mission qu'il remplissait.

Il vérifia avec moi les notes de la dépense, la somme qui restait encore dans la cassette appartenant à Mme Aristchikof. J'allais lui remettre les clefs, lorsque je me ravisai tout à coup, et demandai à mon *contrôleur* s'il n'était pas chargé de me rendre la somme qui m'était due par Mme Aristchikof.

« En effet, » me dit-il en se troublant un peu... Il ouvrit un portefeuille, y prit une liasse de papiers..... « Voici, » dit-il, « 2,500 francs, montant de la dette de Mme Aristchikof.

— Mais ce sont des papiers autrichiens?

— En effet.

— Vous n'ignorez pas, Monsieur, qu'ils perdent 25 pour 100.

— Mademoiselle, je ne sais pas..... J'agis suivant les instructions qui m'ont été données.

— Je n'en doute pas, Monsieur, mais je ne saurais accepter ce mode de payement, qui me fait perdre le quart de la somme prêtée par moi à Mme Aristchikof; qu'elle ne paye aucun intérêt pour cette somme, fort bien, cela la regarde, et je me trouverai heureuse d'éviter au prix d'un peu d'argent tout débat avec elle ; qu'elle passe sous silence un arriéré assez considérable des appointements qu'elle m'avait attribués, j'y souscris volontiers... mais qu'elle me rende en une monnaie dépréciée une somme que je lui ai prêtée en or de France, voilà ce que l'équité se refuse absolument à admettre ; en conséquence, Monsieur, je prends dans la cassette de Mme Aristchikof 2,500 francs *en or*, comme je les lui ai prêtés ; j'y remets les papiers autrichiens, et vous prie, Monsieur, de lui expliquer tout cela, en lui portant ses comptes et sa cassette.

— Cela me semble juste, en effet, » répondit le *chargé d'affaires*, qui paraissait un peu honteux de la transaction qu'il m'était venu proposer, ou plutôt *imposer* ; il me salua, et se retira.

Je demandai à changer de chambre, pour m'éloigner de Mme Aristchikof, et aussi pour payer un loyer moins élevé ; je comptais partir dans deux ou trois jours, sur le premier bâtiment retournant en France. Vers le soir, une femme de service vint m'apporter une tasse de thé; il m'avait été impossible de manger depuis la veille. Elle semblait être très-bavarde, passablement grossière, et me dit en me regardant en dessous :

« Je crois que vous allez avoir une mauvaise histoire.

— Vraiment?

— Oui; votre maîtresse est rentrée il y a une heure environ, elle a beaucoup crié..... Elle dit que vous lui avez volé de l'argent dans la cassette qu'elle vous avait confiée.

— Ah! elle dit cela! Eh bien, vous pouvez répondre de ma part à ceux qui vous répéteront ce propos, que cette dame est une folle dangereuse et méchante... J'ai pris dans sa cassette une partie de la somme que je lui avais prêtée, et dont elle voulait, elle, me voler le quart, en me payant avec des florins d'Autriche; au surplus, je suis ici pour deux ou trois jours encore; elle peut m'attaquer. »

Je conviens que mon langage aurait *dû* être plus modéré, mais j'affirme qu'il ne *put* être plus modéré. Je ne saurais rendre l'effet affreux produit sur moi par cette odieuse et mensongère accusation; je fus pendant toute la nuit en proie à la plus pénible agitation. Le matin arriva, et lorsqu'on m'apporta mon déjeuner, on me remit une lettre. Dieu avait eu pitié de l'orpheline !

Cette lettre était de M. Vialon, et en contenait une autre qui m'était adressée; celle-ci portait le timbre de la France. Je l'ouvris en tremblant, et lus ce qui suit :

« Ma nièce,

« M. Vialon (de Moscou) m'a écrit tout récemment pour me dire qu'il vous avait rencontrée. Je vais aller droit au fait.

« Il ne saurait être question entre nous d'une vive affection, puisque nous ne nous connaissons pas; mais puisque vous gagnez un peu d'argent chez les étrangers, vous accepterez peut-être la proposition que je vous fais : vous viendrez chez moi pour vous occuper de mon ménage, et vous aurez cent francs par mois (défrayée de tout), cela vaudra mieux pour vous, je pense ; quant à un héritage, je suis franc, et je vous préviens que vous n'en avez pas à attendre de moi.

« Informez-moi si vous acceptez cette proposition, et dans le cas affirmatif, tâchez d'arriver le plus tôt possible,

« Votre oncle,   Antoine Marrest. »

Ces lignes étaient dures... Eh bien ! je les accueillis comme le signal d'un bonheur inespéré ; si mon oncle devait être pour moi froid, dur, exigeant, inique même, au moins il était mon parent...... le frère de ma mère ! Je pourrais supporter ses défauts de caractère sans que ma patience revêtît le caractère de la servilité..... En me prévenant qu'il n'avait rien à me léguer, il rassurait ma fierté, il me permettait de me consacrer à lui sans être soupçonnée de calculs cupides. Revoir mon pays !.... retrouver l'unique parent qui me restât !..... échapper aux odieux abus de pouvoir, aux dénis de justice qui m'avaient si profondément atteinte, quelle perspective ! Je me jetai à genoux ; je priai longtemps avec ferveur, jurant de me consacrer à mon oncle, de supporter toutes ses rigueurs avec patience, avec tendresse..... d'essayer enfin, à force d'abnégation et de dévouement, d'essayer, dis-je, de lui refaire un cœur.

J'écrivis aussitôt à M. Vialon pour le remercier, puis à mon oncle pour lui annoncer ma prochaine arrivée. Dans cette deuxième lettre, j'évitai soigneusement les expressions affectueuses qui, je le devinais, auraient pu effaroucher mon oncle, puisqu'il ne pouvait ou ne voulait pas se mettre à ce diapason. *Le Mentor*, bâtiment français, se mettait en route le lendemain; j'y arrêtai ma place parmi les voyageurs de seconde classe, et enfin je quittai, avec quel bonheur..... quel épanouissement! le toit qui abritait encore Mme Aristchikof.

La traversée fut des plus heureuses. Aussitôt débarquée, je me remis en route, et j'arrivai enfin à Paris, rue de Hanovre, à l'adresse indiquée par mon oncle. C'était le soir; le fiacre qui me conduisait s'arrêta devant une maison ancienne, de majestueuse apparence.

Je demandai M. Antoine Marrest à la concierge.

« Au premier, » me fut-il répondu; « vous

ne sonnerez pas, vous frapperez, car à cette heure M. Marrest fait sa sieste après son dîner, et il tient expressément à ne point être dérangé dans son sommeil; il dit que cela trouble sa digestion; vous frapperez trois coups, sans quoi les domestiques ne vous ouvriraient pas. »

Munie de ces indications minutieuses, je montai un large escalier de pierre, garni d'une belle balustrade en fer; les degrés étaient couverts d'un épais tapis. J'arrivai à la porte, et frappai suivant le programme qui m'avait été tracé; un domestique m'ouvrit silencieusement la porte, me demanda mon nom à voix basse, puis, s'inclinant avec respect, il me fit traverser l'antichambre, me conduisit dans une grande pièce confortablement meublée; puis il me quitta, et revint bientôt en précédant un valet de pied qui portait mes malles.

Peu après apparut une femme de chambre d'un âge mûr, qui se mit à ma disposition.

« Monsieur, » dit-elle, « désirait n'être pas troublé dans son repos, et il avait recommandé que l'on prît les ordres de sa nièce pour lui servir un repas. »

Cette proposition méritait d'être prise en considération ; la fatigue et l'émotion m'avaient fait négliger toute nourriture depuis que j'avais mis le pied sur la terre natale. Après la femme de chambre apparut une personne majestueuse, qui se présenta en qualité de femme de charge ; malgré la contrainte visible qu'elle s'imposait, elle me parut peu ravie de mon arrivée. Elle voulut bien cependant me donner quelques renseignements.

« La *maison*, » me dit-elle, « se compose d'une cuisinière, d'une femme de chambre, du valet de chambre, d'un valet de pied et du cocher ; ces gens sont dirigés par moi, qui suis la femme de charge. Monsieur désire avant tout la tranquillité, due à un service régulier, dont les rouages, chaque jour perfectionnés par moi, fonctionnent sans qu'il puisse être incommodé par leur mouvement. Mademoiselle veut-elle passer dans la salle à manger ? Elle y trouvera un ambigu pour lequel nous sollicitons son indulgence ; en effet, on n'était pas certain de son arrivée, et, dans le doute, on ne travaille pas aussi bien. »

La maison semblait être celle de la Belle au bois dormant; la salle à manger, superbement éclairée, était vide; je m'assis devant le seul couvert qui fût mis, et l'on me servit un repas exquis. Je compris rapidement que le culte principal de cet intérieur était le dieu confortable; tout était disposé avec la savante entente du bien-être, avec les raffinements minutieux, les recherches excessives que l'on trouvait autrefois dans la demeure de certains chanoines; on n'avait pas eu uniquement en vue de flatter les instincts un peu grossiers de la gourmandise; un luxe réel se révélait dans tous les détails du service, dans la vaisselle plate employée pour mon repas solitaire, dans les fleurs sans odeur destinées à flatter le sens de la vue sans affecter celui de l'odorat; de beaux tableaux ornaient les panneaux, un épais tapis de Smyrne couvrait le plancher; quant à la chaise sur laquelle j'avais pris place, je dus reconnaître qu'elle avait été savamment étudiée, et conçue de façon à composer le plus commode de tous les siéges.

Cet accueil me semblait d'abord assez original... Peu à peu cependant j'éprouvai un serrement de cœur... Quoi ! mon oncle possédait une fortune assez considérable pour rétribuer un tel luxe..... Et il avait laissé loin de lui sa sœur unique végéter dans une situation si voisine de la pauvreté !... Il me rapprochait de lui en m'accordant des appointements comme à l'un de ses domestiques, uniquement parce que je pouvais faire sa partie aux échecs !..... Mais je résolus de suspendre tout jugement, me démontrant que l'égoïsme porté à ce point était invraisemblable, ou bien prenait les proportions et le caractère d'une maladie mentale.

Vers neuf heures du soir on m'avertit que mon oncle désirait me voir ; je me rendis auprès de lui, le cœur battant ; il se trouvait dans une belle pièce décorée en bibliothèque.

« Bonsoir, ma nièce.....

— Mon oncle, » dis-je en balbutiant, « je suis bien heureuse de vous voir.....

— Oui...... oui..... Tenez, Aline, j'aime mieux vous dire tout de suite que je trouve assommant d'avoir quelqu'un chez soi ; il faut toujours s'occuper de ce *quelqu'un*, deviner ce qui lui convient, prévoir ce qui ne lui conviendrait pas, prendre ses heures, se gêner, en un mot, à toute heure du jour; la vie est un supplice alors, car on la sent, tandis qu'on ne peut la supporter qu'en disposant les choses de telle sorte qu'elle s'écoule sans que l'on s'en aperçoive. Mettons-nous à l'aise tout de suite; vous ferez ce qui vous conviendra, sans attendre que je vous y invite.

— Mon oncle, » lui dis-je, « vous ne m'avez pas encore embrassée.....

— Ah! c'est vrai... C'est que, voyez-vous, je ne suis pas accoutumé à ces choses ridicules que l'on appelle des effusions... Enfin, si vous le désirez, je ne m'y oppose pas... » Et rapprochant de lui ma tête, il m'embrassa au front.... « Vous ressemblez à votre père, » me dit-il en m'éloignant involontairement de lui.....

« Et vous, vous ressemblez à ma mère, » répondis-je en fondant en larmes.

« Oui... Il y a eu, dit-on, un air de famille entre nous... Cette pauvre Marguerite..... elle s'est obstinée à faire un bien sot mariage!

— Mon oncle, » dis-je avec une soudaine

fermeté, « je ne sépare pas, dans ma vénéra-
tion, la mémoire de mon père de celle de
ma mère.

— Quoiqu'il vous ait ruinées l'une et l'autre,
que vous ayez été forcées de vous expatrier et
d'aller chercher votre pain loin de votre
pays?

— Il m'a aimée!.... il m'a aimée!..... Je
ne me souviens que de cela.

— Hum!..... Enfin nous ne parlerons pas de
ce sujet ensemble. Êtes-vous fatiguée? Voulez-
vous faire une partie d'échecs?

— Je ne suis pas fatiguée du tout, et je ferai
une ou plusieurs parties, selon que vous le
désirerez.

— Oui, mais vous allez peut-être jouer par
complaisance, sans goût personnel, avec tié-
deur?

— Pas du tout; j'aime beaucoup ce jeu, et
je vous disputerai la victoire en employant
tous mes efforts pour vous battre.

— Très-bien; l'échiquier est derrière vous,
sur cette table. »

Je croyais rêver en me voyant peu après
assise en face de mon oncle. Je gagnai la pre-

mière partie, mais il l'emporta dans la partie suivante, et s'avisant tout à coup que je devais être fatiguée, il me congédia vers minuit.

Tous les jours dans cette maison s'écoulaient semblables entre eux; les efforts de tous les gens de service s'accordaient pour atteindre un but unique : donner au *maître* la plus grande somme possible de bien-être physique et de jouissances matérielles. Il recevait peu de visites, « parce qu'il est ennuyeux, » disait-il, « autant qu'absurde de se gêner pour les autres; » il se promenait chaque jour quand il faisait beau, et je l'accompagnais dans sa promenade.

Après avoir passé trois mois près de lui, je n'étais guère plus avancée que le premier jour dans l'analyse de son caractère; je n'avais aucune conviction, mais seulement quelques pressentiments, et je me disais chaque soir en le quittant : « Je ne crois pas qu'il soit mauvais. »

Il ne se faisait pas faute cependant d'admettre les doctrines les plus désolantes : selon lui, le sentiment était une duperie, ou bien un masque; il n'était pas vrai que l'on pût aimer quelqu'un, à quelque titre que ce fût; le seul être qu'il fût raisonnable d'aimer, de choyer, c'était soi-même; il n'y avait pas d'autre moyen d'éviter les plus cruelles déceptions; une affection quelconque ne représente qu'une souffrance, et pour peu qu'on eût le sens commun, on devait s'en préserver comme d'une incommodité.

Après quelques essais infructueusement tentés pour combattre ces opinions qui me semblaient monstrueuses, je résolus de le laisser exhaler sa misanthropie, qui pouvait bien être plus apparente que réelle; je reconnaissais en effet, à certains indices, à peine perceptibles, qu'il commençait, quoi qu'il en eût, à prendre un peu d'amitié pour moi; il s'enquit plusieurs fois de mes goûts et de mes préférences..... Il lui arriva même un jour de faire dételer, et de renoncer à sa promenade, parce que j'étais fortement *grippée*.

Nous nous tenions pourtant toujours dans le cercle des généralités, car il y avait plusieurs sujets importants que nous évitions d'un commun accord. Je voyais qu'il lui semblait difficile de me pardonner d'être la fille de mon père..... et, d'un autre côté, je lui pardonnais difficilement aussi l'opulence dont il était entouré, en la rapprochant de la dureté qu'il avait témoignée à ma mère ; je ne conciliais pas non plus cette opulence avec les termes de la cruelle lettre écrite en réponse à celle dans laquelle, peu avant sa mort , ma mère l'avait adjuré de m'accorder un asile ; il avait dit qu'il avait éprouvé des pertes d'argent, il avait fait entendre qu'il lui restait seulement le nécessaire..... Le nécessaire pour lui était-il donc cet immense superflu ? Comment expliquer aussi l'insistance avec laquelle il avait répété, dans les deux seules lettres que j'aie vues de lui, que je ne devais compter sur aucun héritage ? Il n'aimait personne, disait-il ; qui donc était destiné un jour à recueillir cette fortune, qui devait être considérable ?

Cette dernière énigme fut du reste résolue par lui, et sans que j'aie provoqué les explications. Il me voyait un jour peindre une aquarelle dont j'étais assez satisfaite.... Après avoir examiné mon travail avec beaucoup de distraction , il me dit d'un ton bourru :

« Que voulez-vous faire de cette peinture? A quoi cela peut-il servir?

— Mais d'abord cela sert à m'amuser.... Ensuite, j'ai un projet : il y a trois mois environ que M. Desmarais, un architecte, je crois..... est venu vous voir; il a parlé devant moi de sa belle-sœur, qui, restée sans fortune, a réussi à élever ses enfants et à leur donner une excellente éducation en peignant des aquarelles et en dessinant des *bois* pour les journaux de modes; il a dit que cette dame recevait beaucoup plus d'offres de travail qu'elle n'en pouvait accueillir.... Il m'a charmée en retraçant cette noble vie vouée à un travail honorable, cette famille vivant et s'élevant autour de cette mère heureuse et dévouée..... Eh bien! vous me recommanderez à M. Desmarais, et il me donnera un mot d'introduction pour sa belle-sœur; je suis certaine qu'elle doit être bonne; elle m'accueillera bien, et consentira à me procurer le travail dont elle ne peut se charger.

— A quoi cela vous servira-t-il? » demanda brusquement mon oncle.

« A gagner un peu d'argent.

— Vous l'aimez donc beaucoup?

— J'aimerais beaucoup à être indépendante.

— Ah! » fit-il avec un accent âpre; « vous voulez me quitter, trouvant sans doute que vous perdez votre temps près de moi?

— Non, mon oncle..... Mais je voudrais rester près de vous, — sans appointements..... — vous soigner, si vous étiez malade, vous aimer un jour, si vous le permettez, sans que vous me remettiez chaque mois une somme de 100 francs.

—Cela, c'est absurde..... Mais à un autre point de vue vous pouvez avoir raison de vouloir vous créer une profession..... Vous savez, » dit-il en se levant et se promenant lentement dans la bibliothèque, « vous savez que vous n'avez rien à attendre de moi?

— Si je consens à traiter un pareil sujet, » lui dis-je, « c'est uniquement pour vous prouver, en vous répondant affirmativement, que je ne fais aucun calcul cupide.

— Ce que je possède s'éteindra avec moi, » reprit-il en continuant à arpenter la chambre... « A part les legs réservés pour les domestiques, s'ils me servent bien, j'ai placé ma fortune en viager... N'en avais-je pas le droit? » continua-t-il en s'animant. « Trompé, trahi de tous côtés, abandonné par ma sœur, qui m'a préféré.... »

Je levai les yeux et regardai fixement et sévèrement mon oncle.

« ..... Qui m'a préféré celui qui l'a ruinée, je pensai que j'avais le droit de tenir compte uniquement de moi; je doublai mes revenus pour le reste de mes jours, en me disant : « Après moi le déluge! »

Au moment où je m'apprêtais à répondre à mon oncle, je m'aperçus que j'étais seule. Il avait ouvert une petite porte latérale, et s'était retiré dans sa chambre; je ne l'y suivais jamais.

Cette confidence confirmait mes soupçons; j'entrevis toujours plus clairement que la misanthropie de mon oncle avait bien le caractère d'une maladie mentale, et je résolus d'employer toutes mes forces pour conquérir son cœur à des sentiments plus doux. Il avait souffert de n'être point aimé..... les défections l'avaient aigri, les calculs intéressés l'avaient

blessé ; il avait étendu à tout le monde les
conséquences de quelques expériences malheureuses, et il avait trop rapidement conclu,
de l'égoïsme et de la cupidité de quelques-uns
à la généralité de ces sentiments. Il fallait le
détromper ; ce résultat était nécessaire à son
bonheur, car, je ne pouvais plus l'ignorer,
en dépit des soins munitieux donnés à son
bien-être, mon oncle était malheureux, parce
qu'il méconnaissait la vérité que mes propres
souffrances m'avaient révélée, c'est qu'on ne
peut ici-bas rencontrer la paix et le contentement tant que l'on a uniquement en vue sa
propre satisfaction. La paix ! elle est pour
ceux qui savent s'oublier pour autrui ; le contentement appartient aux âmes modestes qui
ont su triompher de l'âpre personnalité, et
diminuer par de constants efforts la place
qu'elle envahit en nous. Les événements me
vinrent en aide.

Tandis que je poursuivais ardemment mes
essais d'aquarelle et de dessins sur bois, mon
oncle tomba malade. Ce ne fut d'abord qu'un
peu de fièvre, attribuée à un rhume léger ;

mais bientôt son mal empira, et le médecin prononça à mon oreille ce mot effrayant : « Fluxion de poitrine. »

Cette maladie dura quatre semaines, durant lesquelles je pris à peine quelques heures de repos chaque jour ; je passai les nuits près du lit de mon oncle, ne confiant à personne le soin de lui faire prendre les remèdes dont son existence dépendait, m'avait-on dit. Les domestiques se montrèrent relativement peu empressés.... Diverses circonstances se produisirent dans la maison, qui témoignaient d'un zèle médiocre ; je devais croire qu'elles avaient échappé au malade, car il fut presque constamment plongé dans une prostration qui semblait complète. Cependant, les premières paroles un peu suivies qu'il prononça me firent comprendre, à mon extrême surprise, que ces incidents ne lui étaient pas demeurés inconnus.

« Vous m'avez bien soigné, Aline, » me dit-il d'une voix faible ; « sans vous, cela aurait mal tourné.... C'est tout simple ; tous ces gens-là entrevoyaient leurs legs, tandis que

pour vous, ma mort eût été plus désavanta-
geuse que mon rétablissement. »

On pourrait croire que ces dures paroles
m'indignèrent? .... Il n'en fut rien ; je considérais mon oncle comme atteint d'une maladie
que je qualifiais de misanthropie aiguë, et me
bornai à lui répondre doucement :

« Fallait-il vous laisser mourir pour vous
prouver que je tiens à vous pour vous-même,
et non pour votre beau logis, votre vaisselle
plate et la bonne chère que l'on fait près de
vous? Sachez donc que, dès à présent, je puis
me passer de vous; M. Desmarais a emporté
mes dessins pour les montrer à sa belle-sœur ;
il me les a rendus avec les paroles les plus en-
courageantes, et la promesse formelle de me
procurer autant de travail que j'en pourrais
faire.

— Et vous allez me quitter, Aline? » dit
mon oncle en essayant de se soulever.....
« Je le comprends, je le comprends.... Qui
donc a pu m'aimer ?..... Personne.... Tout le
monde s'est éloigné de moi.....

— Non, je ne vais pas vous quitter; je resterai avec vous, en dépit de vous, s'il le faut;

mais puisque j'essayerai de ne vous rien devoir, consentirez-vous à croire que je vous aime? Me défendrez-vous de vous le prouver?

— Assez, assez, Aline, » fit le malade d'une voix faible... « C'est encore pis... Je préfère encore que l'on n'ait que de l'indifférence pour moi.... si l'on m'aimait!..... s'il était possible que l'on m'aimât!... mais... je me serais donc trompé? »

Ce jour-là la conversation n'alla pas plus loin; nous ne songeâmes plus qu'à assurer la convalescence, et dès que mon oncle put supporter la voiture, nous partîmes pour Meudon; il possédait une petite maison de campagne dans ce joli pays, et y passait deux ou trois mois chaque été.

La maladie qu'il avait faite avait produit en lui un changement surprenant; soit rancune, soit caprice, il régla le compte de la femme de charge, l'indemnisa largement, eu égard sans doute aux promesses qu'il lui avait faites, et la remercia; il en fit autant pour le valet de chambre, et diminua d'un coup sa maison de ces deux personnages importants. Sans m'imposer un travail excessif, je réussis bien vite à remplir les fonctions de surveillance naguère attribuées à la femme de charge, et je dressai aisément le valet de pied à servir les repas tout aussi bien que son *supérieur*, qui venait d'être renvoyé. Quant à moi, je vis Mme F.... avant de quitter Paris, et j'emportai quelques travaux à exécuter; elle fut assez bonne pour me donner de précieux conseils, et je les mis bien vite à profit.

En me levant matin, je vaquais à quelques occupations de ménage avant le lever de mon oncle, puis, après le déjeuner, je composais une aquarelle, ou bien je dessinais sur bois, tandis que mon oncle lisait ses journaux et parcourait ses *Revues*; nous faisions ensuite une promenade en voiture; la soirée était donnée au jeu d'échecs.

Je me rendais à Paris une ou deux fois par semaine pour y reporter mon travail; ces voyages, accomplis à jours fixes, me mirent en rapport avec quelques-unes des personnes qui habitaient Meudon; peu à peu on nous rendit quelques visites : mon oncle, qui se montrait en principe si farouche et si opposé à toute relation de ce genre, s'apprivoisa assez rapidement. Il y avait autour de nous d'aimables familles, et je prenais un plaisir particulier aux rapports qui s'étaient établis entre notre maison et celle de M. D..., charmant et bienveillant vieillard; sa femme lui était très-inférieure sous tous les rapports, mais la jugeant avec bienveillance, je la considérais tout au moins comme une matrone, ignorante sans doute et vulgaire, mais bonne et irréprochable. Bientôt nous vîmes M. D.... presque chaque jour; l'influence qu'il exerçait sur mon oncle m'était particulièrement précieuse; sa bonhomie, sa gaieté franche et naïve, la bienveillance des jugements qu'il portait sur toutes choses adoucissaient graduellement chez mon oncle l'âpreté naturelle de son caractère, encore aggravée par la solitude à laquelle il s'était voué.

Un jour, en revenant de Paris, je vis monter dans le train se dirigeant sur Meudon une personne dont l'aspect me fit tressaillir, et raviva en moi de douloureux souvenirs... Je crus d'abord m'être trompée... mais le train s'étant arrêté à Meudon, je reconnus que je n'étais pas la dupe d'une ressemblance..... La personne qui descendit d'un wagon voisin du mien, qui se mit en marche devant moi, était bien Mlle Vérin, en chair et en os, en os surtout; elle me précédait dans le sentier que je suivais, sonna à la porte de M. D...., et tandis qu'elle attendait que l'on répondît à son appel, je la rejoignis; au moment où j'allais la dépasser, elle m'aperçut, et baissa aussitôt les yeux.

« Elle m'a reconnue, » me dis-je... « Il est assez bizarre que je retrouve ici cette vilaine figure... Comme elle a baissé les yeux!.... Elle craint sans doute que je ne parle d'elle, de certaines circonstances se rattachant à son séjour en Russie..... Certes, elle se trompe; il n'y a en moi aucune disposition pour la dénonciation. »

Quelque fût mon mépris pour cette personne, je restai sous le poids d'une impression pénible, causée par cette rencontre; elle me rappelait tant d'heures désolées!..... tant de souffrances ressenties non-seulement par moi, mais par tous ceux que j'avais vu souffrir de par l'injustice et la violence!

Mon oncle s'aperçut bientôt de ma préoccupation involontaire; je lui dis une partie de la vérité, en passant sous silence les mauvaises actions de Mlle Vérin, qui n'étaient prouvées qu'à mes yeux; j'avouai que cette rencontre avait réveillé en moi des souvenirs désagréables; bientôt, sous l'empire de mes habitudes de travail, cette impression se dissipa.

Deux jours plus tard, mon oncle me dit, à déjeuner, que nous n'avions pas aperçu M. D.... depuis quelque temps.

« Il est venu ici mardi, » répondis-je.

« Oui, mais nous sommes aujourd'hui au samedi; il n'a jamais mis un aussi long intervalle entre ses visites. Avez-vous vu sa femme?

— Non, je ne l'ai pas aperçue depuis quelques jours ; ils sont peut-être malades l'un ou l'autre? Vous devriez vous rendre chez eux.

— Je n'aime pas à faire des visites.

— Je vous épargnerais cette peine, si je ne devais aller aujourd'hui à Paris.

— Encore?

— Mais oui; je rapporte un travail très-pressé.

— Toujours ce travail!

— Savez-vous ce qu'il m'a rapporté depuis un mois?

— Non, vraiment; je ne m'en doute même pas.

— Deux cents francs, mon oncle! Oui, moi, Aline Darvon, j'ai gagné avec mon crayon deux cents francs en trente jours! Combien j'en suis fière et heureuse!

— Tant mieux, » répondit mon oncle avec un peu de confusion.

Il en témoignait toujours quand je lui parlais de mes travaux. J'évitais ordinairement ce sujet de conversation; mais cette fois j'étais si glorieuse du résultat obtenu, que je n'avais pu m'empêcher de le lui faire connaître.

« Eh bien! » dit-il en changeant de sujet, « j'irai voir M. D.... pendant votre absence. »

Quand je revins de Paris je trouvai mon oncle au débarcadère; il était venu au-devant de moi, contrairement à ses habitudes.

« Il se passe quelque chose d'assez singulier, » me dit-il en revenant avec moi à la maison; « j'ai été chez M. D.... Je suis à peu près certain de l'avoir aperçu dans son jardin, et cependant la servante m'a affirmé qu'il n'était pas chez lui; seulement, elle a prononcé cette affirmation avec le ton quelque peu goguenard et impertinent que prennent les domestiques lorsqu'ils sont chargés de *consigner* quelqu'un. Que signifie tout cela?

— Probablement rien du tout; vous vous serez trompé en croyant apercevoir M. D...., et cette erreur vous aura disposé à attribuer ces velléités d'impertinence à cette servante.

— Vous avez beau dire, Aline, je *sens* qu'il se passe quelque chose d'insolite entre nous et les D.... »

Sans en convenir, je commençais à partager l'opinion de mon oncle; je me souvenais que j'avais vu entrer Mlle Vérin dans cette maison, et que j'avais toujours reconnu son passage à ces traces empoisonnées..... Mais que m'importait Mlle Vérin! Elle ne pouvait porter contre moi aucune accusation, et je connaissais de méprisables et honteuses actions commises par elle.... On le voit, j'étais encore bien naïve, malgré l'expérience que j'avais si chèrement acquise; je croyais encore qu'il suffisait d'être irréprochable pour demeurer à l'abri des accusations; je pensais encore que c'est aux coupables qu'il appar-

tient de redouter les honnêtes gens ; j'ignorais
que ceux-ci, au contraire, doivent toujours
trembler devant ceux-là : je devais l'apprendre.

La vague inquiétude que je ressentais me
décida, pour sortir d'incertitude, à aller faire
une visite à Mme D.... Je m'y rendis le lendemain.
Cette fois je sus à quoi m'en tenir, sinon sur
l'origine de ces étranges procédés, tout au
moins sur la décision prise dans cette maison
de rompre tous rapports avec nous. Mme D....
était chez elle ; je la vis à sa fenêtre, et la
servante me répondit insolemment que sa
maîtresse était absente.

Il était impossible de cacher ce fait à mon
oncle. Lui qui, jusqu'ici, avait professé une
parfaite indifférence et un complet mépris
pour ses semblables, s'enflamma tout à coup ;
il déclara que les choses ne se passeraient pas
ainsi ; qu'il saurait bien rejoindre M. D....,
devenu invisible, et qu'il le forcerait à s'expliquer. J'essayai vainement de le calmer ;
plus j'atténuais l'importance de cet incident,
plus il lui attribuait des proportions considérables.

« Vous plaisantez, ma nièce! » s'écria-t-il.
« Croyez-vous que je vais supporter de nous voir tous deux traités en aventuriers, fourvoyés dans une compagnie dont ils étaient indignes, et, par ce motif, grossièrement éconduits? Mais Mme D.... n'est pas digne de nettoyer votre chaussure! Vous lui faisiez trop d'honneur en la voyant. Croit-elle que je ne sais pas cela? Voilà, voilà le monde! Ayez donc des relations! C'est du propre! Jour de Dieu! Être consigné par Mme D.... Mais, c'est le monde renversé, c'est à éclater de rire, — ou d'indignation!

— S'il en est ainsi, mon oncle, de quoi vous préoccupez-vous? Laissez les choses telles qu'elles sont, et félicitons-nous de voir ces rapports rompus.

— Comment donc! Ne sentez-vous pas qu'il est humiliant d'être insulté par des êtres que l'on méprise?

— Non, mon oncle, car ce qu'ils insultent c'est la dissemblance existant entre eux et vous; les seuls chagrins de ce genre que j'aie jamais éprouvés m'ont toujours été causés par des êtres indignes d'estime; les autres m'ont toujours reconnue pour leur égale, et m'ont toujours traitée en conséquence. Si vous m'en croyez, vous n'accorderez aucune attention à ce qui vient de se passer. Mme D.... étant telle que vous dites, il n'y a rien de surprenant à ce qu'elle se soit éloignée de nous.

— Et elle pourrait dire, elle dirait qu'elle nous a consignés? que nous nous sommes soumis à cet arrêt sans en appeler, parce que sans doute nous en reconnaissions l'équité? Non pas! Il est un point sur lequel je me montrerai toujours intraitable; c'est celui qui touche à l'honneur; la lumière, je ne connais que cela... la pleine lumière, pour remettre chacun à sa place..... Et nous verrons comment Mme D.... s'en trouvera. »

Ce jour-là M. Desmarais vint nous voir; mon oncle le retint à dîner; il connaissait M. et Mme D...., et nous lui racontâmes ce qui venait de se passer.

« Mon Dieu! » dit-il, D.... est un excellent homme; je ne porterais pas le même témoignage en ce qui concerne sa femme; mais il faut que je vous explique que ce pauvre D.... est la poltronnerie même en présence de sa moitié ; celle-ci est violente, grossière même, et je suis certain qu'elle l'a obligé à vous faire cette impolitesse.

— Tant pis pour lui, » répondit mon oncle ; « ne pouvant m'en prendre à la respectable Mme D...., puisqu'il est reconnu que l'impunité appartient aux femmes, j'aurai une explication avec son époux.

— Et puis vous irez sur le terrain ensemble ! » dit M. Desmarais. « A quoi cela servira-t-il ? Le pauvre homme sera obligé de défendre sa femme, fût-ce au prix de la vérité et de la justice ; s'il allègue quelque motif désobligeant pour vous..... ou pour Mlle Darvon, vous serez forcé de supporter les propos, puisque vous n'en sauriez tirer satisfaction.

— J'aurai au moins la satisfaction de leur dire mon opinion sur leur compte..... Je veux en tous cas connaître le motif, ou plutôt le prétexte de cette rupture ; cela, nul ne m'y fera renoncer.

— S'il en est ainsi, mieux vaut que je voie D.... et que je lui demande la raison de ce singulier procédé.

— Soit! Pourvu que je la connaisse, je me tiendrai pour satisfait..... Mais M. D.... aura tôt ou tard le désagrément de causer avec moi à ce sujet. »

Après le dîner, M. Desmarais nous quitta pour se rendre chez nos voisins; la séance fut assez longue; il revint fort agité.

« Eh bien?... » s'écria mon oncle.

« Tout cela est odieux et extravagant à la fois; je préférerais n'avoir pas à en parler.

— Ces ménagements sont à la fois cruels et injurieux, » dit mon oncle avec emportement; « car enfin, ce sont seulement les accusations fondées ou vraisemblables que.l'on essaie de taire ou d'atténuer.

— Je ne sais comment vous dire cela.... Vous allez prendre feu... Mlle Darvon sera douloureusement blessée.

— Dites toujours.

— Dites tout..... » repris-je en appuyant la demande de mon oncle.

« Bref, il paraît que Mme D:.... avait une amie d'enfance que l'on appelle Mlle Vérin, laquelle forcée de s'expatrier, parce qu'elle était pauvre, remplit en Russie les fonctions d'institutrice chez une personne alliée à la dame avec laquelle Mlle Darvon a passé quelques années. Mlle Vérin a fait un petit héritage tout récemment..... une trentaine de mille francs, dit-on.....

— Trente mille roubles !... » me dis-je à moi-même, en me souvenant de la valeur des objets soustraits à Mme Aristchikof.

« Vous dites?

— Rien, Monsieur; je contrôle en moi-même l'exactitude de ce chiffre.

— Enfin cette demoiselle est revenue ici; elle a revu Mme D.... son amie..... elle a parlé de Mlle Darvon en termes tels, que l'on a jugé nécessaire de rompre tous rapports avec vous... Voilà tout, » ajouta M. Desmarais avec effort.

« Et quels sont ces *termes?*..... » s'écria mon oncle.

« Précisez, Monsieur, » dis-je à mon tour, en m'imposant les apparences du calme, pour cacher l'amère souffrance qui oppressait mon cœur.

« Mon Dieu!.... Des insinuations.....

— Non; cela n'aurait pas suffi; des faits..... dites les faits.

— Cette dame russe vous a accusée d'un abus de confiance.... Elle a dit que vous aviez pris une somme de 2,000 ou 2,500 francs, je crois, dans une cassette qui lui appartenait..... Que vous aviez tenté de vous faire épouser par l'un de ses amis, et que, jalouse d'elle, craignant qu'elle ne détournât cet ami de vous, vous l'auriez calomniée près de lui.

— Ingrate, calomniatrice et voleuse !... rien que cela, » répondis-je ; mes dents jointes par une contraction nerveuse se refusaient à laisser passer mes paroles... « Eh bien ! Monsieur, puisque vous avez entendu l'accusation, il est juste que vous entendiez la défense. »

Je me levai ; je bus un verre d'eau, et, regagnant ma place, je racontai à mes deux juges tous les incidents relatifs à mon séjour chez Mme Aristchikof. Pour indiquer l'intérêt important que Mlle Vérin avait à m'éloigner des gens qu'elle connaissait, à discréditer, en me déshonorant, les renseignements que j'aurais pu donner sur elle, je fus forcée de mentionner le vol des dentelles.

Quand j'eus terminé, je m'adressai à M. Desmarais.

« Voilà la vérité, Monsieur..... Malheureusement, vous n'êtes pas forcé de la croire...

— Oh ! Mademoiselle, je vous proteste.....

— N'affirmez rien, Monsieur ! Pourriez-vous jurer que je suis aussi honorable à vos yeux après, qu'avant cette accusation? Non ! Et je le sens bien ; il est des accusations en effet qui sont à elles seules une souillure quasi ineffaçable... Il est des défenses qui constituent à elles seules une déchéance. Je vous demanderai seulement de m'accorder les bénéfices du temps.... Le temps seul peut vous démontrer que je ne mérite aucune des odieuses imputations dont j'ai été l'objet. Maintenant, laissez-moi ajouter que la souffrance endurée par moi en ce moment est à mes yeux le juste châtiment de la vanité, de la mollesse, de la paresse qui m'ont détournée jadis d'une humble profession qui m'eût donné du pain en protégeant ma considération. Mais voilà ! j'ai été absente de mon pays ; qu'ai-je fait lorsque j'étais loin de France? Il est évident que j'ai commis de mauvaises actions... Qui l'affirme? Celle-là même qui, pour m'abaisser, n'a pas même eu la peine de faire intervenir son ima-

gination. En ce qui me concerne, elle n'a
rien inventé, en effet, puisqu'elle s'est bornée
à m'attribuer ses propres actions. Et maintenant que puis-je faire? Raconter la vérité
telle que je vous l'ai dite? Tout mauvais cas
est niable, et du moment où, prenant les
devants, on a pu donner au mensonge les
apparences de la vérité, il est certain que les
rôles sont intervertis, que la vérité serait
assimilée à un mensonge. Ce n'est pas M. et
Mme D.... que je regrette.... Je connais l'in-
.fériorité morale et intellectuelle de la femme,
la faiblesse du mari, qui l'annule dans les circonstances où sa bonté et sa droiture pourraient être efficaces, et lui permet d'être
par l'abstention, le complice des mauvais sentiments et des mauvaises actions de sa femme.
Mais, sais-je jusqu'où peuvent se glisser ces
accusations empoisonnées?..... Ne serai-je pas
souvent obligée de nettoyer ces traces de
venin..... ou de Vérin? Cela seul constitue un
malheur..... Enfin, j'ai l'affection de mon
oncle.... Je l'ai, n'est-ce pas? » demandai-je
en le regardant..... Il me sourit tristement.....

« J'ai le travail..... avec cela on est fort, et l'on peut supporter bien des Vérin.

— En ce qui me concerne, » dit M. Desmarais en me tendant la main, « croyez, Mademoiselle, que rien ne pourra ébranler la considération que vous m'inspirez.

— Merci, Monsieur, » répondis-je en essuyant une larme... « Hélas! me voilà donc obligée de recevoir..... ou même de solliciter des certificats d'honorabilité! »

Quand nous fûmes seuls, mon oncle vint à moi... Pour la première fois depuis que je le connaissais, il eut un moment d'effusion... Il me prit la tête, baisa mes cheveux...

« Pauvre Aline! » me dit-il. « Hélas! si tu n'avais pas quitté la France, tout cela t'aurait été épargné.... » Puis il s'éloigna rapidement et s'enferma dans sa chambre.

A la suite de cet incident, il se produisit graduellement des réformes considérables dans le train de notre maison. Un jour, mon oncle m'apprit qu'il se défaisait de ses chevaux et de sa voiture; je lui exprimai l'étonnement que cette résolution m'inspirait; il me répondit avec un peu d'embarras que l'exercice lui était nécessaire, que l'habitude de sortir en voiture avait été jugée préjudiciable à sa santé, que son médecin lui avait conseillé cette mesure..... Bref, il accumula beaucoup de raisons qui me parurent du reste assez plausibles.

Mais peu après je reconnus à un autre indice que mon oncle agissait en vue d'un plan bien arrêté, ayant pour but de diminuer la dépense de sa maison. Il avait l'habitude de prendre tous les jours, à déjeuner et à dîner, de l'excellent vin de Bordeaux, dont on renouvelait la provision à temps pour l'avoir toujours aussi vieux; je l'avertis une première, puis une seconde fois, qu'il fallait faire sa demande annuelle... Il me répondit d'abord évasivement... Puis enfin il me déclara avec un peu d'impatience, que l'usage quotidien de vins trop généreux pourrait le prédisposer à la goutte, et qu'il était décidé à renoncer à son vin de Bordeaux.

« Je croyais au contraire ce vin très-favorable à votre santé.

— Eh bien!... vous vous trompiez.

— Au surplus, » ajoutai-je, car un soupçon

venait de traverser mon esprit, « au surplus, vous en avez encore une provision considéra-ble, et comme c'est moi qui tiens les clefs de la cave, vous êtes sûr de le voir durer long-temps. »

Voici quel était ce soupçon. Je me dis que mon oncle avait peut-être placé ses capitaux en viager dans une maison qui lui en faisait perdre une partie..... Il était évident qu'il di-minuait peu à peu la dépense..... Ces retran-chements devaient correspondre à une dimi-nution de revenus..... Dès lors, je me promis de prendre les mesures nécessaires pour qu'il ne fût pas forcé de s'imposer des privations trop sensibles.

Quand nous revînmes à Paris, il ne garda plus qu'une cuisinière et une femme de cham-bre..... Dans le courant de l'hiver il se plaignit beaucoup de son appartement, qu'il trouvait trop vaste, un peu triste, et qui était, disait-il, mal entretenu, vu ses dimensions anomales, par les deux femmes composant son service actuel..... Bref, il m'annonça qu'il avait donné congé.

L'appartement de la rue d'Hanovre coûtait

six mille francs par an ; mon oncle trouva,
rue Saint-Georges, un appartement suffisamment grand pour nous deux ; le loyer en était
de deux mille francs. Ce changement fut pour
moi une nouvelle preuve à l'appui des soupçons
que j'avais conçus ; c'était évidemment pour
économiser quatre mille francs par an qu'il
s'était imposé un changement pénible à son
âge ; je prévoyais dans son humeur un contre-
coup fâcheux, causé par le retranchement
successif de tout ce qui représentait l'opulence..... Il n'en fut rien, à mon extrême surprise ; à mesure qu'il se dépouillait des innombrables recherches dont il avait entouré son
existence, il sembla perdre une partie de l'irritation, des exigences qu'il manifestait jadis ; ses
traits prenaient chaque jour davantage le caractère d'une satisfaction que je n'avais encore jamais eu la joie de constater en lui. Sous l'empire des économies si largement opérées, la
dépense, qui était naguère de près de quarante mille francs, se réduisit à onze ou
douze mille francs..... Il est vrai que je pris
l'habitude de le tromper un peu.

Mon pauvre oncle conservait, quoi qu'il en

dit, une certaine inclination pour le péché de gourmandise... Mais, quand il s'agissait de commander le dîner, il repoussait obstinément les plats un peu chers. Or, comme je gagnais près de trois mille francs par an, en travaillant cinq à six heures par jour, je me permis de tricher un peu pour lui faire servir de temps en temps un superbe poisson, un beau filet de bœuf, et une bouteille du vin qu'il aimait; quant au vin, je lui affirmais que l'ancienne provision était loin d'être épuisée; le poisson était, — malgré sa fraîcheur exquise, — un saumon, ou bien une barbue d'*occasion*..... J'avais été acheter moi-même le filet à la criée... Et mon oncle de s'extasier sur mon habileté!..... Un repas quelque peu délicat lui faisait un plaisir beaucoup plus sensible que les trois cent soixante-cinq dîners exquis qu'il faisait naguère chaque année. La sobriété relative à laquelle il s'était tardivement soumis avait retrempé ses forces et rendu un peu de vivacité à son esprit; les années, en s'écoulant, semblaient reculer sa vieillesse au lieu de l'avancer.

Cette vie dura pendant cinq ans, durant

lesquels je travaillai toujours assidûment. Un jour, — c'était le 1.ᵉʳ janvier, — mon oncle posa près de lui, sur la table du déjeuner, une liasse de papiers; il avait une expression quasi joyeuse, presque attendrie.

« Ma chère Aline, » me dit-il quand le repas fut terminé, « j'ai des comptes à vous rendre.

— A moi, grand Dieu!

— Oui..... Il est temps de nous expliquer..... J'en ai appris de belles sur votre compte! Désormais, mon enfant..... » et sa voix trembla en prononçant ces deux mots si doux..... « Désormais il ne doit plus y avoir de mystère entre nous. Je n'aime pas les longs discours..... Il faut pourtant que je vous explique ce qui s'est passé en moi, et m'a décidé à changer de vie.

« Quand je vous ai mandée près de moi, — grâce à Vialon, — j'étais en apparence guidé par un motif égoïste; je m'étais prouvé à moi-même, en conséquence de quelques pénibles expériences, que pour être sage et heureux il fallait être égoïste. Érigeant l'égoïsme en système, je devais aboutir à des résultats absurdes, comme le sont du reste les conséquences de tous les systèmes quels qu'ils soient. Je m'étais promis de boucher mes oreilles, de fermer les yeux, de cuirasser mon cœur, de vivre en un mot dans une insensibilité absolue, pour éviter de nouvelles blessures, de nouvelles déceptions, et aussi pour m'épargner l'humiliation d'être exploité.

« Je mettais ma vanité à être toujours d'accord avec mon système..... Je repoussai donc, et durement..... Ah! vous m'avez dû haïr!.... je repoussai la prière de ma sœur, me conjurant de vous accueillir chez moi..... Depuis ce moment, mon humeur s'assombrit chaque jour davantage. J'avais beau me prodiguer à moi-même toutes les jouissances qui me tentaient, je demeurais toujours mécontent; j'étais entouré de domestiques habiles et zélés, dont l'unique étude était de concourir à mon bien-être... je me trouvais toujours seul, et quoique je n'eusse pas d'autre souci que celui de rendre ma vie heureuse, je reconnaissais que je me sentais chaque jour plus malheureux.

« Quand Vialon m'écrivit, quand il me

parla de vous, de la situation pénible qui était la vôtre, un élan imprévu me porta à vous rapprocher de moi..... Puis j'examinai ce sentiment, je le raillai, je l'injuriai, je me demandai si mon expérience n'était pas suffisante, si j'aspirais à recevoir de nouvelles et plus dures leçons ; je me dis que n'attendant rien de moi dans l'avenir, conservant une juste rancune du passé, vous ne vous prêteriez que difficilement à jouer la comédie de l'affection..... Mais le sentiment dont je vous ai parlé ne se tint pas pour battu ; il revêtit les apparences de ses adversaires, et me persuada qu'en vous appelant près de moi j'agissais en vue de la satisfaction de mon égoïsme..... Il me dit que si j'étais malade, vous me soigneriez, que votre compagnie animerait un peu ma solitude ; qu'enfin vous saviez jouer aux échecs.

« Voilà par quelles misérables raisons je me laissai convaincre !... Mais, si je vous confesse la vérité, il faut vous la confesser tout entière : je ne demandais qu'à être convaincu, sans être réduit à constater mes erreurs passées. Ce n'est pas seulement votre présence,

l'affection que vous m'avez discrètement témoignée avant de me la révéler tout entière;
ce ne sont pas vos soins ni même l'agrément
de vous avoir près de moi qui ont opéré un
miracle.... il était fait avant de vous voir;
l'homme était transformé..... ou plutôt il
avait vainement essayé de se transformer;
j'avais entrevu déjà que l'on ne peut impunément retrancher en soi tous les sentiments
humains, ni se soustraire sans souffrance aux
devoirs qui nous incombent..... Je comprenais vaguement encore, mais je compris chaque jour davantage, que l'on est bien malheureux lorsqu'on n'a pas ici-bas d'autre souci
que celui de sa personnalité.

« L'indigne accusation de cette demoiselle
Vérin rendit plus lourd encore le poids déjà
lourd des reproches que je m'adressais.... Je
revoyais sans cesse ma sœur... votre mère.....
me répétant : « Qu'as-tu fait de mon enfant! »

« Hélas! » ajouta mon oncle en cachant
son visage dans ses mains tandis que je pleurais silencieusement, « hélas! j'ai été bien malheureux! Il n'y avait plus de repos pour
moi..... Il n'y en eut plus jusqu'au jour où je

résolus de réparer, — au moins en partie,—
les fautes que je me reprochais.

« J'avais, ainsi que vous le savez, placé la
presque totalité de mon capital en viager....
Je m'appliquai à ne dépenser qu'une partie
de mon revenu pour vous constituer une
petite fortune..... Je n'entrevoyais pas sans
terreur qu'à ma mort votre situation pouvait
redevenir pénible.

— Oh! mon oncle, j'avais mon travail!

— Oui, mais si cette ressource vous avait
fait défaut ?... Il eût fallu peut-être reprendre
le chemin de l'étranger... Et si j'avais vécu
longtemps encore, si vous aviez dû vous trouver
sans ressources quand vous auriez atteint l'âge
mûr, n'était-il pas affreux de vous trouver
encore réduite à vendre votre indépendance
pour gagner votre vie? Cette pensée me han-
tait nuit et jour... Il fallait m'y soustraire.

«Depuis cinq ans, donc, j'ai placé quelques
sommes en votre nom..... d'abord quinze,
puis vingt mille francs, puis davantage.....
Bref, aujourd'hui, grâce à Dieu, qui a permis
que je vive pour vous être utile, aujourd'hui
vous possédez cent vingt-cinq mille francs.....

vous êtes à l'abri du besoin..... Vous aurez aussi un jour ma maison de Meudon, qui, avec cette somme.....

— Cette somme représente vos privations.....

— Plaignez-moi, en effet! Grâce à ces privations, j'ai recouvré à la fois la santé et la tranquillité d'esprit... Et puis, je suis fort!... Je puis vivre quelques années encore!... Votre capital s'augmentera..... Dites-moi, Aline... croyez-vous que votre mère me pardonne?

— Elle vous bénit pour tout ce que vous avez fait en ma faveur.....

— Vous la tutoyiez, n'est-ce pas?

— Je disais *tu*, en effet, à ma mère et à mon père.

— Eh bien! mon enfant, veux-tu me parler comme si j'étais..... ton père?

— Oh! de tout mon cœur, mon cher oncle!

— Sais-tu pourquoi je viens de te rendre ces comptes? Tout récemment, Mademoiselle, j'ai découvert que j'étais indignement trompé par vous..... que l'on renouvelait à mon insu ma provision de vin de Bordeaux, ce fameux vin qui durait toujours, tu sais..... Que l'on me vendait trois francs des poissons qui en coûtaient dix... et ainsi de suite.

— Que signifie....?

— Tout simplement que, pris d'un redoublement d'économie, je grondais un jour la cuisinière, en l'engageant à te prendre pour modèle, et en lui citant les bons marchés que tu savais faire..... Cette femme m'a ri au nez..... Oh! je lui ai pardonné en faveur du plaisir qu'elle m'a donné..... Et elle m'a dit que tu payais sur l'argent gagné par ton travail les sommes consacrées à certaines recherches de ma table. Ainsi, ma pauvre enfant, quand tu ne possédais rien que l'argent gagné par toi, quand tu envisageais la possibilité de te retrouver dans l'avenir seule et pauvre, tu me sacrifiais, à moi, l'oncle égoïste, brusque et bourru, même les petites sommes qui auraient constitué une épargne pour l'avenir.

— Je vous..... je te..... croyais ruiné......

— Ah! Dieu merci! » s'écria mon oncle en m'embrassant, « quelqu'un a pu m'aimer!.... et je le méritais si peu, » ajouta-t-il avec humilité.

« Tu étais le frère de ma mère..... Et d'ailleurs, malgré le masque dont tu avais couvert ton visage, je devinais celui-ci sous celui-là. Les douces paroles ne sont pas toujours la preuve la plus certaine de la tendresse et de la bonté. »

Mon oncle vit encore, quoiqu'il y ait déjà un grand nombre d'années écoulées depuis ce premier janvier; il prétend que sa longévité le charme, parce qu'elle l'absout à ses propres yeux, en lui permettant de réparer le *tort* qu'il m'avait fait. Rien n'est changé à notre vie; je travaille toujours, — Dieu merci! — parce que je ne saurais me passer de travail, parce que l'on trouve bien doux, quand on a souffert soi-même, de venir en aide à quelques souffrances.

Si mes lectrices éprouvent quelque désappointement, après m'avoir suivie jusqu'ici, de ne point rencontrer dans ces pages quelques détails romanesques concernant..... comment dirai-je?..... l'état de mon cœur.... je leur répondrai que je ne leur ai rien caché; je leur ai dit la vérité sur ce point comme sur tous les autres sujets; il ne m'a pas été possible, pendant un certain nombre d'années, de me soustraire à l'influence qu'exerça sur moi le souvenir de M. de S..... Ma raison m'affirmait qu'il n'était pas complétement digne de la préférence que mon cœur lui avait accordée.... Ma raison, tout en me sauvant des folles exagérations, n'a pu triompher de mon cœur, et celui-ci s'est obstinément refusé à accueillir une autre image. Peut-être aussi n'ai-je point été recherchée, dans mon obscurité et ma pauvreté, par une affection qui fût d'accord avec certains instincts trop raffinés dont je n'ai jamais pu me défaire complétement, et qui établissaient un désaccord considérable entre mes aspirations et mon mérite, celui-ci étant beaucoup au-dessous de celles-là..... Le fait est que je n'ai eu à refuser que deux propositions de mariage, à mon sens tout à fait inacceptables : l'une..... vous voyez que je n'y mets pas d'amour propre..... présentée par un ami de M. Vialon, qui se proposait de m'emmener en Amérique, où il voulait établir un commerce de comestibles..... Hum!.... Il pouvait être honorable, cet ami de M. Vialon, on me l'affirmait, et je le crois volontiers.... mais quitter mon pauvre

oncle ! Cela seul aurait suffi pour motiver
mon refus, quand même la fille de l'élégant
Henri Darvon n'aurait pas été révoltée par la
pensée du commerce de comestibles.

L'autre prétendant était un littérateur ignoré,
d'autant plus infatué de son mérite qu'il se
croyait plus méconnu ; en effet, aux palmes
de la gloire dont il voyait son front ombragé,
il ajoutait les palmes du martyre, dû à l'envie
de ses contemporains, qui avaient organisé
autour de lui la conspiration du silence ;
celui-ci, pour lequel je me montre, sans remords, un peu méchante... il était si vaniteux !... celui-ci possédait une honnête aisance ;
il s'était attendri en se représentant la grandeur de l'héroïsme dont il donnait la preuve,
puisqu'il recherchait la main d'une pauvre et
obscure vieille fille de trente ans ; il s'était
établi dans la vision de son incommensurable
générosité, et se présenta d'un air superbe,
s'attendant sans nul doute à être accueilli avec
des larmes de reconnaissance. Il vint nous
visiter plusieurs fois, sans jamais manquer
de nous rappeler qu'il sacrifiait les réunions
les plus brillantes et les plus intéressantes,

pour embellir notre humble foyer de sa présence ; du reste, il eut souvent la délicatesse
d'ajouter que, pour lui, le sacrifice était un
élément préféré, qu'il en pesait le résultat
sans mesurer l'effort, et qu'il était heureux
de nous procurer quelque distraction, au prix
de la bonne compagnie à laquelle il renon-
çait en notre faveur.

Je crois bien que, parmi mes défauts, il faut
compter la susceptibilité en première ligne.....
Toujours est-il que je ne tardai pas à prendre
ombrage et à me révolter contre la générosité
dont on m'accablait. Je me trompe peut-être.....
mais enfin je suis persuadée que la générosité
consiste moins à faire des sacrifices qu'à laisser
ignorer qu'on les fait ; je veux bien, et de tout
cœur, tenir compte des sacrifices que l'on me
fait ; il me semble doux d'être reconnaissante,
même des sacrifices illusoires..... mais dès que
l'on entreprend de me faire sentir le poids du
bienfait, je me révolte et le repousse obstinément, absolument ; non-seulement je ne le
sollicite pas, mais je ne l'accepte pas, lorsqu'on
le signale à mon attention... C'est à moi, à

moi seule qu'il appartient de l'apprécier et de le reconnaître.

Donc, quoique M. H....agît en effet avec désintéressement en m'offrant sa main, je ne pus, après examen, me décider à l'accepter; je me sentais incapable de passer ma vie prosternée devant la générosité de mon époux, et de me montrer toujours éblouie par la supériorité du haut de la quelle il avait consenti à jeter sur moi un regard de commisération. On ne s'aime bien qu'entre égaux, ou plutôt l'affection, quand elle existe, sincère, réelle, établit l'égalité entre ceux qu'elle unit; je n'examinai pas même si M. H..... avait tort ou raison dans le jugement qu'il portait sur lui-même; il avait tort, même en ayant raison, surtout s'il avait raison. L'infériorité qu'une femme peut se reconnaître vis-à-vis du compagnon de sa vie, doit être volontaire pour n'être point humiliante; du moment où l'on prétend la lui démontrer, elle a le droit de s'inscrire en faux au nom de sa dignité..... mais elle a surtout le droit, — dont j'usai, — de ne point accepter la lourde tâche d'admirer sans cesse des vertus et une capacité qui sont blasées sur l'admiration, par le culte qu'elles se sont voué à elles-mêmes.

Et ce fut tout?... me direz-vous... Mon Dieu! oui. Je vivais très-occupée; les mois s'écoulaient, se transformaient en années, sans que j'eusse le loisir de réfléchir sur leur cours rapide. Un beau jour, m'éveillant comme d'un songe, je m'aperçus que j'étais arrivée à la maturité de l'âge, et qu'il était trop tard désormais pour songer à me créer des liens; j'étais d'ailleurs non-seulement utile, mais indispensable à mon oncle. L'affection qu'il me portait était venue tardivement dans sa vie, et il s'y rattachait avec une sorte de crainte touchante.... Longtemps il avait eu la terreur de me perdre en me mariant, et cependant il s'était appliqué avec désintéressement à trouver pour moi un établissement honorable. Il est possible que le désir de lui éviter les peines de l'isolement auquel il avait échappé depuis que nous vivions ensemble m'ait rendue plus difficile que de raison; cependant je ne considère pas ma persévérance dans le célibat comme un sacrifice fait à la tendresse de mon oncle ; je suis restée avec lui parce que je me trouvais heureuse de lui être utile, et j'aurais mauvaise grâce à revendiquer en cette circonstance les palmes du dévouement.

Quelques-unes de mes lectrices penseront peut-être que je donne ici la mesure d'une âme froide qui n'a point ressenti le besoin d'aimer et de se dévouer..... Qui sait ? c'est peut-être le contraire qui est la vérité..... La misanthropie n'est parfois qu'un bouclier servant à préserver de chocs inévitables ici-bas, un cœur trop tendre et trop délicat pour recevoir impunément certaines blessures, et parmi les vieilles filles on en trouverait un grand nombre qui eussent été des épouses dévouées et des mères incomparables ; seulement elles n'ont pas eu le temps ou l'habileté de choisir un autre genre de dévouement que celui dont elles étaient à portée ; elles ont été au plus pressé en s'acquittant d'abord des devoirs les plus immédiats ; puis, quand ceux-ci leur ont manqué, il était trop tard pour ne plus rester seules ici-bas.

Il y a de cela dix ans environ, j'ai décidé

mon oncle à venir faire avec moi une visite à M. Merlet; nous l'avons trouvé marié, depuis quelques années déjà, à une personne digne de lui; ils ont établi à X*** un pensionnat qui a fort bien réussi. M. et Mme Merlet ont plusieurs enfants; j'ai donc eu la joie de constater que l'ami de ma mère, le plus digne et le meilleur de mes amis, avait la somme de félicité à laquelle la noblesse de son âme lui donnait droit. Mon oncle a fait transporter dans sa maison de Meudon les chères reliques avec lesquelles ma mère avait voulu vivre et mourir. Je vis donc, pendant une partie de l'année, au milieu de ces meubles familiers qui garnissent ma chambre et me rappellent tous ceux que j'ai aimés.

C'est à peu près à la même époque que j'ai revu une fois à l'Opéra M. de S...., en compagnie d'une jeune femme, la sienne sans doute; le lendemain, en effet, je lus dans un journal que le comte de S...., envoyé de Belgique, et sa femme, Mme la comtesse de S...., née de M***, étaient arrivés à Paris; j'eus la satisfaction de constater que je faisais des

22.

vœux sincères pour la prospérité de celui qui avait été *presque* un ami pour moi, sans que ma mémoire appuyât avec trop d'amertume sur certains souvenirs.

Je n'aurais tracé qu'une exquisse incomplète du caractère de Mme Aristchikof, si je négligeais de dire qu'elle est revenue à Paris, que non-seulement elle a tenté de me revoir, mais qu'elle a fait le voyage de X*** tout exprès pour s'enquérir près de M. Merlet de ma situation et de mon adresse. Instruit par nous de tous les incidents relatifs à mon séjour près d'elle, et aux incidents qui en marquèrent le terme, M. Merlet vainquit soudainement sa timidité pour adresser à Mme Aristchikof un langage poli sans doute, puisqu'on doit toujours être poli envers une femme, mais surprenant pour elle..... si surprenant qu'il lui parut inintelligible, malgré l'incontestable intelligence dont elle est douée.

Elle s'était rendue près de M. Merlet pour lui apprendre qu'elle était absolument dépourvue de rancune, et que, n'ayant jamais cessé de m'aimer, elle désirait beaucoup me revoir.

« Si c'est ainsi que vous aimez, Madame, » répondit M. Merlet avec amertume, « comment donc haïssez-vous?

— Mon Dieu!..... j'ai été très-irritée pendant un moment; mais cela s'est passé très-vite.

— Pas cependant sans que vous ayez porté contre Mlle Darvon des accusations heureusement trop odieuses pour l'atteindre. Mais, Madame, si les caractères équitables, si les esprits sensés ne pouvaient admettre la vraisemblance des faits par vous imputés à Mlle Darvon, ne pouvait-il pas se trouver des êtres intéressés à les recueillir, à les noter, à les reproduire et à les propager en temps opportun pour eux? Et non-seulement cela pouvait arriver, mais cela est arrivé..... Mlle Darvon, heureusement pour elle, revenue dans son pays, placée sous la protection du frère de sa mère, a été atteinte, même ici, par le contre-coup des propos que vous avez tenus sur son compte; une personne méprisable à tous égards, une demoiselle Vérin, je crois, a jugé utile à ses intérêts de la calomnier..... sans doute pour enlever d'avance tout crédit à la vérité que Mlle Darvon aurait pu faire connaître.

— Ah! Mlle Vérin!..... Elles ne se sont jamais aimées, en effet.

— Trouvez-vous donc, Madame, qu'on ait le droit de calomnier ceux qu'on n'aime pas?

— D'abord, Aline a toujours eu le tort de ne pas témoigner beaucoup d'estime à Mlle Vérin.

— Vraiment ?... Et si cette demoiselle ne pouvait lui inspirer aucune estime?

— Eh bien! dans ce cas, il ne faut pas s'étonner qu'elle se soit défendue comme elle a pu, et qu'elle n'ait pas eu beaucoup de bienveillance pour Aline.

— D'abord, Madame, elle n'a pas même à invoquer le droit de défense, car elle n'était pas attaquée. Mlle Darvon la méprisait trop pour ne pas la bannir de sa mémoire; en aucun cas, d'ailleurs, on ne saurait être excusable de se défendre contre la vérité à l'aide du mensonge, et d'engager un combat avec des armes empoisonnées.

— Vous ne pouvez pas juger de tout cela, monsieur Merlet; vous croyez que l'on peut toujours agir conformément à la raison et à la justice...... Ce sont là, je vous assure, des opinions de professeur... Et la passion, qu'en faites-vous?

— J'en tiens compte, Madame, parce que notre honneur et notre gloire consistent à la vaincre lorsqu'elle nous invite à de mauvaises actions... parce que, sans ces triomphes, nous descendons à un niveau tellement inférieur que rien ne nous sépare plus de la bestialité.

— Vous êtes vif dans vos propos, mon cher monsieur Merlet, mais je vous assure que vous vous trompez; vous voulez raisonner à propos de circonstances qui ne comportent pas le raisonnement.....

— Je n'en admets pas, je n'en reconnais pas, » s'écria M. Merlet avec indignation; « cette opinion aurait pour effet de nous excuser à nos propres yeux dans les cas les plus condamnables, en nous autorisant à obéir principalement à nos instincts.

— Ah! mon Dieu! » répondit Mme Aristchikof en bâillant, « je suis tout à fait incapable de vous suivre sur le terrain d'une discussion philosophique; ma pauvre cervelle s'y refuse absolument.... Voulez-vous me donner l'adresse d'Aline? Je suis sûre que nous nous entendrons très-bien, et que, par une mutuelle convention, nous consentirons à passer l'éponge sur le passé... Elle comprendra que c'est un bon mouvement qui m'amène près d'elle.

— Pas du tout! » s'écria M. Merlet, qui s'animait : » Je le sais, vous vous ennuyez, Madame, et vous voudriez retrouver une compagne qui vous aidait à supporter la solitude..... Quant à vous donner l'adresse de Mlle Darvon, permettez-moi de demander d'abord son autorisation..... Il est plus que probable, pour moi il est certain qu'elle refusera de renouer des rapports qui lui ont causé les plus amers chagrins de sa vie. »

Quand on a toujours vécu en possession de priviléges, on supporte difficilement les obstacles qui s'opposent à la réalisation d'un désir, ou même d'un seul caprice. Mme Aristchikof, à ce que me dit M. Merlet dans la minutieuse relation qu'il m'envoya au sujet de cette entrevue, Mme Aristchikof, rencontrant en cet obscur professeur un adversaire à la fantaisie

qu'elle avait conçue, perdit soudain toute mesure; elle l'accabla de sarcasmes, se répandit
en reproches sur mon ingratitude, énuméra
les bienfaits dont elle m'avait comblée, et
dont tous mes amis auraient dû lui témoigner
une reconnaissance éternelle, divagua avec fu-
reur, et enfin repartit séance tenante.

Ce n'est pas pour faire preuve d'une certaine grandeur d'âme que j'affirme ici la profonde pitié dont je me sens saisie en pensant
à elle. Songe-t-on à ce que doit être l'existence d'une femme qui, durant toute sa vie,
n'a connu aucun frein à ses caprices, aucune
règle pour son âme, aucune occupation pour
son esprit? Pense-t-on à ce que doit être pour
elle la vieillesse, lui enlevant les seuls plaisirs
qu'elle ait jamais connus, c'est-à-dire les fêtes
et les distractions mondaines? Mesure-t-on de
quel poids insupportable la solitude doit
écraser cet être oisif, qui n'a su mettre dans
sa vie ni le travail, ni le devoir, ni la sainte
affection s'alimentant du sacrifice et du renon-
cement? Si l'on sonde cet abîme, cette âme
que la vanité ne soutient plus et que les regrets
traversent à toute heure, on recule avec ef-

froi..... on se rapproche avec pitié..... Cette
aveugle pourra-t-elle recouvrer la vue?......
comprendra-t-elle jamais que le bonheur est
représenté ici-bas par la satisfaction qui consiste à abdiquer sa personnalité, à vivre pour
les autres, au lieu de prétendre les faire concourir à flatter nos goûts, nos instincts et nos
passions? Je l'ignore, car je ne l'ai pas revue;
je sais seulement que ce dernier voyage en
France représentait l'emploi de ses dernières
ressources; qu'après avoir dissipé toute sa fortune en dépenses extravagantes, elle vit aujourd'hui obscurément des sommes arrachées
par son importunité à quelques personnes de
sa famille, ou même à des étrangers. Cette
âme n'était que vaniteuse, et par conséquent
ressent plus vivement la privation du superflu
que l'humiliation de le mendier; selon elle,
l'honorabilité consiste à porter des toilettes élégantes, et la déchéance est représentée non
par la honte de contracter des dettes que l'on
ne peut acquitter, mais uniquement par la
pénurie dont témoignerait une diminution de
dépenses.

Il est encore un personnage dont je dois

mentionner la destinée : Mlle Vérin est retombée dans une ombre épaisse ; elle a essayé de faire valoir la somme qu'elle a rapportée de Russie, et s'est associée au commerce qu'exerçait l'une de ses amies ; le ciel n'a pas béni ses efforts ; le produit des dentelles de Mme Aristchikof s'est fondu en une suite d'entreprises malheureuses ; trop âgée pour essayer de trouver l'équivalent des fonctions qu'elle remplissait jadis chez Mme Sowralski, Mlle Vérin s'est vue réduite à accepter une place de concierge. Si elle n'a pas perdu ses habitudes de pratiques souterraines et de commérages envenimés, je plains les locataires de la maison dont elle gouverne la porte.

« Quoi ! point de dénoûment ? » diront peut-être quelques-unes de mes lectrices.... « cela ne s'est jamais vu ! Vous auriez dû vous marier, ou mourir, pour finir votre histoire. »

Je n'aurais pas manqué, en effet, à l'un de ces devoirs si j'avais écrit un roman..... mais je me suis bornée à vous raconter une existence bien simple, et dépourvue d'incidents

romanesques. La réalité ne s'accommode pas
des dénoûments, car il n'y en a jamais dans
la vie, qui n'est autre chose qu'un perpétuél
recommencement. Le mariage n'est point un
dénoûment, —* loin de là. — La mort elle-
même ne dénoue pas, elle tranche. Mais
enfin, je ne puis mourir comme cela, tout de
suite, uniquement pour finir ces pages d'une
façon conforme aux us et coutumes littéraires.
Excusez-moi donc de vivre encore, et permettez-moi de vous soumettre quelques réflexions
avant de vous tracer le mot *Fin*.

Il n'est point de situation plus pénible, plus
féconde en tristes conséquences que celle qui
fait d'une femme pauvre la commensale d'une
femme riche; il n'est point de profession pour
humble et laborieuse qu'elle puisse être, que
l'on ne doive préférer à cette dépendance dorée qui donne le caprice pour maître tyran-
nique, et brise et outrage la dignité qu'elle
n'a pu assouplir. En acceptant cette dépendance, il faut se résoudre à la condition d'un
instrument passif; toute préférence est inter-
dite, toute répugnance est défendue; on n'a

plus le droit d'être triste ou gaie, malade ou bien portante..... en un mot, on a abdiqué son âme, et en échange de quelques-unes des jouissances que donne le luxe, on a accepté une situation dans laquelle on est desservi par les qualités élevées, et servi par les défauts honteux : la flatterie, la bassesse, l'insensibilité pour l'iniquité, l'indifférence pour le mal auquel on assiste.

On ne saurait assimiler sans injustice la profession d'institutrice à cette situation indéterminée que j'occupais près de Mme Aristchikof. Sans doute il est des amertumes et des tristesses, des humiliations et des injustices dans l'une et l'autre de ces positions... mais dans la première, du moins, on a toujours le travail pour sauvegarde de la dignité. L'une et l'autre offrent en tous cas un écueil dangereux pour la pauvreté, qu'elles façonnent à l'abaissement en lui communiquant des besoins factices de luxe et de bien-être, et l'accoutumant à considérer la privation du superflu comme le plus grand de tous les malheurs.

Si j'avais eu des enfants à élever, sans avoir de fortune à leur léguer, j'aurais donné à mes filles l'instruction et même les talents qui ennoblissent toutes les situations; mais je leur aurais donné une profession qu'elles pussent exercer dans leur pays, sous les yeux de leur famille; j'aurais combattu le faux amour-propre qui aurait pu les porter à préférer les intérêts de leur vanité à ceux de leur fierté; je leur aurais enseigné que l'on peut conquérir une place honorable tout en étant une simple ouvrière, et que la première condition de sécurité consiste à conserver l'indépendance, dont on fait le sacrifice dès que l'on consent à s'abriter sous un toit étranger.

Et si je devais être entendue de quelques pères imprévoyants, qui gaspillent en dépenses inutiles et vaniteuses les sommes qui pourraient garantir l'avenir de leurs filles des amertumes et des périls que j'ai traversés, je leur dirais : Ce n'est pas seulement le bien-être de vos enfants que vous sacrifiez à vos goûts dispendieux, c'est bien plus encore, c'est leur paix, leur dignité, leur honneur

mis à la merci de tous ceux qui, ayant rencontré vos enfants errant loin de leur pays,
peuvent se venger de leur propre infériorité
en leur attribuant leur propre ignominie.

FIN.

A LA MÊME LIBRAIRIE

BIBLIOTHÈQUE
DES MÈRES DE FAMILLE

FORMAT IN-18 JÉSUS

PUBLIÉE SOUS LA DIRECTION

DE Mme EMMELINE RAYMOND
Rédactrice de la Mode Illustrée

Le cartonn. en percaline, tr. dorée, se paye en sus 1 fr. par vol.

Typographie Firmin Didot. — Mesnil (Eure).

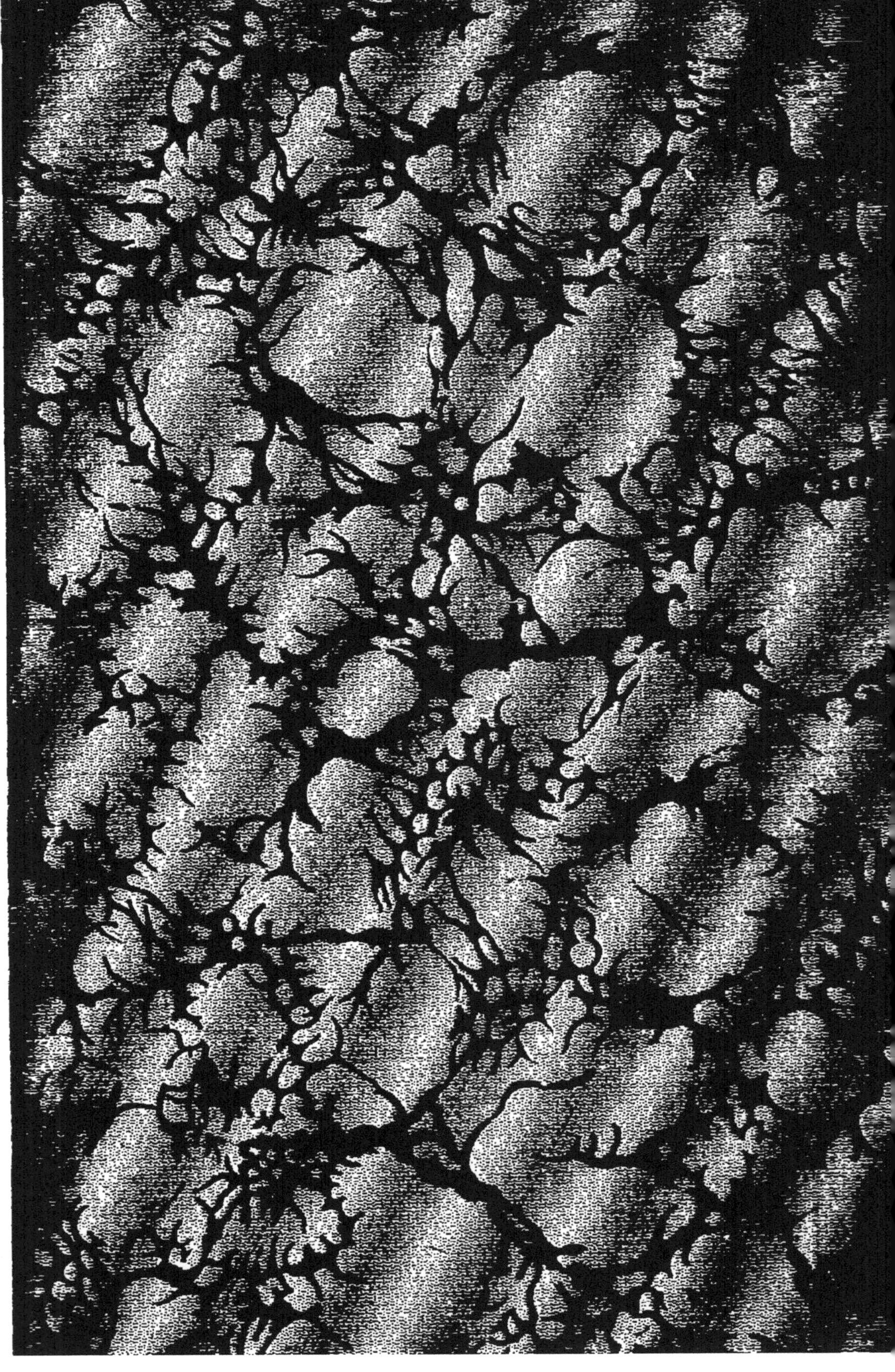

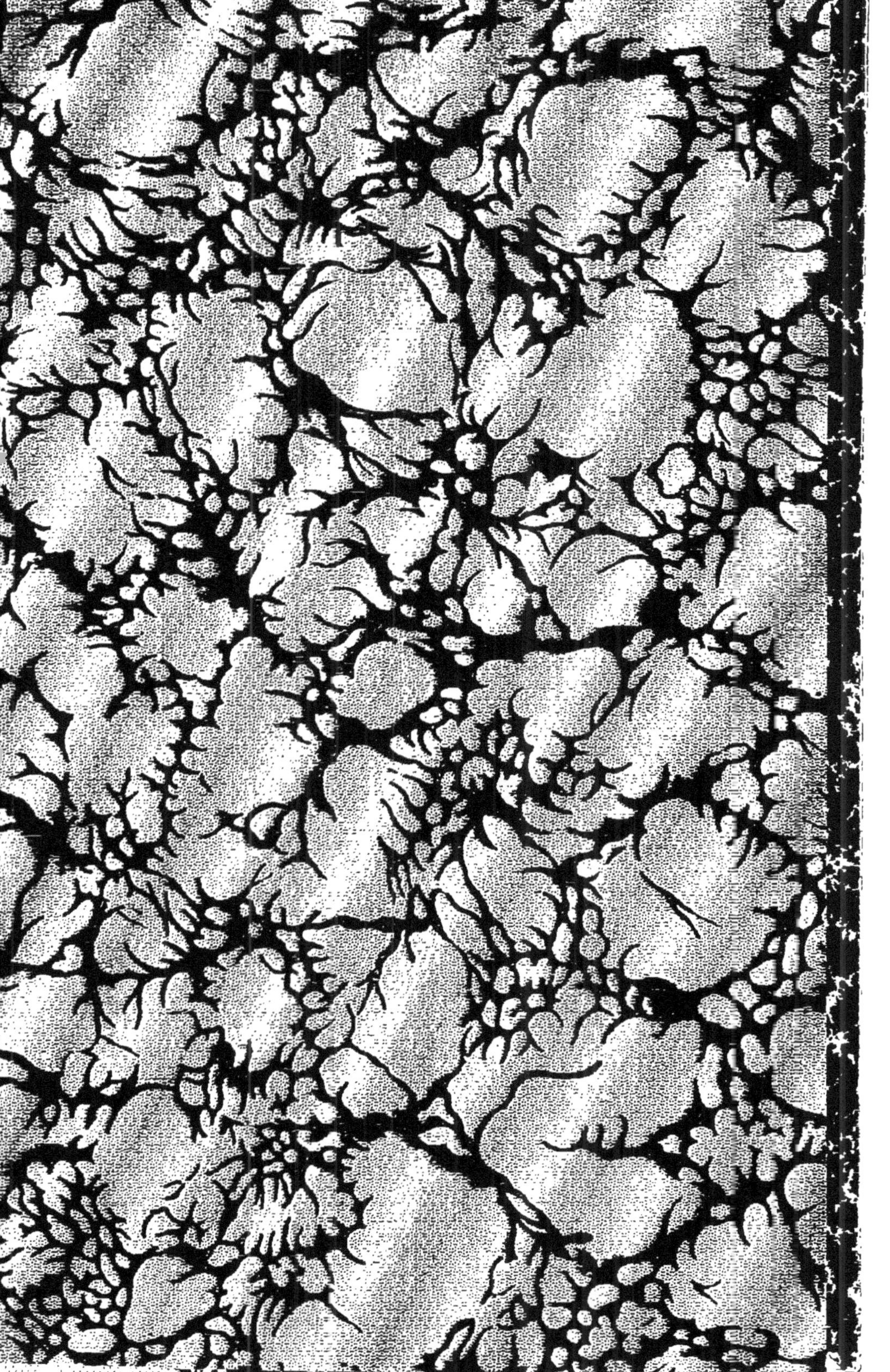